KB070554

아름다운재단 ｜ 나눔북스

"모두가 함께하는 나눔과 순환의
아름다운 세상 만들기"
(재)아름다운가게와 아름다운재단
나눔북스가 함께 만들어 갑니다.

이 책은 (재)아름다운가게에서 '아름다운가게 책방' 운영 수익금으로
조성한 기금을 아름다운재단에 기부하여 출판되었습니다.

✿ 아름다운재단 ┃ 나눔북스

가슴 뛰는 기부 혁명

지역을 살리는 고향사랑 기부제 교과서

나남
nanam

아름다운재단 나눔북스 17

가슴 뛰는 기부 혁명

지역을 살리는 고향사랑 기부제 교과서

2023년 7월 10일 발행
2023년 7월 10일 1쇄

지은이   신승근 · 조경희
발행자   趙相浩
발행처   ㈜나남
주소   10881 경기도 파주시 회동길 193
전화   (031) 955-4601(代)
FAX   (031) 955-4555
등록   제 1-71호(1979.5.12)
홈페이지   http://www.nanam.net
전자우편   post@nanam.net

ISBN 978-89-300-4145-4
ISBN 978-89-300-8655-4(세트)

아름다운재단 나눔북스 17

가슴 뛰는 기부 혁명

지역을 살리는 고향사랑 기부제 교과서

신승근 · 조경희 지음

나남
nanam

머리말

고향사랑 기부제의 지속 발전을 위한 제언

고향사랑 기부제가 실시된 지 반년이 지나고 있다. 짧은 기간 동안 고향사랑 기부제를 시행하면서 여러 가지 문제점이 거론될 때도 있지만, 생각보다는 순탄하게 진행 중이다. 무엇보다 지방자치단체 담당자들과 행정안전부 관계 공무원들의 노고가 컸다. 새로운 제도가 도입되어 시행되면 필연적으로 여러 가지 문제점이 발생하는데, 이러한 어려운 고비를 묵묵히 견디며 하나하나 고쳐 나가는 일은 많은 인내와 고통이 따르는 작업이다. 이분들의 노고 덕분에 안정적인 제도 시행이 가능했다고 생각한다.

2021년 9월 28일은 〈고향사랑기부금법〉이 국회를 통과한 역사적인 날이다. 수년간 관심을 가졌던 법률안이 국회 본회의를 통과하는 장면을 바라보던 감회가 지금도 생생하다. 그날부터 《고향사랑 기부제 교과서》를 집필하기 시작했다. 그렇게 시작한 원고가 2022년 4월 1일 출간되었다. 고향사랑 기부제 관련 단행본으로는 처음으로 출간한 책이어서 부담이 컸지만, 많은 분들의 관심과 격려를 받으면서 보람을 느꼈다.

《고향사랑 기부제 교과서》는 고향사랑 기부제를 총론적으로 안내한다는 생각으로 저술했다. 고향사랑 기부제가 본격 시행되면서 많은 독자가 이 제도에 관심을 가지고 답례품이나 기금사업 등에 대해 질문하기 시작했다. 질문에 답변하면서 기존의 기본서로는 설명이 충분하지 못한 부분이 있음을 인식하기 시작했고, 보다 심층적인 내용을 담은 각론이 필요하다고 생각하였다. 《가슴 뛰는 기부 혁명: 지역을 살리는 고향사랑 기부제 교과서》를 출간한 이유이다.

국가 경제의 저성장이 고착화되고 총인구 또한 감소하는 시대에 접어든 시점에서 고향사랑 기부제는 필연적으로 도입될 수밖에 없는 측면이 있었다. 국가가 계속해서 성장하면 지방자치단체는 국가의 성장에 발맞춰 함께 성장할 수 있기에 지역 발전에 어려움을 겪지 않는다. 그러나 국가 경제가 저성장 수준에 머물러 고착되면 지방자치단체에 원활한 재원을 공급하기가 불가능해지기 때문에 각 지방자치단체가 지역 발전을 위한 방안을 마련하기 위해 노력해야 한다.

예를 들어 아이들을 키워서 대학까지 보내려고 논도 팔고 소도 팔던 시절을 생각해 보자. 돈벌이가 괜찮고 집안에 팔 수 있는 논이나 소가 있다면 모든 자녀를 교육시킬 수 있겠지만, 경기가 좋지 않아 돈벌이도 시원치 않고 팔 수 있는 재산도 거의 없으면 모든 자녀를 교육시킬 수 없다. 마찬가지로 국가가 지방자치단체를 부양하기 어려워질 경우, 각 지방자치단체는 각자도생하면서 지역 발전을 위해 노력하지 않으면 쇠퇴의 길을 걷게 된다. 본격적인 지역 경영의 시대가 도래한 것이다.

지역 경영은 선택과 집중을 요구한다. 선택과 집중은 냉정하고 두려운 현실을 대변한다. 선택받는 지역과 사람은 살아남겠지만, 선택받지 못하는 지역과 사람은 힘들고 괴롭게 사투해야 하기 때문이다. 2007년 일본에서 이루어진 '국고 보조금·지방 교부세·재원 배분'의 삼위일체 개혁은 이러한 과정에서 실시된 정책이다. 일본 정부는 국가의 재원인 국세를 지방자치단체의 재원인 지방세로 이전하면서 국고 보조금과 지방 교부세를 대폭 삭감할 수밖에 없는 상황에 처하였다. 그 결과 대도시와 농촌지역 지방자치단체 간 재정 격차는 갈수록 커졌고, 이러한 격차를 완화하기 위해 결국 고향납세 제도를 도입하였다. 마찬가지로 우리나라도 국가경제가 10년 이상 저성장 국면에 접어들면서 지역 경영을 위한 새로운 제도 도입을 강구하게 되었고, 그중 하나로서 도입된 제도가 고향사랑 기부제이다.

우리나라는 지난해부터 총인구가 감소하기 시작했다. 이제는 특정 지역의 인구 문제를 논하던 시기를 지나 국가 전체의 지속가능성을 걱정해야 하는 시점에 접어든 것이다. 총인구 감소 시대에는 지방자치단체 간 이주 경쟁이 더 이상 의미가 없어진다. 한 지역의 인구가 늘어났다는 점은 다른 지역의 인구가 더 많이 줄어들었다는 의미에 지나지 않기 때문이다. 우리나라는 이러한 상황을 극복하기 위해 2022년 〈인구감소지역 지원 특별법〉(약칭 〈인구감소지원법〉)을 제정하고 2023년부터 시행에 들어갔다. 〈인구감소지원법〉은 총인구 감소 시대에 직면한 우리의 현실을 반영하여 개인이 복수의 거주지를 선택함으로써 지방자치단체가 인구를 공유할 수 있는 '생활인구' 개념을 도입하였다.

생활인구란 지역에 거주하거나 체류하면서 생활을 영위하는 사람으로서, 주민등록법상 주민, 통근·통학 목적의 지역체류자, 외국인으로 등록된 외국인을 말한다. 정부는 이러한 생활인구를 바탕으로 기존 주민등록표상의 인구 증가 정책이 아니라, 지역이 스스로 지역 여건에 따라 대책을 추진하면 이를 지원하는 방식으로 정책 방향을 전환하고 있다.

이러한 시대적 전환점에서 고향사랑 기부제는 우리가 선택할 수밖에 없었던 필연적인 제도이다. 그러나 현재 지방자치단체는 제한된 인적·물적 자원으로 인해 여러 가지 한계에 부딪히고 있다. 즉, 지방자치단체에서 고향사랑 기부제 실무를 맡는 담당자는 기존 업무와 함께 이 업무까지도 병행하는 경우가 많아 당면한 과제를 해결하기에도 힘든 게 현실이다. 따라서 입체적이고 복합적인 업무를 추진하기 어려운 상황이다. 그러므로 지방자치단체는 민간 부문과 협력하여 이 제도를 효과적으로 추진해 나아갈 방안을 마련할 필요가 있다.

고향사랑 기부제는 지역에 필요한 일자리를 창출하고 유능한 인재를 영입하기 위한 정책이다. 그러한 점에 비춰 보면 민간 부문과의 협력은 선택이 아닌 필수라고 할 수 있다. 고향사랑 기부제 실시를 위한 기획, 디자인, 상품 개발 및 배송 등 다양한 업무 추진 과정에서 민간 부문과 협력하면서 유능한 인재를 영입하고 일자리를 만드는 것이 이 제도의 본질과 상통한다.

이 책은 고향사랑 기부제의 지속가능한 발전을 위해 다음과 같이 서술하였다.

제 1장에서 고향사랑 기부제가 도입된 취지와 과정, 그리고 일본 고향납세의 성과에 대해 알아본다. 특히 고향납세제 활성화에 커다란 영향을 미친 크라우드 펀딩에 대해서 살펴보았다.

제 2장에서는 고향사랑 기부제가 기금제도로 운영되는 현실적인 문제점과 이러한 점을 보완한 사례로 태백시 조례를 검토하였다. 또한 일반에

산으로 활용되는 일본 고향납세의 현황을 살펴보고, 우리 정부가 이 제도를 제대로 활용하기 위해서 어떠한 노력을 할 필요가 있는지 검토하였다.

제3장에서는 일본의 지역별 고향납세 우수사례 20개를 검토하였다. 일본의 각 지방자치단체에서는 고향납세를 활용하여 지역경제 활성화와 일자리 창출 및 이주·교류 정책을 위해 힘쓰고 있다.

이어서 제4장에서는 우리나라에서 고향사랑기금을 조성하여 어떠한 사업을 추진하는 것이 바람직한지에 대한 의견을 제시하기 위해 20가지 사례를 만들어 제시해 보았다.

제5장과 제6장에서는 특색 있는 일본 고향납세 답례품 10개와 우리나라 고향사랑 기부제 답례품 10개를 선택하여 깊이 있게 다루어 보았다. 각 답례품을 선정한 취지와 구체적인 내용을 검토함으로써 우리나라 지방자치단체가 답례품을 선정하는 데 참고하도록 하고, 기부자도 관심을 갖고 읽어볼 수 있도록 하였다.

제7장에서는 일본 고향납세제와 크라우드 펀딩이 어떻게 결합하여 고향납세제 발전에 영향을 미치고 있는지 살펴보았다. 또한 우리나라가 고향사랑 크라우드 펀딩을 본격적으로 실시하기 위해서는 어떠한 법적·제도적 보완이 필요한지 검토하였다.

제8장에서는 복수주소제의 일환으로 생활인구제를 도입한 취지 및 현황과 함께 향후 고향사랑 기부제와 접목할 방안을 살펴보고, 일본의 고향납세제와 관계인구 정책이 어떠한 연관성을 가지고 발전하고 있는지를 알아보았다.

마지막으로 이 책을 읽으면서 참고할 만한 법령과 함께 책을 저술하는 과정에서 참고한 논문과 단행본 등을 소개하여 보다 심도 있는 연구를 하고 싶은 이에게 도움이 될 수 있도록 하였다.

'지리산작은변화지원센터'를 비롯하여 다양한 시도를 통해 오랫동안 수도권과 지역 간 불균형과 불평등 문제 해결에 노력해 온 아름다운재단의 기부문화총서 '나눔북스' 제17권으로 이 책을 출간하게 되어 더욱 감회가 깊다. 비록 각 지역이 기금 사업으로 고려할 만한 다양한 사업 예시를 이 책에 담았지만, 오래전부터 공공에서 미처 해결하지 못한 문제와 이를 해결하기 위한 파트너 단체를 꾸준히 발굴하고 지원해 온 경험을 보유한 아름다운재단의 선례야말로 고향사랑 기부제를 운영하는 지자체가 참고할 수 있는 기금 사업의 살아 있는 교과서이기 때문이다.

2023년 7월
신승근 · 조경희

추천사

고향사랑 기부 담당자가
머리맡에 두고 읽어야 할 필독서

《가슴 뛰는 기부 혁명: 지역을 살리는 고향사랑 기부제 교과서》출간을 진심으로 축하드립니다. 고향사랑 기부제의 성공적인 안착을 위한 안내서가 아름다운재단 나눔북스로 출판되어 무척 기쁩니다. 아름다운재단은 '지리산작은변화지원센터' 설립을 비롯하여 수도권과 지역 간 불균형 문제를 해결하기 위해 오랫동안 노력해 왔습니다. 아름다운재단 나눔북스의 열일곱 번째 책으로 이 책이 발간된 것은 그 의미가 특별하다고 생각합니다. 이 책의 저자이신 신승근 교수님과 조경희 박사님께도 축하와 감사의 말씀을 전합니다.

고향사랑 기부제는 기부자와 지역사회 모두에 이익을 안겨 주는 제도입니다. 기부자에게는 10만 원 한도 내 전액 세액공제에 더하여 답례품이라는 혜택을 가져다주고, 지역사회는 고향사랑 기부를 통해 지역 현안을 해결하고 지방소멸 문제를 극복하기 위해 지속가능한 발전을 도모할 수 있습니다. 그야말로 '기부 혁명'이라고 부를 만한 제도입니다.

하지만 제도를 시행하는 첫해인 올해는 각 지자체에서 고향사랑 기부 업무를 담당하시는 공무원분들이 혼란과 난관을 겪으리라 예상됩니다. 그분들 앞에는 기부 답례품 선정, 고향사랑기금 사업 개발, 추석 전후 제도에 대한 홍보 등 많은 과제가 놓여 있습니다.

이러한 어려움을 해결하기 위해 신승근 교수님과 조경희 박사님이 다시 소매를 걷어 붙였습니다. 두 분은 지난 10여 년 동안 인구 감소 등 우리나라의 많은 지자체가 마주한 문제를 해결할 대안을 찾아 일본의 '고향납세제'를 연구하고 이를 바탕으로 '고향사랑 기부제'로 국내에 도입하는 방안을 제안하신, 고향사랑 기부제에 관한 우리나라 최고의 전문가입니다.

전작 《고향사랑 기부제 교과서》(2022)가 고향사랑 기부제 시행 전 제도의 도입을 안내한 책이라면, 이 책 《가슴 뛰는 기부 혁명: 지역을 살리는 고향사랑 기부제 교과서》는 기부 답례품 선정, 고향사랑기금 사업 발굴 등에 관한 보다 구체적인 실행 방안을 담았습니다. 이 책은 지자체의 고향사랑 기부 담당자분들이 과업을 수행하는 데 큰 도움이 될 것입니다. 여러분의 노력 여하에 따라 지역을 되살리는 전국적 모범 사례의 주인공으로 올라서는 발판이 되리라 믿습니다.

고향사랑 기부제는 지방자치단체 혼자서는 실행은 물론 성공을 기대하기 어려운 제도입니다. 저자들께서도 이 책에서 언급했지만, 비영리단체를 비롯한 민간과의 협력은 선택이 아닌 필수입니다. 특히 고향사랑기금 사업을 개발하기 위해서는 비영리단체의 도움과 참여가 반드시 필요합니다. 아무쪼록 고향사랑기금 사업의 파트너로서, 그리고 모금 노하우의 조언자로서 비영리단체를 적극 활용해 주실 것을 당부드립니다. 이 책을 계기로 새로운 민관협력 모델이 만들어지길 기원합니다.

무엇보다 고향사랑 기부제 성패의 열쇠는 바로 '기부자'가 가지고 있습니다. 많은 분들이 지역의 문제와 이를 해결하기 위한 고향사랑 기부제에 관심을 가지고 참여해 주시길 바랍니다.

2023년 7월
아름다운재단 이사장 한찬희

제1부   고향사랑 기부제의 현재

제 2 부 고향사랑 기부제의 진화

제 3 장 일본 고향납세 활용 사례

제 4 장   우리나라 고향사랑 기부제 활용 전략

제 1 부

고향사랑 기부제의 현재

제1장
고향사랑 기부제의 시작과 과제

1. 고향사랑 기부제의 시작

고향사랑 기부제란

2023년 1월 1일부터 우리 사회에 새로운 바람을 일으킬 고향사랑 기부제가 시행되었다. 고향사랑 기부제는 기부자가 현 주소지를 제외하고 자신의 고향이나 원하는 지방자치단체에 기부하면 기부금 공제뿐만 아니라 답례품까지 받을 수 있는 제도이다. 이제 지방자치단체는 고향사랑 기부제로 모금한 기부금을 가지고 다양한 지역 사업을 실시해 일자리 창출과 지역경제 활성화라는 선순환을 만들어 낼 수 있게 되었다.

그러나 지방자치단체에서는 벌써 답례품 공급 업체 확보의 어려움과 자율성이 제한된 홍보 방식, 산적한 업무 부담을 해결해 줄 전담 조직 확보의 어려움 등 문제점을 호소하고 있다. 행정안전부에서 운영하는 고향사랑 기부 포털사이트인 '고향사랑e음'이 아직 지역 답례품을 단순

그림 1-1 고향사랑 기부제를 둘러싼 관계자들

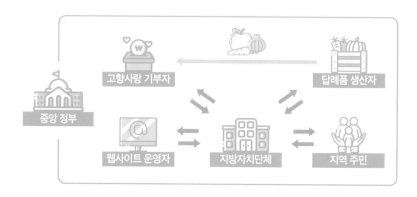

• 바로가기

고향사랑e음
사이트

히 보여 주기만 하는 수준에 머물러 있다는 비판도 있다. 지방자치단체 소개와 기부가 필요한 이유, 그리고 향후 지역의 발전 방향을 소개할 수 있어야 하지만, 아직은 이러한 역할을 제대로 수행하지 못하고 있다는 지적이다. 향후 점차 개선되겠지만 지역 균형 발전과 지역경제 활성화라는 고향사랑 기부제 목표를 달성하기 위해서는 민간 기업도 고향사랑 기부제에 적극 참여할 수 있도록 하는 추가적인 제도 개선이 필요하다.

고향사랑 기부제의 도입 배경

고향사랑 기부제는 2021년 9월 〈고향사랑 기부금에 관한 법률〉(약칭 〈고향사랑기부금법〉)이 국회를 통과한 이후 1년 동안의 준비 과정을 거쳐 2023년 1월 1일부터 실시되고 있다.

이 법안은 2009년부터 국회에 제출되기 시작하였다. 당시 제출되었던 법률안은 별도의 제정 법률(안)이 아니었고, 〈지방재정법〉이나 〈기부금품의 모집 및 사용에 관한 법률〉(약칭 〈기부금품법〉) 등을 일부

개정한 내용의 법률(안)이었다. 고향사랑 기부제의 모델인 일본의 고향납세제가 지방자치단체 간의 재원 이전에 중점을 둔 제도이며, 우리나라가 일본과는 다른 재정 제도를 운영하고 있다는 점에서 고향사랑 기부제 도입에 회의적인 반응을 보이는 이들도 있었다. 그러나 수도권 인구 집중 심화로 인한 지역 인구 감소와 지방자치단체의 재정 문제를 해결할 수 있는 방안으로서 고향사랑 기부제가 가져올 지역 활력에 대한 기대를 담아 〈고향사랑기부금법〉이 통과되었다.

정부와 지방자치단체의 고향사랑 기부제 운영

정부는 고향사랑 기부제가 지역 인구 감소와 지역경제 활성화에 기여할 수 있도록 고향사랑 기부제의 취지를 국민에게 보다 널리 알리고 더욱 많은 기부자가 이 제도를 이용할 수 있도록 노력하여야 한다. 또한, 고향사랑e음 시스템의 관리와 개선을 위해서도 추가적인 노력이 필요하다.

지방자치단체는 지역 특성에 맞는 답례품을 준비하고, 기부금이 지역 발전을 위해 사용될 수 있도록 기부금 활용 방안을 개발해야 한다. 즉, 고향사랑 기부 전담 조직을 설치하고 지역 개발 사업과 연계하며, 다양한 홍보 전략을 기획할 필요가 있다. 또한 고향사랑 기부금을 재원으로 활용하는 다양한 지역 사업으로 지역 인구를 증가시키고 일자리를 창출하는 선순환 구조를 만들어야 한다.

그림 1-2 고향사랑 기부제 운영 구조

고향사랑 기부제의 성공적 정착을 위해 필요한 사항

지방자치단체는 고향사랑 기부제의 성공적 정착을 위해 지역 내외의 다양한 참여자를 중심으로 연구 모임을 활성화해야 한다. 지방자치단체 담당 공무원, 답례품 생산자, 지역 발전 사업 추진 기업, 지역 발전에 관심 있는 기부자 및 주민 등이 참여하는 연구 모임이 고향사랑 기부제의 취지와 중요성, 지역 발전 전략 및 답례품 기획 등 고향사랑 기부제 실시와 관련된 주요 의제를 논의하여 공감대를 확산시켜야 한다. 특히 지역 주민의 역할이 중요한데, 지역을 발전시키는 주체는 결국 지역 주민이기 때문이다.

기부자 및 주민의 혜택과 유의점

기부자는 세금 혜택과 답례품을 받을 수 있다. 그러나 기부자는 단순히 세액 공제나 답례품을 받기 위한 목적으로만 기부하지 않고 지방자치단체를 응원한다는 의미에서 기부하기 때문에, 지방자치단체가 내세운 발전 전략과 지역의 성장 가능성을 보며 기부할 지방자치단체를 선택한다. 따라서 지방자치단체가 기부자의 관심을 끌려면 무엇보다 지역 발전을 위한 진정성 있는 고민을 할 필요가 있다.

그림 1-3 고향사랑 기부 절차

출처: 행정안전부

지방자치단체는 기부금 수입으로 지역 주민을 위한 다양한 복리 증진 사업을 추진하며, 이로써 지역 주민은 보다 나은 삶을 영위할 수 있다. 그러므로 지방자치단체는 지역 주민이 고향사랑 기부제 홍보 등에 적극적으로 참여할 수 있도록 지원해야 한다.

답례품 준비

지방자치단체는 기부자가 만족할 수 있는 답례품을 송부할 수 있도록 답례품의 기획과 홍보, 품질 유지 및 배송 조치 등을 실시하여야 한다. 이를 위하여 지역 사업자를 대상으로 답례품 공급의 장점을 설명하고, 답례품 선정 위원회를 구성해 답례품 사업자 및 답례품을 선정하며, 기부자 및 예비 기부자에게 답례품을 홍보하는 동시에 품질 유지에 힘쓰고 기타 필요한 조치를 취해야 한다. 답례품은 사전에 답례품 송부에 필요한 비용을 감안하여 기부금 액수에 따라 차등하여 준비할 필요가 있다.

연간 기부금 한도를 500만 원으로 제한한 이유

우리나라는 소득과 관계없이 사전에 정해진 금액과 비율에 따라 기부금 세액 공제 혜택을 부여하는데, 기부금 한도액은 500만 원으로 제한하였다. 한도액이 500만 원인 이유는 고향사랑 기부제를 제정할 때 참고한 정치자금 기부금의 한도액과 동일하게 설정한 결과로 보인다.

한편, 일본은 우리나라와 같이 기부금 한도액 대신 고향납세 공제 한도액을 두고 있다. 고향납세 공제 한도액의 특징은 주민세 부담액과 연동시켜서 정했기 때문에 소득에 따라 한도액이 다르다는 점이다. 즉, 기부자의 연간 소득을 기준으로 과세 표준을 도출하여 주민세 산출세액을 계산한 뒤에 각종 공제 등을 가한 후 정해지는 총 부담 세액을 기준으로 한도액을 결정한다.

고향사랑 기부제의 전망

고향사랑 기부제는 정부와 지방자치단체의 지속적인 노력이 이루어진다면, 기부자에게 특별한 세금 혜택을 제공하고, 기부자의 관심을 이끌 수 있는 답례품을 제공한다는 파격적인 제도적 특징을 기반으로 시간이 지날수록 활발하게 이용될 것으로 전망된다.

고향사랑 기부제가 본래 취지대로 지역 간 격차를 완화하고 지역 재정을 확충하는 제도로 정착하기 위해서는 기부로 확보한 고향사랑 기부금을 지역 발전 사업에 제대로 투자함으로써 지역경제의 성장과 일자리 증가 및 지역 주민의 복리 증진이라는 선순환 구조를 만들어 내는 것이 중요하다.

2. 일본 고향납세제 도입 성과

고향납세제 시행 배경

일본은 2008년 수도권 인구 집중 및 저출산·고령화로 인한 지역 소멸 위기에 대응하고 수도권과 비수도권 간의 격차를 해소하기 위하여 고향납세제를 도입해 시행하고 있다. 2021년 4월 기준으로 일본의 1,718개 기초자치단체 중 820곳이 소멸 위기 지역으로 지정되었다. 지역 인구 감소는 1950년대부터 시작되었다. 경기 회복에 따른 대도시권으로의 인구 이동은 1960년대 최고치에 달했다. 이후에도 대도시권으로의 인구 이동은 계속되다가 1975년에 일단락되었다.

1990년대 이후 발생한 거품경제의 붕괴로 경기가 하락하자 대도시권으로의 인구 이동은 멈추었고, 2000년대에 들어서서는 오히려 베이비붐 세대(1947~1949년생)가 고향으로 돌아오는 현상까지 발생했다. 그러나 2005년부터 시작된 저출산·고령화로 인해 일본 전체 인구가 감소하자 지역 인구의 감소 현상은 가속화하였다. 특히 노령 인구가 많은 농어촌 지역은 조기에 고령화 사회로 진입하였고, 지방 중소 도시까지도 인구 감소로 공동체 기반이 무너진 과소 지역에 진입할 위기에 놓였다. 인구 감소 문제는 재정 수입의 감소와 지역 경기의 둔화로 이어졌고, 주민은 고용 기회를 찾아 지역을 등지게 되었다.

장기적인 경기 침체로 일본 정부의 재정이 악화하자 지방자치단체의 재정 자립이 중요한 의제가 되었고, 결국 2007년 국고 보조금·지방 교부세·재원 배분의 삼위일체 개혁이 실시되었다. 이 개혁으로 약 30조 원의 세원을 지방으로 이전하는 대신 국고 보조금과 지방 교부세가 삭감되었다. 그러나 이러한 세원 이전은 또 다른 문제점을 발생시켰다.

그림 1-4 일본의 연도별 인구 이동과 지방 소멸 위기 대응 법률(1954~2021)

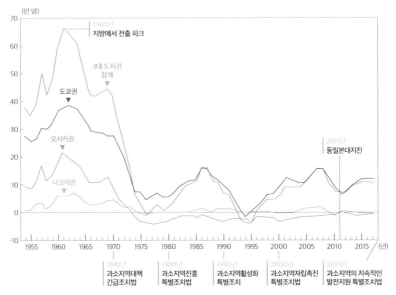

일본 3대 도시권인 도쿄권·오사카권·나고야권으로의 연도별 인구 유입 추이를 나타냈다.
출처: 일본 총무성

즉, 인구가 증가하는 수도권 지방자치단체는 세원 이전으로 재원이 풍부해졌지만, 인구가 감소하고 있는 비수도권 지방자치단체는 국고 보조금과 지방 교부세의 삭감까지 더해져 재원이 급감했다. 이로 인해 지방자치단체 간 재정 격차가 더욱 심해지는 부작용이 발생했다. 고향 납세제는 이러한 상황을 돌파하기 위한 대안으로 제시된 제도이다.

2006년 후쿠이福井현의 니시카와 가즈미西川一誠 지사는 "지역은 아이들을 키우기 위해 많은 행정 비용을 들였는데, 정작 아이들은 도시의 교육 환경과 직장을 찾아 수도권으로 이동하고 있어 지역에서 아이들을 위해 투입한 행정 비용은 전혀 회수할 수 없다"라며, 지역에서 투자

한 행정 비용의 회수 방안으로 고향납세제를 제안했다.

고향납세제의 주요 내용

고향납세제는 '납세'라는 명칭과 달리 기부자(고향납세자)가 기부금을 낼 지역을 자유롭게 선정하여 기부할 수 있는 선택적 제도이다. 기부자가 기부한 금액(고향납세액) 중 약 2만 원(행정 수수료에 해당)을 제외하고 나머지를 기부자의 주민세와 소득세에서 전액 공제받을 수 있다. 그리고 기부자는 지방자치단체가 추진 중인 특정 사업을 지정하여 기부하거나 재난으로 피해를 본 지역을 후원하는 등 기부금의 용도까지 선택할 수 있다. 이러한 고향납세에 대해 지방자치단체는 답례로 기부자에게 지역 특산품을 송부한다.

고향납세 지정 제도

2008년 신설된 고향납세제는 원래 답례품 제도가 포함되어 있지 않았다. 답례품은 고향납세 기부를 받은 몇몇 지방자치단체가 자발적으로 감사의 의미를 담은 작은 선물을 보내면서 시작되었으나, 고향납세가 활발해지자 점차 일반화되었다. 한편 지방자치단체 간 경쟁이 과열되면서 고향납세 취지에 어긋나는 답례품이 쏟아지는 부작용도 발생했다.

 일본 정부는 답례품 과열 경쟁을 진정시키기 위해 2019년 고향납세 지정 제도를 신설했다. 고향납세 지정 제도는 '모집 적정 기준'과 '법정 답례품 기준'으로 나뉘며, 이 두 기준을 충족시킨 지방자치단체만이 정부가 제공하는 고향납세 공제 제도를 적용받을 수 있도록 하였다. '모집 적정 기준'이란 특정인에게 경제적 이익을 제공하는 부정한 방법으로 기부금을 모집해서는 안 된다는 기준이다. '법정 답례품 기준'이란 답례품을 지역 생산품으로 제한하고, 답례품의 조달 비용을 기부액의 30% 이하로 하며, 운송비와 광고비를 포함한 지방자치단체의 지출 경비를 50% 이하로 규제하기 위한 기준이다.

고향납세제가 국민 경제에 미치는 영향

2015년부터 고향납세제 실적은 눈에 띄게 상승하고 있다. 2014년까지는 2008년 '리먼 쇼크'로 발생한 세계적인 금융 위기와 2011년 일어난 동일본대지진으로 인해 부진한 성과를 내는 데 머물러 있었다.

이러한 위기 상황을 극복하고 고향납세제가 성공한 데에는 여러 가지 요인이 작용하였다. 먼저 일본 정부는 고향납세제를 제정한 이후 계속해서 그 내용과 절차를 개선하고 있다. 고향납세가 가능한 최저 금액을 약 5만 원에서 약 2만 원으로 낮추었고, 고향납세 사용 가능액을 두 배로 확대했으며, 고향납세 지정 제도를 만드는 등 제도를 정착시키고자 노력하고 있다. 또한 원스톱 제도와 이택스$^{e\text{-}tax}$ 제도로 고향납세 신고 절차를 간소화했다.

지방자치단체는 인기 답례품 개발을 위해 노력하고 있다. 이러한 노력으로 일본 국민은 지방자치단체의 답례품을 공감을 일으키는 매력적인 상품으로 생각하고 있다. 또한, 민간 고향납세 포털 사이트는 고향납세제와 크라우드 펀딩을 융합한 고향납세 크라우드 펀딩을 활용하여 고향납세제 활성화에 기여하는 중이다.

일본 고향납세종합연구소의 〈고향납세 조사 리포트〉에 따르면 2021년 고향납세제의 경제적 파급 효과는 약 28조 원이다. 2021년 지방자치단체의 고향납세 실적(약 8조 3,000억 원)의 3배 이상이다.

이러한 경제적 효과를 거둘 수 있었던 것은 각 지방자치단체가 기부

그림 1-5 고향납세 실적 금액과 추이(2008~2021)

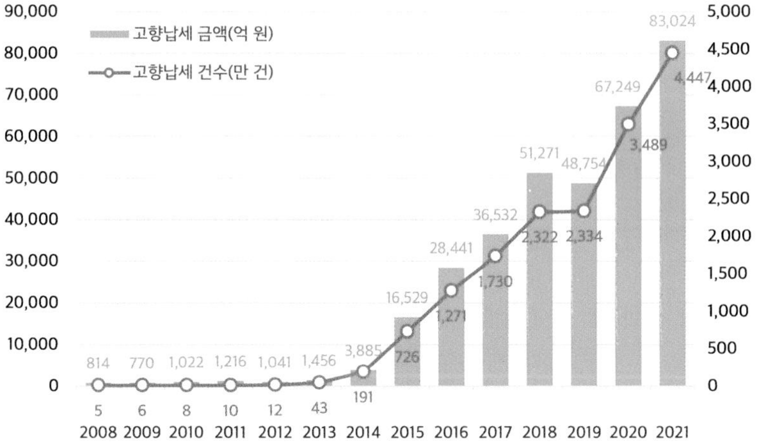

출처: 총무성(2022) 자료를 바탕으로 저자 작성

금을 이용하여 지역활성화 사업을 하고 있을 뿐만 아니라 지역 산업에서 문화 산업까지 포괄하는 다양한 답례품의 생산과 판매를 전개하기 때문이다. 일본 전체 답례품 수는 40만 점 이상에 달하고, 5만 개 이상의 답례품 사업자가 활동하고 있다.

일본의 인기 답례품

일본의 고향납세 인기 답례품은 농산어촌 특산품으로, 일본 잡지 〈여성 세븐〉에 따르면 미나미아와지南あわじ시의 양파가 가장 인기가 많다. 미나미아와지시의 양파는 바닷바람 건조 방식을 이용하기 때문에 부드러우면서도 달콤하고 매운 성분을 함유하고 있다. 인기 순위 2위는 홋카이도北海道 몬베쓰紋別시 수산물인 가리비이다. 어린 가리비를 천연 플랑크톤이 가득한 바닷물 어장에 방류하는 독특한 양식 방법을 사용하여 가리비가 통통하고 맛있다.

이처럼 독특한 개발 방식으로 생산된 지역 특산품은 맛과 질이 향상되고 있으며, 최근 러시아와 우크라이나 전쟁으로 농축수산물에 대한 관심이 높아지고 있어, 많은 기부자가 답례품으로 농축수산물을 선호한다. 그 외에 고향납세 인기 답례품 10개 품목은 〈표 1-1〉과 같다.

표 1-1 고향납세 인기 답례품(2022. 4)

순위	답례품	특징
1위	효고(兵庫)현 미나미아와지시 '양파'	개량된 흙과 건조 방식, 특수 발효액으로 처리한 비료로 키운 양파
2위	홋카이도 몬베쓰시 '오호츠크산 가리비'	2019년부터 3년 연속 1위를 차지한 알맹이 굵은 가리비
3위	야마나시(山梨)현 야마나시시 '샤인 머스캣'	달콤한 샤인 머스캣
4위	야마가타(山形)현 신조(新庄)시 '하에누키(はえぬき) 쌀'	신종 쌀로 맛과 식감이 좋음
5위	후쿠오카(福岡)현 이이즈카(飯塚)시 '불판구이 햄버거'	굵게 다진 쇠고기와 특제 소스로 맛을 낸 햄버거
6위	미야자키(宮崎)현 미야자키시 '완숙 망고'	미야자키 햇살을 받은 완숙 망고로, 싱싱하면서도 달달한 맛이 특징임
7위	지바(千葉)현 가쓰우라(勝浦)시 'B급 은연어'	가공된 B급 은연어 배송
8위	사가(佐賀)현 가라츠(唐津)시 '정육점 특상 햄버거'	사가현 쇠고기와 돼지고기를 사용한 수제 햄버거
9위	사가현 간자키(神埼)시 '쌀'	12년 연속 최고 평가를 받은 특A급 쌀로, 알차고 찰기가 흐름
10위	효고현 스모토(洲本)시 '브랜드 돼지고기'	흑돼지와 멧돼지를 섞어 만든 돼지고기

출처: 〈여성 세븐〉 2022년 5월 12 · 19일호.

우리나라 고향사랑 기부제와 일본 고향납세제의 가장 큰 차이점은 세액 공제와 재원 이전 방식이다. 고향사랑 기부제는 기부금 세액 공제를 활용하여 주로 국세인 소득세를 공제하는 제도이고, 고향납세제는 자신이 거주하는 지방자치단체에 납부하는 주민세의 일부를 다른 지방자치단체에 납부하는 제도이다.

표 1-2 고향사랑 기부제와 고향납세제의 비교

구분	고향사랑 기부제(우리나라)	고향납세제(일본)
도입	고향사랑기부금법 제정	지방세법과 소득세법상 공제 조항
기부 대상	· 거주 지방자치단체를 기부 대상에서 제외함 · 개인만 기부 가능, 법인 기부 금지	· 거주 지방자치단체에 기부 가능함 다만, 답례품은 제공할 수 없음 · 개인 기부만 인정되며 법인 기부는 별도의 제도로 인정함
재원	· 중앙에서 지방으로 재원 이전 · 2020년 기준 국세 및 지방세 비율이 75:25임	· (지방세) 지방 간 재원 이전 · (소득세) 일부 재원은 중앙에서 지방으로 이전 · 2020년 기준 국세 및 지방세 비율은 60 대 40임
부작용 방지 조치	· 강제 모집이나 적극 권유 금지 · 형사 처벌	고향납세 지정 제도
정보 시스템	· 정부에서 구축 · 기부 원스톱 서비스 제공	민간 기업에서 구축 · 고향납세 민간 웹사이트 12곳 이상. · 원스톱 서비스 제공, 지방 홍보
세액 공제	기부 금액에 따라 세액 공제 · 10만 원 이하는 전액 세액 공제 · 10만 원 초과~500만 원 이하는 세액 16.5% 공제	개인 소득에 따라 공제 금액 변동함 · 3,000만 원 소득: 약 28만 원 공제 · 5,000만 원 소득: 약 61만 원 공제 · 7,000만 원 소득: 약 108만 원 공제
답례품	· 기부 금액의 30% 이내로 답례품 비용을 제한함 · 지역 화폐 사용 인정함	· 기부 금액의 30% 이내로 답례품 비용을 제한함 · 지역 화폐 사용 불가능함

이러한 차이점으로 인해 고향사랑 기부제는 중앙 정부의 재원이 지방 정부로 이전되는 효과가 발생하는 반면, 고향납세제는 지방자치단체 간 재원이 이전되는 효과가 있다. 특히 일본은 고향납세제를 통해 재원이 수도권에서 비수도권으로 횡적으로 이동한다.

두 제도의 차이점은 양국의 국세 및 지방세의 구조가 다르기 때문에 발생한다. 2020년 국세 및 지방세 비율을 예로 들면, 일본은 약 60 대 40인 반면 우리나라는 약 75 대 25이다. 특히 일본은 수도권과 비수도권의 경제적 격차가 크기 때문에 지방세 수입은 40% 이상 수도권에 집중된다. 이에 일본은 고향납세제를 통해 수도권에서 비수도권으로 재원이 이동하도록 제도를 설계한다. 한편 우리나라는 지방세 세수가 상대적으로 적기 때문에 수도권에서 비수도권으로 이전할 수 있는 재원이 충분하지 않아 기부금 세액 공제를 통해 중앙 정부에서 지방 정부로 재원이 이동하는 제도를 채택하였다.

또한 일본은 지방자치단체의 수입인 기부금을 민간단체가 수납할 수 있도록 2011년에 제도를 변경하였다. 이러한 노력을 통해 고향납세 크라우드 펀딩을 도입하여 고향납세제를 지역의 특정 과제를 해결할 수 있는 정책 수단으로 사용하고 있다. 반면 우리나라는 원칙적으로 공금 수납 업무를 국가 및 지방자치단체만이 할 수 있도록 지정하였다. 향후 우리나라도 민간 위탁 업무 분야를 확대하여 고향사랑 기부제를 보다 활성화할 필요가 있다.

3. 고향사랑 기부제 연간 스케줄

지방자치단체 담당 부서의 연간 일정

지방자치단체의 고향사랑 기부제 담당 부서는 고향사랑 기부제와 관련한 설명 및 응답, 기부금의 모금 및 홍보, 답례품 관련 업무, 기금 운영 등 다양한 업무를 수행하고 있다. 1년 동안 어떤 업무를 수행하는지 입체적으로 알 수 있도록 연간 일정을 구성해 보고자 한다.

1~2월   기부금액: 적음

1. 답례품 사업자에 대한 대금 정산 점검	☐
2. 2월 고향사랑 기부금 접수 및 운용 현황 공개(〈고향사랑기부금법〉 시행령 제 9조) 관련 고향사랑 기부금 접수 현황, 고향사랑기금 사용 내역, 답례품 제공 현황과 비용 지출 정리 및 보고	☐
3. 설날에 지역을 방문하는 귀성객 등에게 고향사랑 기부제 홍보	☐
4. 신규 답례품 추가 및 고향사랑e음 웹사이트 정보 업데이트	☐
5. 기부자 특성 파악 및 분석, 기금 운영 방안 기획	☐

3~6월   기부금액: 적음

1. 고향사랑 기부금 지정 기부 사업 기획 및 선정	☐
2. 답례품 신규 사업자 선정을 위한 제도 설명회 개최	☐
3. 답례품 사업자 컨설팅(기존 답례품 사업자에 대한 답례품 개선 설명회 개최 및 사업자의 고충 처리를 위한 개별 방문 실시)	☐
4. 기부금 실적 향상을 위한 기부자 성향 분석과 특징 검토	☐
5. 고향사랑 기부금 지정 기부 사업 기획 및 선정, 고향사랑e음 웹사이트에 업로드	☐
6. 기부금 사용 용도를 선제적으로 알려 기부금 실적 극대화 노력	☐

7~8월
기부금액: 적음

1. '고향사랑의 날'인 9월 4일(9월은 일반적으로 고향을 떠올리게 하는 추석이 있는 달이며 4일은 사랑을 의미하는 날) 홍보 준비 ☐
2. 고향사랑 기부금 지정 기부 사업 기획 및 선정, 고향사랑e음 웹사이트에 업로드 ☐
3. 추석과 연말연시의 기부 건수 증가에 대비하여 신규 답례품 추가 및 고향사랑e음 웹사이트 정보 업데이트 ☐
4. 고향사랑 기부금 실적 증가를 위한 행사 및 홍보 ☐

9~10월
기부금액: 많음

1. '고향사랑의 날'(9월 4일) 기념행사 ☐
2. 고향사랑 기부금 지정 기부 사업 기획 및 선정, 고향사랑e음 웹사이트에 업로드 ☐
3. 추석에 지역을 방문하는 귀성객 등에게 고향사랑 기부제 홍보 ☐
4. 답례품 품질 점검 및 배송 관리 ☐
5. 연말연시 기부 건수 증가에 대비하여 신규 답례품 추가 및 고향사랑e음 웹사이트 정보 업데이트 ☐

11~12월
기부금액: 많음

1. 연말연시 기부금 급증에 대비한 답례품 발송 준비 철저 ☐
2. 고향사랑 기부제 문의 증가에 대비한 대응 철저 ☐
3. 고향사랑 기부에 대한 송년 감사인사 준비 ☐
4. 기부금 실적 및 기금 사용 방침에 대한 지방의회 설명 준비 ☐

표 1-3 고향사랑 기부제 연간 스케줄 예시

고려사항	1~2월	3~6월	7~8월	9~10월	11~12월
기부자	기부 성과를 통해 기부자 특성 분석	기부 실적 향상을 위한 기부자 성향 및 특징 검토	추석 기부자 증가 대응 준비	연말연시 기부자 증가 대응 준비	고향사랑 기부제에 대한 문의 증가 대비
답례품	답례품 사업자 대금 정산 및 설 대비용 답례품 추가	답례품 신규 사업자 선정 및 답례품 사업자 컨설팅	추석용 신규 답례품 추가	답례품 품질 점검 및 배송 관리	연말연시 기부 급증에 대비해 답례품 배송 점차
기부금 및 지정기부	실적 보고 및 기금 운영 방안 기획	지정 기부 사업 기획 및 선정	지정 기부 사업 기획 및 선정	지정 기부 사업 기획 및 선정 계속	기부 설적 및 기금 사용 관련 지방의회 설명 준비
홍보	설날 고향 방문객 대상 홍보 실시	기부금 사용 용도 홍보로 실적 극대화 노력	고향사랑의 날 홍보 준비	고향사랑의 날 행사 및 추석 고향 방문객 홍보 실시	고향사랑 기부 관련 송년 지방의회 감사인사 준비
기타	2월 고향사랑 기부 접수 및 운용 현황 공개	고향사랑e음 웹사이트 정보 업데이트	고향사랑e음 웹사이트 정보 업데이트	고향사랑e음 웹사이트 정보 업데이트	2월 고향사랑 기부 접수 및 운용 현황 공개 준비

고향사랑 기부 담당자의 역량

지방자치단체의 고향사랑 기부 담당자는 지금까지 경험하지 못한 고향사랑 기부제와 관련된 많은 일을 수행한다. 이들 담당자가 고향사랑 기부업무를 수행하기 위해서는 ① 소통(커뮤니케이션) 능력, ② 마케팅 능력, ③ 사업 실행력이 필요하다.

먼저 고향사랑 기부 업무를 수행하기 위해서는 기부자, 답례품 생산자, 주민, 민간단체(중간 조직 포함), 정부와 지방자치단체의 공무원 그리고 고향사랑e음 운영자 등 많은 관계자와 소통해야 한다. 특히 답례품 생산자와는 답례품의 개발 및 개선과 고향사랑e음 웹사이트 업로드, 배송에 대한 문의 등을 두고 소통해야 하므로 강한 신뢰관계를 구축할 필요가 있다. 또한 기부자에게 응답하는 등의 대응이 필요하다. 고향사랑 기부 담당자는 각 지방자치단체의 '얼굴'이기 때문에 소통 능력을 향상하고자 노력해야 한다.

둘째, 고향사랑 기부 업무 중 특히 답례품 관련 업무에 대해서는 마케팅 능력이 중요하다. 답례품을 가장 효과적으로 홍보하는 방안과 시장 분석 능력, 그리고 기부자가 요구하는 바에 대한 정보 수집 능력 등 마케팅 능력을 양성하기 위해서는 집중해야 할 일이 산적해 있다. 따라서 기부자의 특성을 파악하고 기부자가 선호하는 답례품을 선정할 수 있도록 지속적인 노력이 필요하다.

셋째, 지방자치단체가 실시하는 고향사랑의 날인 9월 4일 행사 실시, 답례품 신규 희망 사업자를 위한 제도 설명회 개최, 기존 답례품 사업자에 대한 답례품 개선 설명회 개최, 고향사랑기금을 활용한 사업자 모집 등 고향사랑 기부 사업을 실시할 수 있는 능력이 요구된다. 이러한 능력을 발휘하기 위해서는 자체적으로 끊임없이 연구하여 유연

한 발상과 민첩성을 갖추어야 한다. 또한 지방자치단체 내부뿐만 아니라 외부 관계자와의 연계가 필요하기 때문에 발표 능력과 기획력도 동시에 요구된다.

어느 부서가 맡는 게 좋을까?

고향사랑 기부 업무의 소관 부서도 지방자치단체마다 다양하여 세정과, 주민자치과, 기획과, 전담과·TF팀 등 다양한 부서에서 업무를 수행한다.

세정과는 본래 지방의 세정 운영 전반에 관한 기획·지도, 납세 편의 시책, 기부 금품에 관한 사무 및 그 밖의 세정·세입·세무 조사·체납 관리에 관한 사무를 하는 곳이다. 이 과에서는 기부금의 관리와 고향사랑 기부금 사용 지출 업무를 수행한다. 그러나 본래 업무인 세정 업무가 바쁘고 고향사랑 기부 업무를 수행하기에는 인원이 부족하여, 포괄적 외부 위탁을 통하여 업무를 수행하려는 경향이 강하다. 그러므로 위탁 사업자의 성향 및 업무 추진 방향에 영향을 많이 받기 때문에 지방자치단체의 자체적 역량 강화로 이어지기 어렵다는 단점이 있다.

주민자치과는 본래 주민의 삶의 질을 높이기 위해 각종 문화 프로그램과 복지, 편의 시설과 자치회 프로그램 등을 추진하고 지역 주민의 자발적 참여를 이끌어 내어 지역 공동체를 형성하는 역할을 수행한다. 이처럼 지역 대내외 활동을 추진한 경험을 바탕으로 고향사랑 기부 업무의 추진 방향을 빠르게 인식할 수 있다. 고향사랑 기부의 기획과 홍보, 기부 사업 실시에 대해 자체 부서뿐만 아니라 다른 부서의 횡단적 참여도 이끌어 낼 수 있으며, 답례품 생산자와 주민의 요구에도 빠르게 대처할 수 있다. 다만, 지역 내 주민뿐만 아니라 전국의 기부자가 원하는 요구 사항까지도 포괄하여 사업 추진이 가능할지는 의문이며, 이는 역량 강화가 필요한 부분이다.

지방자치단체의 기획과는 지역에 대한 전문적 지식을 활용하여 지역 정책의 기획과 계획의 입안 및 조사와 분석, 그리고 평가 업무를 주관하는 부서이다. 이처럼 지역 전반에 대한 정책을 주관하기 때문에 기부금 증가 전략이나 지역 활성화 방안, 기금의 사용처에 대해 많은 아이디어를 실현할 수 있다. 또한 지역 생산자 및 지역경제 단체와 지속적 관계를 형성할 수 있어 답례품 개발과 사업자 모집이 쉽다. 다만, 각종 지역 복지 사업을 실제로 추진하지 않고 추진 방향만을 정하는 부서이기 때문에 지역 주민의 자발적 참여를 이끌어 내고 지역 공동체를 형성하는 역할을 수행하기 위해서는 다른 부서와의 연계활동을 위한 추가적인 노력이 필요하다.

고향사랑 기부 전담과·TF팀은 지금까지 경험하지 못한 고향사랑 기부제와 관련된 많은 업무를 전담하여 수행할 수 있다. 고향사랑 기부 담당자는 고향사랑 기부 업무를 수행하기 위한 소통 능력, 마케팅 능력 그리고 사업 실행력을 갖추어야 한다. 또한 지방자치단체 내부 부서들과의 연계 활동뿐만 아니라 다른 지방자치단체 고향사랑 기부 업무 담당자와의 연계 활동을 해낼 수 있는 역량을 갖추고자 노력해야 한다.

4. 고향사랑기금의 설치와 운용

고향사랑기금의 설치

국가와 지방자치단체는 주로 일반 회계와 특별 회계 등 예산에 의하여 재정을 운용한다. 그러나 경직된 예산 제도만으로는 복잡하고도 다양한 행정 수요에 능동적으로 대응하기 어렵기 때문에 별도로 기금 제도를 운용한다. 국가와 지방자치단체는 특정 부문의 육성과 개발을 촉진하기 위해 자금을 지원하거나, 직접 수행하는 사업에 수반되는 자금의 효율적 관리·운용을 위해 기금을 설치한다.

〈고향사랑기부금법〉은 고향사랑 기부금의 효율적 운영을 위해 지방자치단체로 하여금 고향사랑기금을 설치하도록 하였으며, 고향사랑기금 사용 내역을 매년 공개하도록 한다. 또한 고향사랑기금의 사용 용도를 사회적 취약계층 지원, 청소년 보호·육성, 지역 주민 문화·예술·보건 증진, 시민 참여 또는 자원봉사 등의 지역 공동체 활성화 사업 지원 및 기타 주민 복리 증진 사업으로 명시적으로 규정한다. 지방자치단체는 기금을 운용하는 과정에서 이미 실시하는 지방자치단체의 기존 사업과 고향사랑기금 사업이 중복되지 않도록 주의하여야 한다.

지방자치단체가 운용하는 기금은 〈지방자치단체 기금관리기본법〉(약칭 〈지방기금법〉) 이 적용되므로 고향사랑기금도 〈고향사랑기부금법〉 외에도 〈지방기금법〉을 적용받는다. 〈지방기금법〉은 기금 관리 및 운용 관련 기본 사항을 규정한다. 지방자치단체장이 기금 설치 목적과 지역 실정에 따라 기금을 운용하고 기금 자산의 안정성·유동성·수익성 및 공공성을 고려해 기금 자산을 투명하고 효율적으로 관리하게 한다.

지방자치단체장은 〈지방기금법〉에 근거하여 회계 연도마다 기금 운용 계획을 수립하여야 하고, 출납 폐쇄 후 80일 이내에 기금 결산 보고서를 작성하여야 하며, 기금 운용 계획안과 기금 결산 보고서를 매 회계 연도 예산안 또는 결산서와 함께 지방의회에 제출하여야 한다.

한편 지방자치단체는 기금의 관리·운용에 관한 중요 사항을 심의할 수 있도록 기금별로 기금운용심의위원회를 설치, 운영한다. 기금운용 심의위원회에서는 기금 운용 계획을 수립하고 결산 보고서를 작성하며, 기금 운용 성과를 분석하고 지방자치단체장이 기금 관리·운용에 관한 주요 사항으로 심의위원회에 부치는 것을 심의한다. 또 지방자치단체 장은 기금 운용과 분석 결과를 행정안전부 장관에게 제출해야 한다.

고향사랑기금 사업 발굴

고향사랑기금은 일반적 기금과 달리 운용할 사업이 특정되어 있지 않다 는 점, 운용 자금이 사전에 할당되어 있지 않다는 점, 고향사랑기금이 다시 고향사랑기금 일반 기부와 고향사랑기금 지정 기부로 세분된다는 점이 특징이다. 이러한 특징을 도표로 나타내면 〈표 1-3〉과 같다.

기금이 특정한 목적을 달성하기 위해 할당된 자금이라면, 고향사랑 기금은 사업이 명확하게 특정되지 않는다. 뿐만 아니라 어느 정도로

표 1-4 예산 및 일반 기금 대비 고향사랑기금의 특성

조세 용도											
예산						기금	고향사랑기금				
							고향사랑 일반 기부				고향사랑 지정 기부
A	B	C	D	E	⋯	● (특정 목적)	ⓐ	ⓑ	ⓒ	ⓓ ⓔ ⋯	● (특정 사업)

42

기부금이 확보될지 알 수 없기 때문에 장기적 사업 시행이 어려우며, 주민 복리 증진이라는 포괄적 목적 아래 사용될 예정이므로 본래 의미의 기금이라고 볼 수 없다. 다만, 지역경제 활성화라는 취지에서 기부금을 기금으로 관리한다는 측면을 강조한다면 기금으로 운용이 가능하다.

또한 지방자치단체가 기금을 지역 사업에 사용할 경우에는 모처럼 발굴한 기금 사업이 전국의 기부자들에게는 공감을 불러일으킬 수 있으나 실제 그 지역에서 거주하는 주민의 선호와는 다를 가능성이 있다. 즉, 전국의 기부자는 지역 특성에 맞는 지역 발전 사업을 추진하여 국가 성장과 공동체의 주요한 문제를 해결하는 데 사용되기를 바란다. 이에 반해 실제 지역에서 거주하는 주민은 직접적으로 복지 혜택이 주어지는 사업을 선호할 수 있다. 이러한 선택의 불일치를 어떻게 조화시킬 것인지가 기금 사업을 선택할 때 중요한 사항이 될 수 있다.

또한 지방자치단체가 기존에 실시해 온 자체 사업과 중복될 수도 있다. 다만, 이 문제는 같은 분야에 속하는 복수의 사업을 발굴하여 해결할 수 있다. 즉, 같은 주민 복지 분야의 사업이더라도 세부적으로는 도서관 사업, 공동 육아 사업, 문화센터 사업으로 세분화하여 이들을 각각 시행함으로써 지역 사업을 더욱 효율적으로 실시할 수 있다.

이런 맥락에서 고향사랑기금 사업을 발굴하는 과정에서 가장 중요한 것은 지역 특성을 살리고자 하는 진정성 있는 고민이다. 진정성 있는 고민을 통해 발굴한 기금 사업만이 주민의 응원뿐만 아니라 더 많은 기부자로부터 응원을 받을 수 있기 때문이다. 고향사랑기금 사업의 발굴과 관련해서는 다시 2장과 3장, 4장에서 후술한다.

5. 일본 고향납세제에 활력을 불어넣은 크라우드 펀딩

그림 1-6 일반 크라우드 펀딩 작동 구조

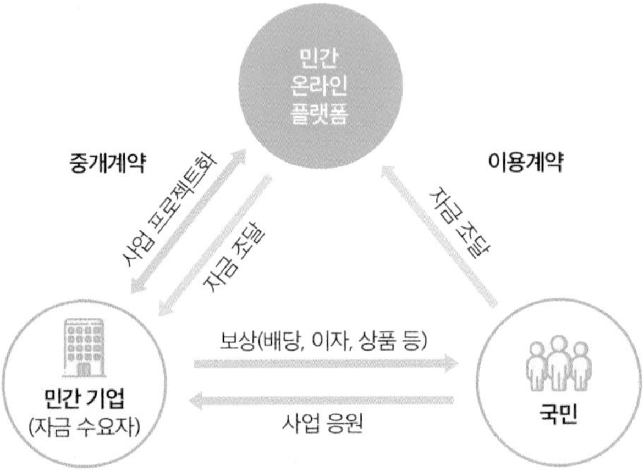

고향납세제의 시작

일본은 2008년 고향납세제를 신설하였으나 2014년까지는 기부금 실적이 매우 저조하였다. 2008년 첫해 고향납세액 기부 실적은 약 650억 원으로, 1위는 도쿄였다. 일본 국회와 중앙 부처가 도쿄에 있다는 점으로 미루어 보아, 이는 상대적으로 고향납세제에 친숙한 사람이 많은 지역에서 먼저 관심을 갖기 시작했다는 사실을 보여 준다. 2011년에는 동일본대지진이 일어났으나 고향납세 실적은 1,000억 원 규모에 머물렀다. 이에 일본의 각종 보도매체에 고향납세를 통해 대지진으로 인해 피해를 입은 지역에 기부하는 행렬을 대서특필했다. 답례품 없이도 이어진 자발적 기부의 행렬이었다. 2012년에는 약 800억 원으로 실적이 다시 감소했으나, 2013년에 1,280억 원, 2014년에 3,700억 원, 2015

년에 1조 6,180억 원으로 기부금이 늘면서 고향납세에 대한 거부반응이 점차 사라지는 동시에 지역 응원을 향한 공감대가 형성되는 모습을 보이기 시작했다. 그리고 이때 제 역할을 다했던 것이 바로 고향납세 크라우드 펀딩이다. 본래 크라우드 펀딩이 추구하는 가치가 '응원', '공개', '공감'이기 때문이다.

고향납세 크라우드 펀딩

고향납세제에 활력을 불어넣은 크라우드 펀딩 (이하 '고향납세 크라우드 펀딩') 은 지방자치단체가 중개업체인 민간 온라인 플랫폼을 통해 지역 과제를 프로젝트로 기획하여 온라인상에 공개하면 이에 공감하는 사람이 기부하는 방식의 모금이다. 크라우드 펀딩은 '대중'이라는 뜻의 크라우드crowd와 '자금 조달'이라는 뜻의 펀딩funding을 이어 붙인 합성어인데, 이를 고향납세제와 결합한 모금 방식이 바로 고향납세 크라우드 펀딩이다.

고향사랑 크라우드 펀딩은 불특정 다수의 사람으로부터 자금을 받기 때문에 지역 과제를 선정하는 작업이 매우 중요하다. 고향사랑 크라우드 펀딩을 실시하려면 지역 과제를 해결할 수 있는 지역 발전 전략을 기부자에게 제시하여야 한다. 또한 고향납세 크라우드 펀딩은 일반 크라우드 펀딩과 달리 지방자치단체가 지역을 응원하고자 보낸 기부금에 보상으로 답례품을 송부할 수 있으므로, 수익 미반환이나 상품 결함이 발생할 우려가 적다.

고향납세 크라우드 펀딩은 다음과 같은 장점을 갖고 있다.

첫째, 기부자 측면에서 보면 크라우드 펀딩은 보다 특별한 방식으로 고향납세제를 이용할 수 있게 한다. 기부자는 온라인을 통해 지방자치

그림 1-7 고향사랑 크라우드 펀딩 작동 구조

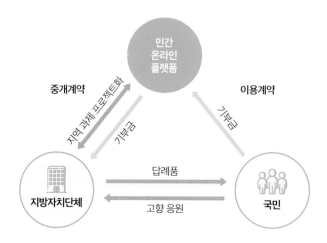

단체가 제시한 지역 과제 중 기부하고 싶은 사업을 선택한다. 그리고 실시간으로 자신이 선택한 지방자치단체 사업에 공감하는 기부자 수와 모금액을 확인할 수 있다. 이와 동시에 기부자는 기부의 본래 의미인 '돕고자 하는 마음'으로 지방자치단체와 그 단체의 사업을 바라보게 된다.

둘째, 지방자치단체에 변화를 가져온다. 2011년 고향납세 크라우드 펀딩을 실시한 이후 지방자치단체의 고향납세 실적이 눈에 띄게 변하는 사례를 자주 접할 수 있다. 이는 불특정 다수의 기부자를 대상으로 '지역 과제'를 온라인상에 공개한다는 사실 자체가 지방자치단체를 변화시키기 때문이다. 이러한 변화는 수입의 자율성과 지출의 책임성이라는 지방자치단체의 자치 의식을 고양하며, 진정한 지역 경영 시대로의 전환을 가져온다.

셋째, 다른 사업과 연계하여 사업을 진행할 수 있다. 일본 정부는

2017년부터 고향납세 크라우드 펀딩을 이용하여 '고향 창업 지원 프로젝트'와 '고향 이주 및 교류 촉진 프로젝트'를 실시한다. '고향 창업 지원 프로젝트'란 지방자치단체가 고향납세 재원으로 마련하는 금액 외에 지역 사업자의 창업에 필요한 초기 투자 경비를 추가로 지원할 경우 정부가 특별교부세를 통해 그 경비의 일부를 지원해 주는 사업이다. '고향 이주 및 교류 촉진 프로젝트'는 인구 과소 지역의 어려움에 대응하고자 고향납세제를 활용하여 지속적으로 이주 및 정주 정책을 실시하는 지방자치단체(시범단체)를 재정적으로 지원하는 사업이다. 현재 정부 지원에 힘입어 많은 일본 지방자치단체가 고향납세 크라우드 펀딩을 활용하여 지역 관계인구關係人口(우리나라의 생활인구에 해당) 확대 사업과 창업 지원 사업을 시행하고 있다.

넷째, 고향납세 크라우드 펀딩은 고향납세제를 이끌어 가는 6개 부문 중 기부자·지방자치단체·정부·민간 4개 부문이 제 역할을 할 수 있도록 관계를 확실히 정립한다.

기부자는 자신이 선택한 지역의 발전을 바라는 부문이다. 고향납세제를 통해 직간접적으로 기부를 받으려면 기부자의 마음을 사로잡을 수 있어야 한다. 따라서 기부자가 지역 발전을 잘 응원할 수 있도록 진정성 있는 사업을 개발할 필요가 있다. 답례품 제공은 감사의 마음을 전달하는 부차적 수단이라는 점을 잊지 말아야 한다.

지방자치단체는 고향납세제의 모금 전략을 세우고 지역 사업을 이끌어 가는 부문이다. 답례품 개발과 기부금 사용처를 마련하는 등 고향납세제 시행을 준비하는 과정은 큰 노력이 필요하지만, 이러한 과정을 통해 지역 경영 시대로의 전환을 이끌 수 있다.

정부는 고향납세제를 설계하고 관리하는 부문이다. 고향납세제는 기부 세제를 응용하여 지역 간 세금을 분할하는 효과가 있다. 고향납세제가 신설된 이후 일어난 답례품 과열 경쟁을 진정시키고자 고향납세 지정 제도를 신설했다. 또한 지역 창업 활성화와 지역의 관계인구형성을 위해 고향납세 크라우드 펀딩을 이용하도록 지원하여 고향납세 사용 방향을 제시한다.

민간 온라인 플랫폼은 기부자와 지방자치단체를 연결하는 부문이다. 기부자는 온라인에 접속하여 답례품을 선정하는 과정을 거쳐 지방자치단체에 기부한다. 지방자치단체가 제시한 지역 정보와 답례품의 선정 및 게재, 그리고 크라우드 펀딩 사업을 온라인 플랫폼에 게시하려는 노력은 높은 경제적 효율성을 낳는다.

일본의 대표적인 고향납세 온라인 플랫폼

- 후루사토 초이스(furusato-tax.jp)
- 사토후루(satofull.jp)
- 라쿠텐(event.rakuten.co.jp/furusato)
- 후루나비(furunavi.jp)

---

6. 고향사랑 기부제 성공과 지정 기부 사업 설계

지정 기부 사업 도전

향후 지방자치단체를 어떤 식으로 성장시킬 것인가? 비전을 형성하려면 많은 사람의 의견을 들을 필요가 있다. 이때 구체적인 실현 가능성만을 요구한다면 비전은 좀처럼 만들기 어렵다. 오히려 비전을 형성할 때에는 조금은 현실성이 떨어져도 가슴을 뛰게 하는 어떤 희망을 안겨 줄 수 있어야 한다.

재원과 사람, 시간이 충분할 경우 우리 지역을 위해 어떤 일을 할 수 있을까? 그 일로 우리 지역은 어떤 식으로 변화할 수 있을까? 이러한 생각에서부터 비전을 만들 수 있다. 이렇게 비전이 형성된 뒤에는 그 비전을 실행하기 위해 어떤 활동이 필요하며 그 활동을 누가, 어느 정도로 실시하여야 하는지 고려해야 한다.

비전을 구체적으로 실행하는 방안으로는 사람, 물품, 재원, 세일즈 관련 지식, 그리고 지속적인 노력이 필요하다. 그렇다면 비전을 실현하는 활동에는 어느 정도의 인력이 필요한지, 활동을 위해 필요한 것은 무엇이며 어느 정도의 재원이 필요한지(예를 들어 이벤트나 세미나 개최 등에 필요한 비용은 어느 정도인지), 비전 실행을 위해 어떤 전문가의 도움이 필요한지, 비전 실행 성과가 검증될 수 있는지 등의 질문을 거듭하면서 이를 구체화한 목록을 작성하고, 목록을 점검하면서 실제로 무엇이 부족하며, 무엇을 우선시할 것인지 판단해야 한다.

지방자치단체가 지정 기부 사업을 기획할 때는 담당자뿐만 아니라 지방자치단체 구성원 전체가 동참하여야 한다. 지정 기부 사업에 공감하는 사람이 많을수록, 지방자치단체 구성원 전체의 의식이 높아질수록 사업 프로젝트가 성공할 확률은 높아진다. 또한 지정 기부 사업은 준비를 많이 할수록 성공 가능성이 높아진다. 어떻게 기획할 것인지, 구체적으로 전체 재원을 어떻게 마련할 것인지, 어떠한 수단을 이용할 것인지 등을 고민해야 한다. 특히 기존에 지방자치단체와 어떤 식으로든 관련 있는 사람이 지정 기부 사업의 성공에 상당한 영향을 미칠 것이라는 점을 명심해야 한다.

표 1-5 지정 기부 사업의 전략 요소

전략 요소	내용
사업을 성장시킨다	· '사회에 도움이 되고 싶다'는 기부자의 기부 동기는 지방자치단체가 　해결하고자 하는 지역 과제에 대해 신뢰를 갖게 한다. · 지방자치단체는 어떤 지역 과제를 해결하고 싶은지, 활동이 얼마나 　효과가 있는지, 그 사업 효과를 　향상시키기 위해서 어떻게 노력할지 고민해야 한다.
조직을 키운다	· 사업 전략을 수립할 때 조직 구성은 매우 중요한 요소이다. · 기부금을 모으는 활동과 사회 과제 해결을 위한 활동 모두 　조직이 제대로 기능하지 않으면 성과를 얻기 어렵다. · 무엇보다 지방자치단체의 활동을 　향상시키기 위해서는 인재 확보가 중요한 과제이다.
재원을 마련한다	· 이제까지 지방자치단체는 지역에 대한 정보를 지역 외 주민에게 제공하고 　이들을 지역의 지원자로 육성하는 데 적극적이지 않았다. · 고향사랑 기부제를 이용해 기부 재원을 어떻게 획득해 나갈 수 있을지, 　공감할 수 있는 사업 활동만으로 과연 기부금을 유지 또는 　확장할 수 있을지 고민해야 한다. · 지방자치단체의 활동에 동참하고 지원을 해준 사람들뿐만 아니라 그동안 　관여하지 않았던 사람들에게도 지역 정보를 전달하여 공감대를 얻어 가면서 　굵고 강한 관계를 구축해 나가야만 지역의 재원 증가가 가능하다.

　이처럼 지정 기부 사업은 즉시성 및 연속성을 요구하는 프로젝트이다. 프로젝트 실행자는 사업 정보를 실시간으로, 또 지속적으로 예상 기부자에게 홍보하고 피드백을 받을 필요가 있다. 지정 기부 사업과 관련된 조직 구성과 새로운 지역 사업의 개발, 재원 마련 전략이 필요하다. 이들 전략의 요소별 내용은 〈표 1-4〉와 같다.

지정 기부 사업의 실행 방법

일반적으로 지정 기부 사업은 기획·작성·홍보의 세 단계로 나누어진다. 기획은 사업 아이디어를 온라인에 게재하기 전에 결정해야 할 사항을 정리하는 것이며, 작성은 사업 프로젝트 문장과 그림, 기타 정

표 1-6 지정 기부 사업의 기획 단계 실시 항목

1단계	지정 기부 대상 사업을 결정한다.
2단계	지정 기부 사업 전담 팀을 구성한다.
3단계	지정 기부 사업의 전체 일정을 결정한다.
4단계	대상 사업 실시에 필요한 경비를 견적한다.
5단계	지정 기부 사업(예상) 목표 금액을 세운다.
6단계	사업 실시 금액별로 답례품을 결정한다.
7단계	지정 기부 사업 공개 기간을 결정한다.
8단계	외부 협력자와 연계하여 응원을 받는다.

보를 수집하는 단계이다. 그 후 지정 기부 사업을 홍보할 전략을 수립하고 온라인에 공개하는 단계가 필요하다. 기획 단계에서는 〈표 1-5〉와 같이 8단계를 거친다.

☑ 지정 기부 대상 사업을 결정한다.

대상 사업을 결정하기 위한 구체적 활동을 한다. 이때 그 대상 사업의 활동이 다른 사람에게 충분히 공감 받을 수 있을지 검토한다. 대상 사업에 아직까지 익숙하지 못한 사람이 존재할 수 있다. 사업의 의의와 구체적인 활동 방향을 알기 쉽게 설명할 수 있어야 한다. 또한 관련 사업은 독창성을 갖추어야 한다. 기부를 받기 위해서는 차별성을 갖추어 다른 자치단체가 아닌 우리 자치단체를 고르도록 만들 필요가 있다. 또한 활동 자체에도 다른 활동과 비교되는 독특함이 있어야 사람들은 관심을 갖고 해당 활동을 기억할 수 있다.

☑ 지정 기부 사업 전담 팀을 구성한다.

지정 기부 사업의 실시는 많은 작업을 동반한다. 각 작업 내용에 따라 담당자가 결정되어야 각자 그 역할에 집중할 수 있다. 담당자는 프로젝트 책임자, 편집 담당자, 홍보 담당자로 나눌 수 있다. 프로젝트 책임자는 전체 프로젝트의 관리자로 전체 스케줄 관리와 섭외활동이 가능해야한다. 편집 담당자는 온라인을 통해 지정 기부 사업에 관심을 보이는 사람이 사이트에 게재된 프로젝트 개요를 읽고 자치단체의 활동을 알게 해야한다. 따라서 읽기 쉬울 뿐만 아니라 공감을 일으키는 글을 쓸 수 있도록 문장력을 갖춰야 한다. 온라인 홍보는 지정 기부 사업의 핵심이다. 프로젝트의 진척 상황을 자주 홍보할 필요가 있다.

☑ 지정 기부 사업 전체 일정을 결정한다.

지정 기부 사업을 실시하기 전에 전체 일정을 검토한다. 지정 기부 사업의 전체 일정은 지정 기부 사업 시행 결정, 프로젝트 기획 내용 결정, 프로젝트의 웹페이지나 광고지 작성, 지정 기부 사업 모집 기간, 답례품 발송, 사업 실시, 사업 실시 후 보고 항목을 포함한다.

각각의 일정에 필요한 시간은 프로젝트마다 다르며, 전체 일정을 진행하고 이를 준비하는 과정에는 3~6개월 정도가 소요될 수 있다. 프로젝트에 따라서 별도의 허가가 필요한 경우도 발생한다.

☑ 대상 사업 실시에 필요한 경비를 견적한다.

사업 실시에 필요한 경비를 견적하면 어느 정도로 경비를 절감할 필요가 있는지 검토할 수 있다. 경비는 크게 절대적으로 필요한 경비와 절감이 가능한 경비로 나뉜다. 절대적으로 필요한 경비는 사업 실시뿐만 아니라 홍보와 관련된 경비도 포함된다. 절감 가능한 경비는 꼭 필요한 경비는 아니지만 추가적인 경비 지출로 사업 효과를 극대화할 수 있는 경비를 말한다.

☑ 지정 기부 사업 (예상) 목표 금액을 세운다.
(예상되는) 목표 금액을 적정하게 설정하여 기부 금액을 달성하면 다른 지정 기부 사업 모집도 진행할 수 있다는 동기부여가 된다. 반면 너무 낮은 목표 금액을 설정하면 기부자를 적극적으로 모집하고자 하는 의지가 약해질 우려도 있다. 조직에 동기를 부여한다는 측면에서 (예상) 목표 금액보다 조금 더 높은 금액을 설정할 필요가 있다.

☑ 사업 실시 금액별로 답례품을 결정한다.
사업 실시 금액과 연계하여 답례품을 결정한다. 답례품의 종류로는 답례 인사(메일이나 편지 등), 고향 이벤트 초청, 상품이나 기념품, 지역 활동 보고서나 기부자 성명이 기재된 광고품, 체험관광 초청권 등이 있다. 답례품에 대한 아이디어가 나오면 각 아이디어를 실행하는 데 필요한 비용을 계산한다.

☑ 지정 기부 사업 공개 기간을 결정한다.
지정 기부 사업을 집중 홍보할 기간을 설정한다. 또한 지정 기부 사업을 알릴 수 있는 연수나 간담회 개최 등을 홍보 기간에 맞추어 기획한다.

☑ 외부 협력자와 연계하여 응원을 받는다.
지정 기부 사업을 실시하는 지역을 응원하는 협력자를 찾아 지정 기부 사업 실시에 필요한 협조를 받는다. 프로젝트에 공감하는 사람, 프로젝트 기획에 우호적인 단체와 협의하여 프로젝트를 공동 개최할 수도 있다. 단체마다 그 단체만의 강점과 특정이 있으므로 상호 협력하여 프로젝트 내용을 더욱 공고히 할 수 있다.

작성 및 홍보 단계

지정 기부 사업 계획 작성 단계에서 필요한 항목으로는 프로젝트 웹페이지 작성, 광고지 작성, SNS 운영 준비, 내부 매뉴얼 작성이 있다.

특히 지정 기부 사업 프로젝트의 웹페이지를 작성하는 일은 매우 중요하다. 다른 프로젝트 페이지를 들여다보며 작성하는 데 사용할 수 있는 읽기 쉬운 문장, 마음에 남는 문구나 인상적인 이미지 등을 찾아보고 이들을 메모해 둔다. 제목은 무엇을 하고 싶은지 바로 알 수 있게 적고, 제목과 함께 떠오르는 이미지를 사용한다. 프로그램 개요는 프로젝트의 취지가 전달되도록 쉽게 적는다. 글만 있다면 점점 집중력이 떨어질 수 있으므로 '문장 → 이미지 → 문장 → 이미지'의 구조로 작성하여 기부자가 끝까지 읽고 웹페이지에 머무르도록 한다. 에피소드나 실제 체험처럼 스토리텔링이 담긴 글이라면 읽기 쉽다.

기재 항목으로는 기획 내용, 사업 프로젝트의 배경, 프로젝트를 통해 실현하려는 일, 자금 사용처, 답례품 소개, 재기부 요청, 저명인사의 응원 메시지, 기부자의 궁금증에 대한 질문과 답변이 있다. 가능한 한 일상에서 접하기 쉬운 동영상이나 이미지를 사용하면 공감을 얻을 수 있다. 이때 실명제를 활용한 이미지는 자치단체의 신뢰감을 높인다. 답례품은 내용을 보여 주는 이미지와 설명을 함께 올린다. 기부를 매력적으로 표현하는 것도 중요하지만, 기부자에게 과도한 기대감을 심어 주지 않도록 답례품의 수량이나 크기, 발송 시기를 상세하게 기재한다.

홍보 단계에서는 다음과 같은 업무를 실시한다.

· 대면 홍보활동을 한다.
· 법률에서 인정하는 범위의 홍보를 한다.
· 홍보대행사 등을 활용하여 홍보한다.
· SNS를 통해 홍보한다.
· 행사에 참여하여 홍보한다.
· 보도기관을 이용하여 홍보한다.

제 2장
고향사랑기금 제도

1. 우리나라 고향사랑기금의 활용

기금의 의의와 기금 법령

기금의 의의

기금은 국가와 지방자치단체가 연구·개발 사업이나 정책 사업 같은 특정 부문의 육성 및 개발을 촉진는 사업에 자금을 지원하거나 국가와 지방자치단체가 직접 수행하는 사업에 수반되는 자금을 효율적으로 운용하고 관리하고자 할 때 설치한다. 기금의 특징은 다음과 같다.

첫째, 특정한 목적을 위해 사용한다. 기금은 국가가 특정한 목적을 달성하는 데 필요한 특정 자금이므로, 국가의 일반 재정 운영을 위한 일반 회계와 다르며 특별 회계와 유사한 성격을 가진다.

둘째, 특정한 자금으로 운용한다. 기금은 특정한 목적 아래 특정 자금을 조성하여 운영하므로 조세 수입 등을 통해 재원을 마련하는 일반 회계와는 다르며, 특정 자금으로 설치하는 특별 회계와 유사한 성격을 가진다.

셋째, 기금은 신축적으로 운영한다. 기금은 일반적인 예산 원칙의 규율을 받지 않고 탄력적으로 운영하기 위한 특정 자금이다. 금융성 기금의 경우는 주요 항목 지출 금액의 30%, 기타 기금의 경우는 20%의 범위에서 국회 의결 없이 변경할 수 있다는 점에서 특별 회계와 다른 성격을 가진다.

표 2-1 기금과 예산의 비교

구분	예산		기금
	일반 회계	특별 회계	
설치 사유	국가 고유의 일반적 재정 활동	· 특정 사업 운영 · 특정 자금 운용 · 특정 세입을 특정 세출에 충당	특정 목적을 위해 특정 자금을 운용
운용 형태	공권력에 의한 조세 수입과 무상 급부 원칙	일반 회계와 기금의 운용 형태 혼재	출연금 · 부담금 등 다양한 재원으로 다양한 목적의 사업 수행
수입-지출 연계	특정 수입과 지출의 연계 배제	특정 수입과 지출의 연계	특정 수입과 지출의 연계
확정 절차	· 부처의 예산 요구 · 기획재정부의 정부 예산안 편성 · 국회의 심의 · 의결로 확정		· 기금 관리 주체의 기금 운용 계획안 수립 · 기획재정부 장관과 운용 주체 간의 협의 · 조정 · 국회의 심의 · 의결로 확정
집행 절차	· 합법성에 입각하여 엄격히 통제 · 목적 외 사용 금지		· 합목적성 차원에서 상대적으로 자율성과 탄력성 보장
계획 변경	· 추경 예산 편성 · 이용 · 전용 · 이체		· 주요 항목 지출 금액의 20% (금융성 기금의 경우 30%) · 초과 변경 시 국회 의결 필요
결산	국회 심의 · 의결		

출처: 기획재정부

기금은 각각의 설치 법률에 따라 자원 배분 기능, 소득 분배 기능, 경제 안정 및 성장 또는 금융 기능 등 다양한 기능을 수행한다. 이처럼 다양한 기능을 수행하는 기금은 특정한 정책 목적을 달성하기 위해 적극적으로 활용된다. 그러나 재정 구조가 복잡해짐에 따라 기금의 투명성이 저하하고, 칸막이식 운용으로 재원 배분의 비효율성이 발생한다는 문제점을 지닌다. 또한 정책 목적을 달성한 후에는 기금을 폐지하거나 축소해야 하는데, 이 때문에 기금 운용을 선호하는 정부 부처에서 기금 정비에 소극적으로 대응할 수 있다는 우려가 있다.

기금 법령

〈국가재정법〉은 국가 재정의 효율적 운영을 위해 2006년 구 〈예산회계법〉과 구 〈기금관리기본법〉을 통합하여 제정한 법률이다.

기금과 관련하여 구 〈예산회계법〉은 국가가 특정한 목적을 위해 특정한 자금을 운영할 필요가 있을 때는 법률에 근거하여 특정 자금을 설치·운영할 수 있다고 규정했다. 그러나 기금이 방만하게 설치·운영될 수 있다는 문제점에 대해서는 별도의 통제 장치를 규정하지 않았다. 구 〈기금관리기본법〉은 기금의 공공성 및 효율성을 증진하고 기금 운용과 재정 운용 간의 연계성을 강화하기 위해 기금 설치에 관한 일정한 제한을 규정한 법률이었다.

〈국가재정법〉은 국가가 일반적인 세입 세출 예산으로 특정 목적을 효과적으로 달성할 수 없을 때 재정을 탄력적으로 운영하기 위해 법률에 근거하여 기금을 설치할 수 있다고 규정하였다. 다만, 기금이 방만하게 설치·운영될 수 있다는 문제점을 사전에 방지하기 위해 기금은 별도 법률에 근거하여 설치가 가능하며, 동시에 그 근거 법률을 〈국가재정

법〉에 명시해야 한다는 제한을 둔다(법 제5조).

또한, 기금 제도 전반에 관한 기준으로 기금 관리 주체는 기금의 설치 목적과 공익에 맞게 기금을 관리·운용하여야 하며(법 제62조), 안정성·유동성·수익성·공공성을 고려하여 기금 자산을 투명하고도 효율적으로 운용하여야 한다(제63조). 이를 위해 기금 운용 계획안의 작성 및 제출에 관한 별도의 규정을 둔 경우에도 〈국가재정법〉의 규정을 적용하며(제65조), 이에 대한 실효성을 확보하기 위해 공익성을 저해하는 공무원의 직권 남용 행위에 대한 벌칙을 규정한다(법 제102조).

한편, 〈지방자치법〉은 지방자치단체의 행정 목적을 달성하고자 하는 경우나 공익상 필요한 경우에 특정 자금을 운용하기 위한 기금을 설치할 수 있으며, 기금의 설치·운용에 관해 필요한 사항은 조례로 정한다고 하면서 기금 설치의 근거를 규정한다(법 제159조).

또한 〈지방기금법〉은 일반 회계 또는 특별 회계로 사업을 시행하는 것이 곤란한 경우에만 기금을 설치할 수 있으며, 조례로 기금을 설치하는 경우에도 5년이라는 범위에서 존속 기간을 정하도록 절차적인 통제를 가한다(법 제4조). 그 밖에 재정적 부담이 되는 지방 기금을 설치하려는 경우는 중앙행정기관의 장이 사전에 행정안전부 장관과 협의하여 기금 신설의 타당성을 심사하고, 행정안전부 장관도 사전에 지방자치단체의 의견을 들어야 한다고 규정한다(법 제3조).

고향사랑기금에 대한 정부 방침

〈고향사랑기부금법〉은 고향사랑기금의 설치와 사용 목적을 규정한다. 구체적으로 지방자치단체는 고향사랑 기부금의 효율적인 관리 및 운용을 위해 고향사랑기금을 설치하여야 하며, 고향사랑기금은 사회적 취약 계층의 지원과 청소년의 육성 및 보호, 지역 주민을 대상으로 하는 문화 · 예술 · 보건 등의 증진, 시민 참여와 자원봉사 등 지역 공동체 활성화 지원 및 그 밖에 주민의 복리 증진에 필요한 사업 추진에 사용하여야 한다(법 제11조). 지방자치단체는 고향사랑기금의 세부 사항을 지방자치단체의 조례로 정하며, 이미 시행하고 있는 지방자치단체의 사업과 고향사랑기금 사업이 중복되지 않도록 노력하여야 한다(법 시행령 제7조)고 규정한다.

이처럼 정부는 지방자치단체의 기금 사업을 주민의 복리 증진에 필요한 사업으로 포괄적으로 규정하고, 지방자치단체가 구체적인 기금 사업 발굴을 조례로 정하도록 한다. 그러나 지방자치단체는 고향사랑기금을 처음으로 운영하는 입장이어서 고향사랑기금 사업을 구체적으로 제시하지 못한다. 예를 들면, ○○시 고향사랑 기부금 모금 및 운용에 관한 조례는 고향사랑기금의 사용 목적을 아래와 같이 정하고 있다.

고향사랑기금은 본래 의미의 기금이라고 할 수 없는 두 가지 특징이 있다. 하나는, 고향사랑기금의 사업 목적이 "그 밖에 주민의 복리 증진에 필요한 사업의 추진"이라는 포괄적 목적으로 규정되어 있기 때문에

예시: 고향사랑기금의 사용 목적

① 시장은 법 제11조 제4항에 따라 고향사랑기금을 관리 · 운용할 경우에는 법 제11조 제2항 제1호 내지 제4호 사업 중에서 지정하여 기부금을 모집할 수 있다. 이 경우 사업에 관한 정보를 제공해야 한다.

② 시장은 법에 따른 비율에 해당하는 금액을 기부금의 모집과 운용 등을 위한 홍보비, 인쇄비, 운영경비 등 필요비용에 사용할 수 있다.

표 2-2 일반 기금과 고향사랑기금의 특징

기금 종류	일반 기금	고향사랑기금					고향사랑기금
		고향사랑 일반 기부					고향사랑 지정 기부
	● (특정 목적)	ⓐ	ⓑ	ⓒ	ⓓ	…	● (특정 사업)
특징	· 특정한 목적 · 특정한 자금	· 포괄적인 목적 · 불확정한 자금					· 특정 사업 · 불확정한 자금

일반 기금이 보이는 '특정 목적의 달성'이라는 성격과 맞지 않는다. 이런 점에 대해 고향사랑기금의 내용 중 고향사랑 지정 기부는 특정 사업을 대상으로 기부를 받는다는 점에서 긍정적으로 평가할 수 있다. 그러나 고향사랑 일반 기부는 보통의 기금으로 운영하므로 본래의 의미의 기금이 가지는 특정 목적에 대한 탄력적인 자금 운영이라는 장점을 살리기 어렵다. 또한 고향사랑기금도 기금의 기본 원칙하에 운영되므로 해당 기금을 그 기금의 특정 목적 사업에만 사용할 수밖에 없어 재정 칸막이라는 우려를 피하기도 어렵다.

다른 하나는, 고향사랑 기부금이 어느 정도 모집될지 알 수 없기 때문에 특정 자금으로 운영되는 본래 의미의 기금 성격과 맞지 않는다. 이렇게 기금을 특정 자금으로 운용하지 않으면 중장기적 사업을 실시할 수 없고, 사업 성과가 바로 보이는 가시적 또는 단기적인 사업만을 실시하게 된다. 고향사랑 기부제의 취지에 상응한 중장기적 사업을 추진하려면 기부금을 기금이 아닌 일반 예산으로 전환하여 필요한 곳에 탄력적으로 사용할 수 있도록 하는 개선책이 필요하다.

태백시 고향사랑기금 조례

고향사랑기금의 관리와 운용

〈고향사랑기부금법〉은 고향사랑기금의 관리 및 운용에 필요한 세부적인 사항을 같은 법 시행령이 정하는 바에 따라 지방자치단체의 조례로 정하도록 한다(법 제11조).

지방자치단체가 고향사랑기금 조례를 제정할 때는 고향사랑기금의 관리·운용, 심의위원회 구성, 기금 운영 계획의 수립, 기금 결산에 대해 규정해야 한다.

지방자치단체는 고향사랑기금의 관리·운용을 위해 기금 계좌를 설치하고 〈지방회계법〉에 따라 지정한 금고에 예치·관리하며 적립 기금과 운용 기금으로 관리한다. 또한 기금 사업의 목적에 맞는 사업을 지정하여 기부금을 모집하며, 기부금의 모집·운용을 위하여 기금운용관과 기금출납원을 지정하고 기부금의 일정 비율을 홍보비, 인쇄비, 운영비 등의 비용으로 사용한다.

기금운용심의위원회는 기금의 수입 및 지출, 해당 연도 사업 계획 및 자금 계획, 기금의 재산 및 기금 운용상 필요하다고 인정되는 사항을 심의한다. 기금 운영 계획 단계에서는 지방 의회의 심의·의결 및 공포를 거쳐 지방자치단체의 금고 은행을 통해 기금을 설치하고 운용한다. 기금의 결산 보고서에는 기금의 운용 성과 분석 결과, 기금 결산의 개요 및 분석에 관한 서류, 현금 및 지출 계산서 등 현금의 수입과 지출을 명백히 하는 서류 등이 포함되어야 한다. 이렇게 작성된 기금 결산 보고서는 지방 의회의 의결을 받는다.

그림 2-1 고향사랑기금의 관리 및 운용 흐름도

기부금 접수	고향사랑e음 지자체 지정 금융 기관
기금 설치	지자체 고향사랑기금
기금 사업 발굴	공모, 사업 개발 등
심의 · 의결	기금심의회 지방의회
기금 사업 시행	고향사랑기금 사업

태백시 고향사랑 기부금 모금 및 운용에 관한 조례

〈태백시 고향사랑 기부금 모금 및 운용에 관한 조례〉는 〈고향사랑기부금법〉과 같은 법 시행령에 근거해 고향사랑 기부금과 관련하여 제정된 조례이다.

· 바로가기

태백시
고향사랑
기부금
조례 전문

이 조례의 특징은 고향사랑기금의 재원에 관한 규정이다. 제8조(고향사랑기금의 설치 및 재원)는 ① 고향사랑기부금법에 따라 모금·접수한 고향사랑 기부금, ② 일반 회계 또는 다른 기금으로부터의 전입금, ③ 그 밖에 기금의 운용으로 발생하는 수익금을 고향사랑기금의 재원으로 열거한다. 이처럼 기금의 재원으로 고향사랑 기부금뿐만 아니라 '일반 회계 또는 다른 기금으로부터의 전입금'을 명시함으로써 고향사랑기금만으로 특정 사업을 추진하기 어려울 경우에 대비했다.

2. 일본 고향납세 활용

기금 사업의 시작과 기금 법령

기금 사업의 시작

일본에서 기금은 독립 행정 법인, 공익법인, 지방자치단체가 특정 용도에 맞게 충당하기 위하여 국가로부터 교부받은 보조금으로, 다른 자산과 구분하여 운용된다.

일본 기금 제도의 시작은 메이지 초기의 비축법과 관련 있다. 비축법상 기금은 흉년에 대비하여 비축한 자금으로 이재 보험의 형태로 운용되었다. 즉, 기금은 국가에서 지급한 보조금과 지방에서 징수한 세금을 재원으로 가지며, 재해가 발생하면 이재민을 위한 생필품을 지급하거나 이재민의 납세를 보조하는 자금으로 사용되었다.

이처럼 기금은 오래전부터 이용되어 왔으나, 비교적 최근까지 기금을 규율하는 법률을 두지 않았다. 그러나 이러한 상황은 경기 후퇴를 완화하기 위해 기금을 활용하기 시작하면서 변화하였다. 특히 1990년대 이후의 경기 후퇴를 극복하고 리먼 쇼크의 후유증을 회복하고자 신규 기금들이 조성되었고, 2013년 이후에도 경제 대책을 위해 기금의 규모를 확장했다.

이렇듯 기금의 규모가 빠르게 증가되자 일본 정부는 2006년 기금 사업을 하는 기금 법인에 대한 소관 부처의 관리 기준으로 〈보조금 등의 교부에 의해 조성된 기금에 관한 기준〉(2006년 기금 기준)을 마련하였다. 그리고 2014년 〈보조금 등에 관한 예산집행 적정화에 관한 법률〉(약칭 〈보조금적정화법〉) 시행령에 기금의 교부 조건 등을 규정하였다.

기금 법령

☑ 2006년 기금 기준

2006년 일본 정부는 기금 사업을 하는 기금 법인에 대한 소관 부처의 관리 기준을 다음과 같이 결정하였다.

첫째, (기금 기준의 대상) 기금 기준은 국가 보조금을 재원으로 한 기금 법인의 보유 기금 중에서 2개년 이상 특정 사업을 실시하기 위해 사용되는 자금을 대상으로 한다.

둘째, (기금의 사용 유형) 기금은 지출형, 회전형, 보유형, 운용형의 네 가지 종류가 있다. 즉, 기금을 기금 사업의 재원으로 충당하는 지출형과 대출 사업처럼 반복해서 사용하는 회전형, 채무 보증처럼 보유하여 기금 사업을 실시하는 보유형, 기금을 지출하지 않고 운용 이익을 기금 사업의 재원으로 충당하는 운용형이다.

셋째, (기금에 대한 감독) ① 소관 부처는 기금 사업의 종료 기한을 설정한다. 기금 법인은 최소한 5년마다 한 번씩 정기적으로 기금을 재검토한 후 그 내용을 공표하여야 한다. ② 기금 사업은 장기간에 걸쳐서 실시되므로 효율적·효과적으로 실시되는지 검증받아야 한다. 소관 부처는 기금 사업의 목표 달성도를 평가하여 그 결과를 공표한다. ③ 기금 법인과 소관 부처 간에 합의된 합리적인 사업 전망과 실적을 활용하여 기금의 보유 비율을 산출한 뒤 이를 공표한다. ④ 사용 가능성이 낮은 기금을 보유한 기금 법인은 그 기금을 국고에 반납하여야 한다. 사용 가능성이 낮은 기금이란 최근 3년 이상 사업 실적이 없는 기금, 기금 조성 당시에 정한 정책 목적이 사라진 기금, 비합리적인 보유 비율을 보인 기금 및 기타 사용 가능성이 적다고 판단되는 기금을 말한다.

넷째, (기금 내용의 공개) 기금 법인은 기금의 명칭, 기금액, 기금 사업의 개요, 기금 사업의 종료 시기, 정기적 재검토, 기금 사업 목표를 기금이 조성된 후 신속하게 공표한다.

✔ 2014년 〈보조금적정화법〉상 추가 기준

2014년 일본 정부는 〈보조금적정화법〉 시행령에 기금에 대한 관리·감독을 강화하기 위한 규정을 마련하였다.

시행령은 기금 사업을 정의하고, 기금의 교부 조건으로 기금 사업이 종료된 이후에 준수해야 할 사항을 규정하였다(제4조). 즉, 기금 사업은 복수 연도에 걸친 사무 또는 사업으로, 각 연도의 소요액을 사전에 예측하기 어렵고 탄력적 지출이 필요하거나 기타 특유한 사정으로 사전에 복수 연도에 걸친 재원을 확보해 두어야 사업을 안정적·효율적으로 수행할 수 있는 사업이다. 소관 부처의 장은 기금의 교부 조건으로 ① 기금 사업의 운영 관리에서 기본이 되는 사항으로 소관 부처의 장이 정한 내용을 공표할 것, ② 매년 기금의 금액과 기금 사업의 실시 상황을 소관 부처의 장에게 보고할 것, ③ 기금 사업의 실시 상황이나 기타 사정에 비추어 기금의 금액이 과다하다고 인정되는 경우나 기금의 폐지 시기가 도래한 경우 및 기타 기금을 폐지한 경우에는 신속하게 기금 조성비의 전부 또는 일부를 국가에 반납할 것을 기금 사업 종료 시 준수하도록 정하였다.

✔ 〈지방자치법〉상 기금 기준

일본 〈지방자치법〉은 지방자치단체의 기금 설치, 관리 및 처분에 관해 규정하였다(제241조).

지방자치단체는 조례로서 특정 목적을 달성하기 위한 기금을 설치할 수 있다. 기금은 조례로 정한 특정 목적을 수행할 수 있도록 효율적으로 운용되어야 한다. 기금에 속한 재산의 종류에 따라 수입과 지출의 설차, 세입금에서 세출금을 뺀 차익 (세계 현금) 의 출납과 보관, 공유 재산과 물품의 관리나 처분 또는 채권 관리에 따라 기금을 관리하여야 한다.

또한 기금은 특정 목적을 위해 설치되는 것이므로 해당 목적을 수행하기 위한 경우 외에는 처분할 수 없다. 기금의 처분에는 일부 처분 또는 전부 처분이 있는데, 전부 처분은 곧 기금을 폐지한다는 뜻이므로 관련 조례를 폐지하여야 한다. 기금의 설치 목적을 위하여 보유한 현금을 처분하는 경우에는 세입 세출 예산에 계상하여 사용해야 한다. 자금을 운용하기 위해 설치한 운용 기금은 회계 연도마다 운용 상황을 나타내는 서류를 작성해 감사의 심사를 받은 후 의견을 붙여 결산 서류와 함께 의회에 제출해야 한다.

고향납세에 대한 정부 방침

고향납세 사용 용도에 대한 정부 방침

2007년 일본 총무성 (고향납세연구회) 은 고향납세제를 도입할 때 예상되는 과제와 대응 방안을 여러 차례 논의하였다. 그중에는 지방자치단체가 모집한 고향납세 기부금 사용법도 포함되었다.

고향납세연구회는 "고향납세자 (기부자) 는 자신이 기부하는 기부금의 사용 용도에 대해 관심이 많다. 다만 그 관심은 개별 기부금의 사용 용도에 대한 것이 아니라, 기부하는 지방자치단체의 전체 발전 전략에 대한 관심이다"라고 판단했다. 이러한 전제하에서 기부금의 사용 용도를 한정할 것인지와 지방자치단체의 조례로 기부금의 사용 용도를 공개할지를 논의하였다.

이때 참고한 사례는 당시 나가노長野현 야스오카泰阜촌에서 실시하던 고향배려기금이다. 야스오카촌의 고향배려기금은 기부자가 지방자치단체의 정책 중에서 자신이 원하는 기부금 사용 용도를 선택할 수 있는 독특한 구조여서 언론의 주목을 받았다.

그 결과 고향납세연구회는 고향납세제를 규정한 세법에는 사전에 법률이나 조례로 기부금의 사용 용도를 정한 경우가 없기 때문에 고향납세 또한 사용 용도를 법률에 명시하기 어렵다고 판단하였다. 또한 기부금은 본래 사용 용도를 제한하지 않는 재원이므로, 만일 기부금의 사용 용도를 제한하면 부담부 기부가 되어 지방자치단체를 구속하게 된다는 결론을 내렸다. 그 대신 지방자치단체가 자체적으로 기부금의 용도를 조례로 명시하는 것은 가능하다고 보았다.

야스오카촌의 고향배려기금

야스오카촌은 인구 1,600여 명이 살고 있는 나가노현의 작은 산촌이다. 한때는 인구가 5,000명이 넘기도 했지만, 저출산·고령화와 젊은 층의 도시 이주로 현재는 지역 문화를 계승할 후계자와 세수가 부족하여 어려움을 겪고 있다.

이러한 상황을 개선하기 위해 야스오카촌은 2004년 NPO법인 홈타운기부클럽에서 제안한 고향배려기금 사업을 시작하였다. 고향배려기금 사업은 야스오카촌 〈고향배려기금조례〉와 〈고향배려기금조례 시행규칙〉* 에 근거를 두었다.

---

* 야스오카촌 고향배려기금 조례와 시행규칙 전문은 이 책의 '참고 내용'에 수록하였다.

야스오카촌은 기금의 사용 용도로 ① 학교 미술관의 유지와 보전에 관한 사업(모집 목표액 약 1억 원), ② 복지 및 건강한 마을 만들기(모집 목표액 약 5,000만 원), ③ 산림 정비와 자연에너지를 활용한 환경 보전(모집 목표액 약 1억 원) 사업을 기부자에게 제시하였다.

먼저 학교 미술관은 아이들의 꿈과 감성을 키우기 위해 24년간의 노력 끝에 1954년 세웠다. 그러나 학교 미술관은 점차 노후화되어 새롭게 보수하지 않으면 안 되는 상황에 놓였다. 야스오카촌은 학교 미술관을 건립할 때 내세운 '가난하나 여유로운 마음을 잃지 말자'라는 건립 취지를 후손에게 물려주고자 했다.

다음으로, 고령화 마을인 야스오카촌에서 고령자들이 안심하고 살아갈 수 있는 복지 정책을 실행하고자 하였다. 이를 위해 국민연금의 삭감과 불안정한 수입으로 어려움을 겪는 고령자를 대상으로 추가 재택 서비스를 구축할 필요가 있었다.

마지막으로, 야스오카 산촌의 산림은 이산화탄소를 흡수하고 산소를 공급할 수 있는 환경 정화 능력을 갖추었다. 다만, 이러한 자연 에너지를 활용하기 위해서는 신규 발전 설비를 세워야 한다.

기부자는 야스오카촌에서 제시한 위의 세 가지 사용 용도 중 하나를 선택하여 '기부금 신청서'에 기재한 뒤 금융 기관에 기부금을 송금하는 방식으로 기부할 수 있다.

지방자치단체의 고향납세 사용 용도

일본 총무성은 2018년 〈고향납세 활용 사례집〉을 발간하였다. 여기에서는 각 지방자치단체가 실시하는 고향납세 사업의 취지와 내용, 성과를 간략하게 설명했다. 사례집에서 소개된 일본 지방자치단체의 고향납세 사용 용도는 주로 10개 분야로, 건강·의료·복지, 교육, 아동 육아, 지역 산업 진흥, 환경·위생, 스포츠·문화 진흥, 마을 만들기·시민 활동, 관광·교류·정주 촉진, 안전·방재, 재해 복구이다.

또한 총무성은 매년 지방자치단체가 고향납세를 어떻게 사용하는지 조사하여 발표한다. 2022년 일본의 전국 1,788개 지방자치단체 중에서 1,746개 단체(97.7%)가 고향납세를 모집할 때 사용 용도를 명시한다. 이 수치는 2021년의 97.1%, 2020년의 96.4%와 비교했을 때 매년 증가하고 있음을 알 수 있다. 또한 460개 단체(25.7%)는 더욱 구체적으로 고향납세 사업을 선택할 수 있게 한다. 이 수치도 2021년의 25.1%, 2020년의 23.4%와 비교했을 때 매년 증가하고 있다. 또한 전체 지방자치단체의 17.8%에 해당하는 318개 단체가 고향납세 크라우드 펀딩을 선택하여 특정 목적으로 고향납세를 할 수 있게 한다. 이 수치 또한 2021년의 15.9%, 2020년의 12.0%와 비교하면 증가하는 추세를 보인다.

제 2 부

고향사랑 기부제의 진화

제 3장

일본 고향납세 활용 사례

일본 고향납세제는 제도를 도입할 당시의 취지를 유지할 수 있도록 계속 진화하는 중이다. 고향납세제의 도입 취지는 지방자치단체가 고향납세를 재원으로 활용하여 지역 특화 사업을 발굴·실시함으로써 지역을 활성화하는 데 기여하는 것이다.

지역마다 처한 상황이 다르므로 지방자치단체에서는 여러 가지 특화된 사업을 실시한다. 예를 들면 인구 감소, 빈집 증가, 고용 축소 문제를 겪는 지방자치단체는 젊은 층을 불러들이기 위해 지역의 매력을 홍보하고 일자리 및 육아 지원 시책을 발표하며, 정보통신 기술 등을 적극적으로 도입한다.

또한 민간 고향납세 포털 사이트 중에는 '고향납세 사용 용도로 검색하기'라는 항목을 두고, 그 아래에 사용 용도별로 지역 정책을 정리한 페이지가 있다. 예를 들면 '아동·육아', '지역 산업의 진흥', '환경·위생', '관광·교류·정주' 등의 항목을 홈페이지에 정리해 두고, 사용자

그림 3-1 농어촌·도농 복합·

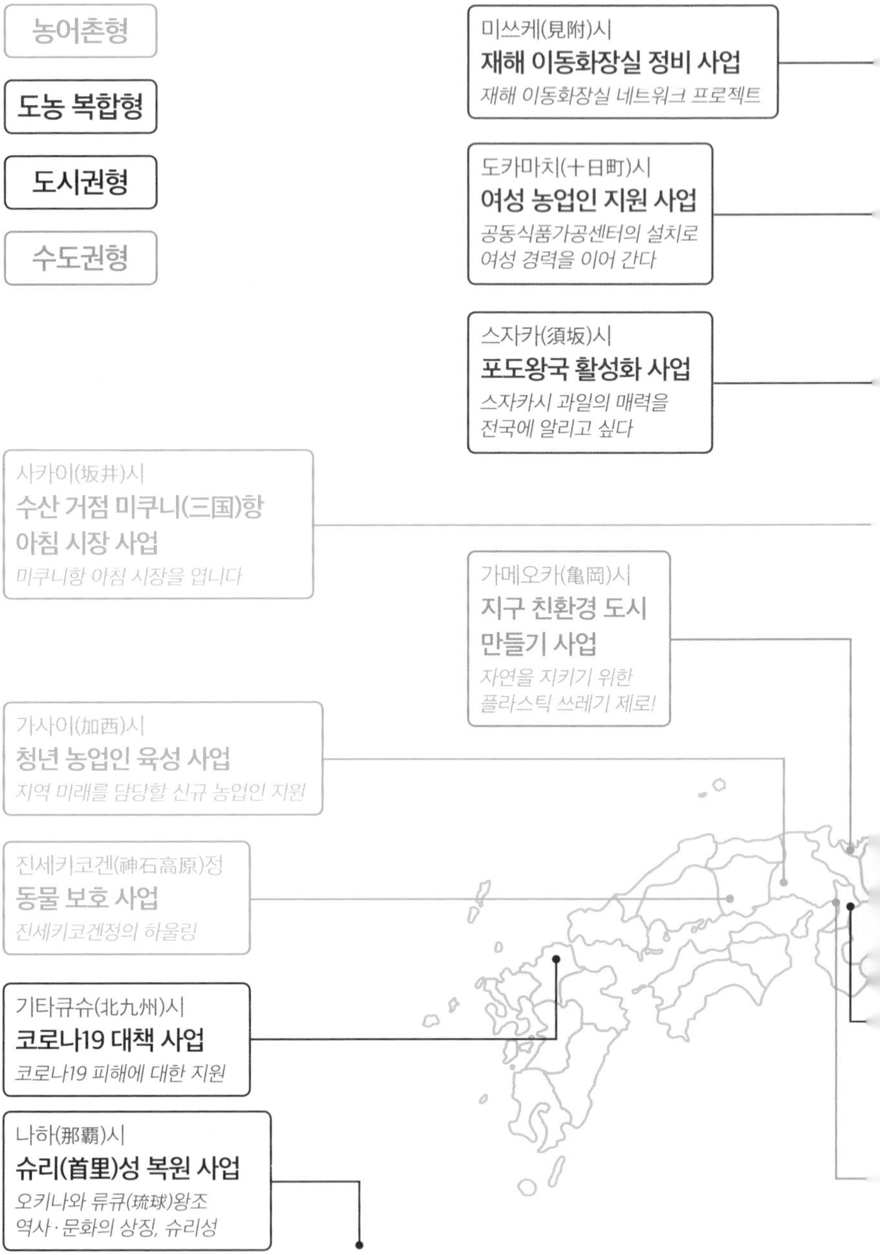

농어촌형

도농 복합형

도시권형

수도권형

미쓰케(見附)시
재해 이동화장실 정비 사업
재해 이동화장실 네트워크 프로젝트

도카마치(十日町)시
여성 농업인 지원 사업
공동식품가공센터의 설치로
여성 경력을 이어 간다

스자카(須坂)시
포도왕국 활성화 사업
스자카시 과일의 매력을
전국에 알리고 싶다

사카이(坂井)시
**수산 거점 미쿠니(三国)항
아침 시장 사업**
미쿠니항 아침 시장을 엽니다

가메오카(亀岡)시
**지구 친환경 도시
만들기 사업**
자연을 지키기 위한
플라스틱 쓰레기 제로!

가사이(加西)시
청년 농업인 육성 사업
지역 미래를 담당할 신규 농업인 지원

진세키코겐(神石高原)정
동물 보호 사업
진세키코겐정의 하울링

기타큐슈(北九州)시
코로나19 대책 사업
코로나19 피해에 대한 지원

나하(那覇)시
슈리(首里)성 복원 사업
오키나와 류큐(琉球)왕조
역사·문화의 상징, 슈리성

76

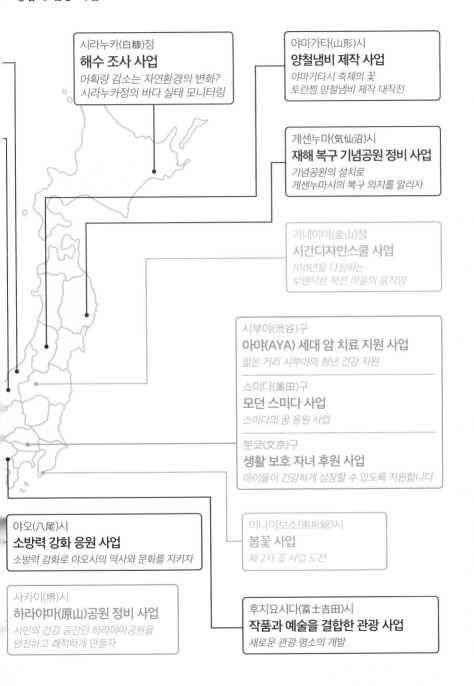

시라누카(白糠)정
해수 조사 사업
어획량 감소는 자연환경의 변화?
시라누카정의 바다 실태 모니터링

야마가타(山形)시
양철냄비 제작 사업
야마가타시 축제의 꽃
토란찜 양철냄비 제작 대작전

게센누마(気仙沼)시
재해 복구 기념공원 정비 사업
기념공원의 설치로
게센누마시의 복구 의지를 알리자

가네야마(金山)정
시간디자인스쿨 사업
100년을 다짐하는
로맨틱한 작은 마을의 움직임

시부야(渋谷)구
아야(AYA) 세대 암 치료 지원 사업
젊은 거리 시부야의 청년 건강 지원

스미다(墨田)구
모던 스미다 사업
스미다의 꿈 응원 사업

분쿄(文京)구
생활 보호 자녀 후원 사업
아이들이 건강하게 성장할 수 있도록 지원합니다

야오(八尾)시
소방력 강화 응원 사업
소방력 강화로 야오시의 역사와 문화를 지키자

미나미보소(南房総)시
봄꽃 사업
제 2차 꽃 사업 도전

사카이(堺)시
하라야마(原山)공원 정비 사업
시민의 건강 공간인 하라야마공원을
안전하고 쾌적하게 만들자

후지요시다(富士吉田)시
작품과 예술을 결합한 관광 사업
새로운 관광 명소의 개발

표 3-1 고향납세 사용 용도

교육	건강 · 의료 · 복지	아동 · 육아
환경 · 위생	지역 산업 진흥	스포츠 · 문화 지원
마을 만들기 · 시민 활동	관광 · 이주 촉진	안전 · 방재
재해 지원	단체장 위임	기타

출처: 사토후루

가 '아동 · 육아'를 선택하면, 홋카이도에서 오키나와沖繩까지 전국 지방자치단체가 고향납세를 활용하여 어떠한 사업을 전개하는지 모두 확인할 수 있도록 한다.

이처럼 일본의 1,700여 개 지방자치단체는 여러 방법으로 고향납세 기부금을 활용한다. 구체적으로 지방자치단체가 고향납세를 어떤 방식으로 활용하는지에 대해서는 사전에 인터넷으로 고향납세 사용 용도를 명시하는 고향납세 크라우드 펀딩 사례를 찾아보면 명확히 알 수 있다. 고향납세 크라우드 펀딩은 일반 고향납세와 크라우드 펀딩을 결합한 방식으로 기부자와 지방자치단체를 강하게 연결하기 때문에 이를 위한 지방자치단체의 노력을 잘 엿볼 수 있다.

〈그림 3-1〉은 지방자치단체를 농어촌 · 도농 복합 · 도시권 · 수도권으로 분류하고, 각 지방자치단체가 실시하는 고향납세 크라우드 펀딩 사례를 선별하여 소개한 것이다. 특히 ① 지방자치단체가 어떤 기부자를 주요 대상으로 판단하고 고향납세 마케팅을 집중하는지, ② 지방자치단체의 눈높이가 아니라 고향납세자의 눈높이에서 크라우드 펀딩 스토리(사업 프로젝트)를 알기 쉽게 만들었는지, ③ 어떠한 답례품을 제공하는지, ④ 고향납세 활용 사업으로 어떤 사업을 기재하였는지 살펴보면 각 지방자치단체의 홍보 전략을 쉽게 따라갈 수 있다.

1. 가네야마정: 시간디자인스쿨 사업

출처: 이하 홍보 이미지 모두 크레몽

야마가타현 가네야마金山정은 19세기 말 영국 여행가 이사벨라 버드 비숍Isabella Bird Bishop의 《일본 오지 기행》이라는 책에서 '로맨틱한 분위기를 자아내는 산골 마을'로 소개되었다. 마을의 4분의 3이 산림으로 뒤덮인 작은 마을이지만 전국에서 처음으로 정보 공개 제도를 실시한 마을이다. 현재는 마을의 지속적 발전을 위해 '거리 풍경 만들기 100년 운동'을 전개하고 있다.

가네야마정의 2021년 인구는 5,264명으로, 2020년에 비해 142명이 감소하였다. 평균 인구감소율이 13%로, 가네야마정이 속한 야마가타

표 3-2 가네야마정 일반 현황(2021)

인구 (명)	작년 대비 인구 (명)	고령자 비율 (%)	아동 비율 (%)	지방교부세율 (%)	과소상황
5,264	-142	36.6	10.3	43.0	과소지역
(전국 평균)		(28.2)	(12.1)	(12.2)	

출처: 후루사토 초이스 자료를 바탕으로 저자 작성(이하 '일반 현황' 표 동일)

• 바로가기

시간디자인스쿨
홈페이지

현에서도 가장 빠르게 인구가 감소하고 있는 곳이다. 인구 감소는 지역경제의 축소와 산업 쇠퇴, 전통과 문화 계승의 단절 등 여러 가지 문제를 야기한다. '인구가 곧 힘'이라는 말이 절실하게 와 닿는 지점이다.

가네야마정은 인구 감소 상황을 직시하고, 향후 100년 뒤에도 가네야마정이 존속할 수 있도록 사람과 마을을 잇는 관계인구를 증가시키기 위해 '가네야마의 시간디자인스쿨' 사업을 실시하였다.

100년을 내다본 로맨틱한 산촌의 움직임

가네야마정은 2021년 "포기하지 않는다! 100년 후에도 빛나는 가네야마정을 남기기 위한 작은 마을의 도전! 사람과 마을을 잇는 시간디자인스쿨을 개교합니다"라는 캐치프레이즈로 고향납세 크라우드 펀딩을 추진하였다.

가네야마정은 마을을 유지하기 위해 그동안 실시하여 온 이주 정책뿐만 아니라, 정부가 새롭게 추진하는 관계인구 정책을 적극적으로 활용하여 외부인과의 관계를 늘릴 필요가 있었다.

이를 위해 실시하는 '가네야마의 시간디자인스쿨' 사업은 가네야마라는 마을의 매력을 재발견하고, 가네야마에 연고가 있는 사람이나 가네야마에 관심이 있는 도시 사람을 대상으로 운영하고자 하는 가네야마

배움 교실이다. 고향납세 크라우드 펀딩으로 확보한 기부금은 시간디자인스쿨 사업, 이주 정책 사업 그리고 창업가 육성 사업에 사용한다.

사업 분석

가네야마 시간디자인스쿨 사업의 기부금 모집 기간은 2021년 4월 15일부터 2021년 7월 15일까지 총 91일간이었다. 목표 금액은 1,000만 원이었지만, 최종적으로 기부받은 금액은 약 1,200만 원으로 목표 금액을 초과 달성하였다.

　가네야마정 시간디자인스쿨 사업은 가네야마정과 주식회사 소토코토 플래닛이 함께 만든 사업이다. 시간디자인스쿨의 사업 취지는 마을 주민과 지역 밖의 사람들이 모두 가네야마의 미래를 생각하고, 배우고, 깨닫는 대화 공간을 만드는 것이다. 사업 참가의 예상 연령대는 본래 수도권에 거주하는 20대에서 40대였으나 실제 사업에 참석한 연령대는 20대에서 50대였으며, 총 16명이 참가하였다. 또한 본래 현장 체험과 온라인을 같이 진행하는 방식을 계획했지만 코로나19의 영향으로 온라인으로만 강의 등을 진행하였다. 제1회 온라인 수업은 동사무소 담당자와 지역 관계자가 강사가 되어 가네야마정을 설명하는 방식으로 이루어졌다. 제2회 온라인 수업에서는 마을 주민이 직접 지역 생산품을 설명하는 시간을 가졌다. 수업이 끝난 후 가네야마산 고구마와 생땅콩을 참가자에게 송부한 뒤에는 온라인 요리 교실을 열어 참가자를 지원하였다. 제3회 온라인 수업은 참가자가 향후 가네야마와 맺고 싶은 관계를 발표하는 방식으로 꾸몄다.

　가네야마정의 시간디자인스쿨 고향납세 크라우드 펀딩은 기부금 재원의 획득뿐만 아니라 기부를 통해 마을 외부인과 다양한 관계를 형성

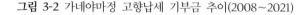

그림 3-2 가네야마정 고향납세 기부금 추이(2008~2021)

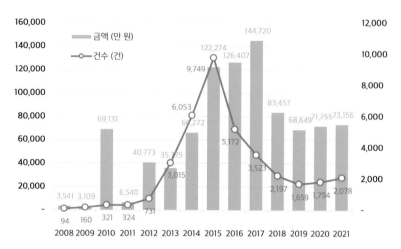

출처: 총무성 자료를 바탕으로 저자 작성(이하 그래프 동일)

할 수 있도록 하여 지역에 활력을 불어넣는다. 참가자 중에는 등교를
거부한 자녀가 가네야마정에서 승마 체험에 관심을 보였다는 후기를
보낸 사람도 있었다. 생활 요양을 지원하는 사회복지법인 소개가 도움
이 되었다는 후기를 보낸 사람도 있었다.

가네야마정 고향납세 실적에서도 시간디자인스쿨 사업의 성과가 나타
나고 있다. 가네야마정 고향납세액은 2015년까지는 조금씩 상승하였
다. 답례품을 기부금의 30%로 제한한 지정 제도가 신설된 이후에는
가네야마정에서 생산되는 고가 답례품을 송부하기 곤란했던 탓에 기
부금 실적이 급격하게 낮아졌다. 이러한 상황은 가네야마정의 시간디
자인스쿨 사업과 관련된 고향납세 크라우드 펀딩 실시 등으로 2021년
이후부터 점차 개선되고 있다(〈그림 3-2〉 참고).

2. 진세키코겐정: 동물 보호 사업

진세키코겐(神石高原)정의
동물 보호 사업
- 진세키코겐정의 하울링

Hometowner   www.hometowner.co.kr

히로시마廣島현 진세키코겐神石高原정은 미야지마宮島와 평화공원에서 약 100km 떨어진 동쪽에 있으며, 연평균 기온은 11℃이고 해발 고도가 매우 높으면서도 지대가 평탄한 고원 지역이다. 고원이라는 지역적 특성이 만들어 내는 아침과 저녁의 기온 차이 때문에 진세키코겐정에서 생산되는 쌀과 채소에서는 깊은 맛이 난다. 벼 모내기 이후부터 수확기까지 매일 이러한 기온 차이를 겪기 때문에 쌀 한 톨 한 톨마다 맛과 영양이 충분히 응축되어 있다.

진세키코겐정의 인구는 8,691명이며, 고령자 비율이 47.9%로 매우 높고 아동 비율이 8.1%로 낮아 향후에도 인구가 감소할 것으로 예

표 3-3 진세키코겐정 일반 현황(2021)

인구 (명)	작년 대비 인구 (명)	고령자 비율 (%)	아동 비율 (%)	지방교부세율 (%)	과소상황
8,691	-213	47.9	8.1	35.3	과소지역
(전국 평균)		(28.2)	(12.1)	(12.2)	

상되는 지역이며, 이미 과소지역으로 지정되어 있다. 진세키코겐정은 아동 인구를 늘리기 위해 마을에 학교를 설치할 경우 그 학교법인을 지원할 뿐만 아니라 장학 사업까지도 실시한다.

2021년 지방교부세율은 35.3%로 전국 평균 12.2%보다 상당히 높다. 2019년 지방교부세율이 43.8%로 당시 전국 평균이었던 11.8%에 비해 매우 높았던 점을 고려하면 2021년은 2019년보다 재정 건전성이 개선되었다고 볼 수 있다.

진세키코겐정의 하울링

진세키코겐정은 2021년 동물 보호 비영리단체인 '피스완코재팬^{Peace Wanko Japan}'• 과 함께 개 안락사 처분 금지 사업으로 고향납세 크라우드 펀딩에 도전했다. 일본에서는 개인 사정으로 돌볼 수 없어지면서 유기한 개나 고양이와 같은 애완동물에게 병이 있는 경우 지방자치단체가 자체 비용으로 안락사 처분을 해왔다. 1999년에는 전국적으로 애완동물 약 40만 마리가 처분되었다. 2019년에도 버려진 애완동물 약 8만 5,000마리 중에서 3만 마리가 안락사를 당했다.

한편, 피스완코재팬은 히로시마현 동물 보호소에서 안락사 처리되

• 바로가기

피스완코재팬
홈페이지

• '완코'(わんこ)는 '멍멍이'라는 뜻.

는 유기견 문제에 대응하고자 2011년부터 히로시마현이 안락사 처분을 하지 못하도록 아픈 개를 돌보고 있다. 2013년에는 진세키코겐정에 터를 잡고 '유기견 안락사 처분 제로' 프로젝트 등 활동을 진행했다. 이러한 노력의 결과 2016년 히로시마현은 유기견 안락사 처분 제로를 달성할 수 있었다.

그러나 개를 돌보는 데에는 사육비, 광견병 예방 접종비, 개집 수리비, 수의사와 종업원의 인건비 등을 지원할 수 있는 충분한 자금이 필요한데, 피스완코재팬 회원이 내는 회비만으로는 이러한 경비를 충당하기 어려웠다. 이에 진세키코겐정과 피스완코재팬은 유기견 보호를 위해 고향납세 크라우드 펀딩을 활용하기로 결정했다.

사업 분석

진세키코겐정의 개 안락사 처분 금지 고향납세 크라우드 펀딩은 2021년 7월부터 2022년 3월까지 실시되었다. 동물 보호 비용 약 52억 원을 목표로 정한 고향납세 크라우드 펀딩은 1만7,203명으로부터 약 50억 원을 기부받아 목표액의 94%를 달성하였다.

진세키코겐정은 2019년에도 애완동물 안락사 처분 금지 프로젝트에 도전하였다. 당시의 목표 금액은 약 5,000만 원으로, 2만 2,800명의 고향납세자로부터 약 5,300만 원을 기부받았다. 이러한 애완동물 안락사 처분 금지 프로젝트는 전국의 지방자치단체에 영향을 미쳤고, 다른 여러 지방자치단체에서도 유사한 프로젝트를 선보이고 있다.

〈그림 3-3〉은 진세키코겐정의 고향납세 실적을 보여 준다. * 진세키

---

* 진세키코겐정 고향납세 사용에 관한 〈파이팅! 진세키코겐정 고향 응원 조례〉 전문은

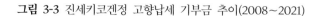

그림 3-3 진세키코겐정 고향납세 기부금 추이(2008~2021)

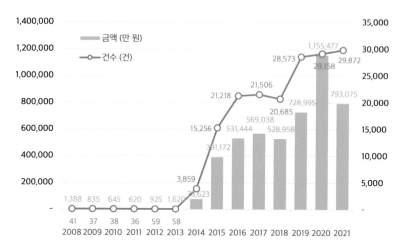

코겐정의 고향납세 실적은 2014년부터 늘어나 2020년에 최고치를 기록했다. 기부자의 공감을 일으키기 쉬운 반려동물 안락사 처분 제로 프로젝트가 고향납세 실적에도 영향을 미쳤음을 알 수 있다. 그 결과 기부금 실적뿐만 아니라 진세키코겐정의 인지도까지도 높아졌다.

이 책의 '참고 내용'에 수록하였다.

3. 가사이시: 청년 농업인 육성 사업

Hometowner   www.hometowner.co.kr

효고현 가사이加西시는 인구 4만 3,482명이 사는 도시이다. 연중 온난한 기후로 비가 적고, 특히 겨울에는 계속해서 맑은 날을 볼 수 있다. 이 도시에는 농업용수의 부족에 대비하기 위한 900개 넘는 연못이 있는데, 이 연못은 아름다운 도시 환경을 조성하는 데도 일조한다.

또한 가사이시의 넓은 평야는 잔잔한 바람이 불어 기구氣球를 띄우기 적합하다. 전국의 기구 동호인들은 기구를 띄우기 위해 가사이시를 방문하며, 전국 기구대회도 열린다. 가사이시는 이례적으로 〈기구를 띄우는 마을 가사이 조례〉를 두고 있다.

자연재해가 적고 토지가 비옥하여 쌀을 비롯한 과일과 채소, 화훼

표 3-4 가사이시 일반 현황(2021)

인구 (명)	작년 대비 인구 (명)	고령자 비율 (%)	아동 비율 (%)	지방교부세율 (%)	과소상황
43,482	-598	33.6	10.6	11.8	과소지역 아님
(전국 평균)		(28.2)	(12.1)	(12.2)	

및 낙농업이 발달하였다. 농업고등학교·농업대학교·농업기술센터 등 농업 관련 시설이 많아 수준 높은 농업 기술을 배울 수 있는 곳이기도 하다.

　그러나 가사이시도 저출산·고령화의 영향에서 벗어나지 못하고 있다. 인구 위기 지역(과소지역)으로 지정되지는 않았지만, 전국 평균에 비해 고령자 비율이 높고 아동 비율이 낮아 향후 인구 감소가 예상된다. 인구 증가 정책이 시급한 상황이다.

　한편 코로나19 이후에는 도시에서 지방으로 이주하려는 인구가 증가하는 추세이다. 가사이시도 젊은 세대의 이주 상담 건수가 이전에 비하여 두 배 이상 증가하였다. 그러나 갑작스런 귀농 희망자의 증가를 받아들일 수 있는 행정적 대응이 충분하지 않다. 일단 농업에 종사할 기회가 있다고 하더라도 신규 농업인에게는 수확한 농산물의 판로까지 고려할 정도로 충분한 경험이 없기 때문에 이주 정착에 대한 지원도 필요하다. 가사이시는 이러한 상황에 대응하기 위해 신규 농업인의 지역 정착을 도울 수 있는 고향납세 크라우드 펀딩에 도전하였다.

마을의 미래를 책임질 청년 농부 육성

코로나19의 영향으로 귀농을 희망하는 젊은 층이 늘어나고 있다. 가사이시는 오사카나 교토처럼 대량 소비를 할 수 있는 대도시권과 가깝고, 수준 높은 농업 지도를 받을 수 있는 농업 전문 시설을 두어 인기 귀농 지역 중 하나이다.

젊은 농업인에게는 농지뿐만 아니라 농업 기술의 습득과 자금 확보 등 귀농에 필요한 여러 가지 지원이 필요하다. 농지 확보와 기술 습득은 농업 관련 시설을 통해서 지원받을 수 있으나, 이들은 자금 확보라는 가장 어려운 장애물에 부딪히고는 한다. 특히 코로나19 발생 이후 갑자기 귀농 희망자가 늘어나면서 신규 농업인을 대상으로 하는 지원이 충분히 이루어지지 못하여 모처럼 찾아온 귀농 희망자가 실망할 수 있다.

이에 가사이시는 농업인의 자금 확보를 지원하고자 고향납세 크라우드 펀딩에 도전하였다. '젊은이들이 농사짓는 마을 가사이'를 목표로, 가사이시는 고령화가 진행되는 상황 속에서 농산물의 안정적인 공급과 지역 농업의 지속적인 발전을 위해 농업인 확보 및 육성을 지원하고자 한다.

가사이시는 신규 귀농자와 청년 농업인에게 생산 기반을 지원하고, 고향납세 답례품 시장을 활용한 판로를 확보해 나가고자 한다. 고향납세 크라우드 펀딩 기부금은 신규 농업 종사자와 청년 농업인의 농업 경영 기반 정비 지원 사업(농업 지식 교육 프로그램, 설비 투자 지원 등)과 판로 확대 지원 사업(판매 컨설팅, 판촉비 등)에 사용될 예정이다.

사업 분석

농업인 육성 사업을 위한 고향납세 크라우드 펀딩은 2022년 2월부터 5월까지 시행되었다. 목표 금액은 약 2억 원이었으나, 2,173명으로부터 약 7억 원을 기부받으면서 목표의 340%를 달성하였다.

아직 총무성이 2022년 고향납세 실적을 공식적으로 발표하지 않았

그림 3-4 가사이시 고향납세 기부금 추이(2008~2021)

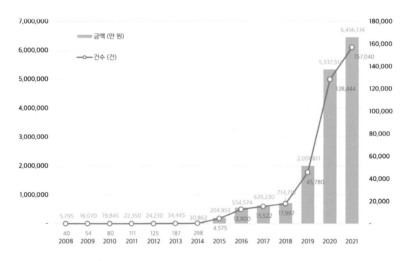

다. 하지만, 기존의 가사이시 고향납세 실적 추이와 고향납세 크라우드 펀딩에 도전하는 가사이시의 적극성을 보면 2022년 고향납세 실적은 2021년에 달성한 약 640억 원을 훌쩍 뛰어넘을 것으로 예상된다 (〈그림 3-4〉 참고).

4. 사카이시: 수산 거점 미쿠니항 아침 시장 사업

사카이(坂井)시 수산 거점
미쿠니(三国)항 시장 사업

Hometowner   www.hometowner.co.kr

후쿠이현 사카이坂井시는 후쿠이현의 곡창지대인 사카이평야가 있는
도시로, 유명한 쌀 품종인 고시히카리コシヒカリ의 산지이다. 쌀뿐만 아
니라 쇠고기, 새우, 락교, 소바, 유부 등도 맛있으며 옷감 직조 기술도
발달하였다. 또한 사카이시에는 관광 명승지인 도진보東尋坊라는 해안
선과 일본에서 가장 오래된 천수각인 마루오카丸岡성이 있다.

사카이시는 인구 감소로 인해 2006년 미쿠니정, 마루오카정, 하루
에春江정, 사카이정의 4개 정이 합병되어 생겨난 시이다. 옛 미쿠니정
에 있는 미쿠니三國항 시장도 사라질 위기에 놓였다. 미쿠니항 시장은
전국적으로도 인지도가 높은 '에치젠越前게'와 탱글탱글한 식감이 특징

표 3-5 사카이(坂井)시 일반 현황(2021)

인구 (명)	작년 대비 인구 (명)	고령자 비율 (%)	아동 비율 (%)	지방교부세율 (%)	과소상황
90,815	-561	28.4	12.9	13.6	과소지역 아님
(전국 평균)		(28.2)	(12.1)	(12.2)	

인 '단 새우'로 유명한 곳이었지만, 취급하는 어종과 어획량이 적어지자 해산물을 사고파는 시장으로서 매력이 줄면서 인기 없는 시장으로 인식되었다. 결국 미쿠니항 연안에서 어획된 해산물까지 다른 시장에서 판매되는 상황이 벌어졌다. 이런 가운데 미쿠니항 시장에서 도매를 담당해 왔던 후쿠이현 수협도 시장에서 철수하여 미쿠니항 시장은 소멸까지 우려되는 상황이었다. 미쿠니항 시장 소멸은 단지 수산업뿐만 아니라 관광이나 다른 산업에도 큰 영향을 미칠 가능성이 있었다.

사카이시는 과소지역은 아니지만, 2021년 기준으로 인구가 전년도에 비해 561명이 감소하였다. 고령자 비율이 28.4%로 전국 평균 28.2%와 유사하고, 아동 비율도 12.9%로 전국 평균 12.1%보다 높은 상태이다. 인구의 자연 감소가 우려되지는 않는다. 하지만 인구가 계속해서 대도시로 유출되는 상황이다. 13.6%의 지방교부세율은 전국 평균 12.2%보다 높은 편으로 재정력도 다소 약하다.

한편 사카이시는 2008년부터 주민이 고향납세 기부금의 사용처를 제안하고 결정하는 기부 시민참여 제도를 시행하고 있다. • 기부 시민참여 제도는 구체적으로 ① 조례에서 규정한 정책에 대해 사업을 공모하

• 기부 시민참여에 관한 〈사카이(坂井)시 기부 시민참여 조례〉 전문은 이 책의 '부록'에 수록하였다.

고, ② 사카이시의 기부 시민참여 기금 검토위원회에서 공모를 통해 선정한 사업 중 실시할 사업을 결정한 후 고향납세 기부금을 모집하며, ③ 고향납세 목표액에 도달한 사업부터 자금 지원을 실시한다.

아침을 여는 미쿠니항 시장

수산 거점인 미쿠니항 시장을 유지하기 위해 사카이시는 지역 수협의 출자로 '일반사단법인 미쿠니항시장'을 설치하였다. 일반사단법인 미쿠니항시장은 시장 활성화 목적 아래 미쿠니항에서 잡은 수산물을 활용하여 아침 시장을 개설하고자 하였다. 그러나 아침 시장을 운영하려면 인건비 등 추가 비용이 필요한데, 일반사단법인 미쿠니항시장의 수익과 사업자들이 내는 회비만으로는 추가 비용을 감당하기 어려웠다.

· 바로가기

일반사단법인
미쿠니항시장
홈페이지

사카이시는 이러한 문제를 해결하기 위해 '미쿠니항 아침 식당 개설'이라는 주제로 시민과 관광객에게 사랑받는 음식과 관광의 교류 거점을 조성하고자 2022년 고향납세 크라우드 펀딩에 도전하였다. 고향납세 크라우드 펀딩의 내용은 이렇다.

미쿠니항 현지에서 맛볼 수 있는 해산물 숯불구이!
기부금을 활용하여 아침 시장 식당을 더욱 내실화하겠습니다!

이처럼 사카이시는 지역 시장이라는 폐쇄적 공간을 누구든지 방문할 수 있는 아침 시장으로 전환하여 어부 마을을 방문한 관광객은 물론 시민에게도 사랑받는 음식·관광의 교류 거점으로 변모하고자 했다.

아침 시장을 열고자 하는 시도는 미쿠니항 시장 자체의 브랜드를 강화할 것이다. 아침 시장에서 제공되는 지역 해산물만의 신선함과 달콤함은 후쿠이현 내의 슈퍼마켓에까지 확대되어 소비자가 폭넓게 즐길 수 있는 상품 개발로 이어지리라 예측된다.

한편 크라우드 펀딩을 통해 모금한 기부금은 아침 시장을 유지하기 위한 점포 모집과 관광객과 시민이 방문하기 쉬운 웹사이트로의 개편, 제철 수산물을 알리기 위한 이벤트 개최, 방문객의 만족도를 높일 수 있는 아침 시장 메뉴 개발과 함께 위생 관리 비용이나 컨설팅 비용으로 활용할 계획이다.

사업 분석

2022년 8월부터 3개월간 시행된 미쿠니항 시장 아침 식당 개설 고향납세 크라우드 펀딩의 모집 목표액은 약 2억 원이었다. 실제로 기부자 3,498명이 약 4억 원을 기부하여 목표 금액 대비 190%를 달성하였다. 향후 미쿠니항 시장의 달라진 모습을 기대하게 한다.

그림 3-5 사카이시 고향납세 기부금 추이(2008~2021)

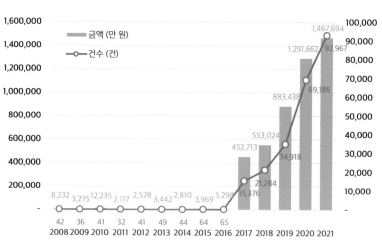

〈그림 3-5〉는 고향납세 기부금 실적을 나타낸다. 전국적으로 유명한 쌀 품종인 고시히카리의 산지인 사카이시는 바다에 인접하여 맛있는 쌀과 신선한 수산물을 공급할 수 있는 지역이다. 고품질의 농수산물을 제공할 수 있다는 장점에 힘입어 2017년부터 고향납세 실적이 급증하는 추세이다. 앞으로도 이러한 기부금 증가 추세가 계속될 것으로 보이므로, 지역경제의 선순환이 기대된다.

5. 미나미보소시: 봄꽃 사업

지바현 미나미보소南房總시는 태평양 및 도쿄만과 인접하여 수산업이 발달하였고, 여름에는 11개소의 해수욕장에서 서핑 등을 즐길 수 있는 도시이다. 주요 산업은 온난한 기후를 살린 농업이다. 특히 1월에는 추운 날씨 탓에 다른 지역에서는 볼 수 없는 유채꽃과 수선화 등을 보기 위해 많은 관광객이 찾아온다.

미나미보소시는 2006년 도미우라富浦정, 도미야마富山정, 미요시三芳촌, 시라하마白浜정, 지쿠라千倉정, 마루야마丸山정 및 와다和田정을 통합하여 만들어진 도시이다. 그러나 46%라는 높은 고령자 비율과 8.2%라는 낮은 아동 비율로 인해 향후 인구 감소가 우려되는 곳으로, 지금

표 3-6 미나미보소시 일반 현황(2021)

인구 (명)	작년 대비 인구 (명)	고령자 비율 (%)	아동 비율 (%)	지방교부세율 (%)	과소상황
37,024	-660	46.0	8.2	27.8	과소지역
(전국 평균)		(28.2)	(12.1)	(12.2)	

도 인구 소멸 위기 지역인 과소지역으로 지정된 상태이다. 게다가 지방교부세율도 다른 지역에 비해 높은 편으로 재정 건전성까지 위협받는 상황이다.

제 2차 꽃따기 관광 사업 도전

미나미보소시는 고향납세 크라우드 펀딩으로 2021년 제 1차 꽃따기 관광 사업에 도전했다. 따라서 2022년 실시한 꽃따기 관광 사업은 두 번째 도전이다.

사업 명칭은 '꽃이 넘치는 매력 있는 미나미보소시 재건 사업'이다. 겨울에도 따뜻하다는 지역 특성을 살려 꽃 재배에 힘을 쏟고 있다. 꽃따기 관광 사업은 1965년부터 매년 실시되어 왔다. 미나미보소시 꽃따기 관광 사업의 특징은 꽃따기 절정을 이루는 시점이 1월부터 3월까지라는 점이다. 미나미보소시를 방문한 관광객은 꽃을 따서 집으로 가져갈 수 있는데, 매년 약 60만 명 이상의 관광객이 꽃따기 관광에 참여한다.

그러나 2019년에 태풍으로 입은 피해와 2020년부터 유행하였던 코로나19로 인해 관광객은 급감하였다. 결국 관광객이 크게 줄어들고 꽃재배지가 축소되면서 꽃따기 관광 사업을 지속하기 어려운 상황에까지 직면하였다. 미나미보소시는 이러한 상황을 극복하기 위해 고향납세 크라우드 펀딩을 도입하여 '꽃'을 중심으로 관광 산업을 재건하고자

제 3장 일본 고향사랑 납세 활용 사례 **97**

시도하고 있다.

　그러나 2021년 7월부터 3개월간 실시한 제 1차 꽃따기 사업은 홍보 활동이 미진하여 목표 금액을 달성하지 못하였다. 목표 금액은 1억 5,000만 원이었으나, 실제 기부액은 7,000만 원 정도에 그쳤다. 이러한 결과를 극복하기 위해 미나미보소시는 2022년 다시 한번 꽃따기 사업에 도전하기로 결정했다.

사업 분석

2021년 12월부터 2022년 3월까지 시행된 제 2차 꽃따기 관광 사업 크라우드 펀딩은 목표액 대비 109%를 달성했다. 이번에도 목표 금액은 1억 5,000만 원이었는데, 이에 총 675명이 1억 6,500만 원을 기부하였다.

　꽃따기 관광 사업으로 모인 기부금은 미나미보소시의 꽃밭 조성에 사용할 예정이다. 먼저 관광용 꽃을 심은 농가뿐만 아니라 경작을 포기한 농지를 임차하여 지역의 실버 인력을 활용한 꽃밭 확장 사업을 실시한다. 둘째, 태평양을 배경으로 꽃과 함께 사진을 찍고 아이들과 꽃따기 체험을 하면서 편안하게 쉴 수 있는 공간을 마련한다. 셋째, '꽃밭 사진 콘테스트'를 개최하고 인플루언서와의 제휴하에 꽃과 지역을 연계하여 지금까지 알려지지 않은 지역의 새로운 매력을 홍보한다. 넷째, 꽃이 만발하는 계절에 수산가공업자 상담회를 개최한다. 이 기획은 바다와 인접한 미나미보소시 지역을 방문하는 수산가공업자가 많다는 점을 이용한 아이디어로, 지역 사업과 연계한 활동이다. 마지막으로, 관광 포털 사이트와 연계하여 방문 고객이 저렴한 가격으로 편안한 잠자리를 제공받을 수 있는 환경을 조성할 계획이다.

　〈그림 3-6〉은 미나미보소시의 고향납세 기부금 추이를 나타낸다.

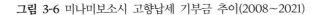

그림 3-6 미나미보소시 고향납세 기부금 추이(2008~2021)

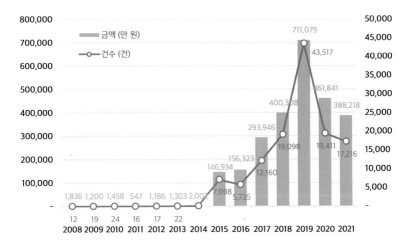

2015년부터 본격적으로 고향납세에 힘을 쏟은 결과 매년 증가 추세를 보이고 있다. 특히 코로나19 사태가 일어나기 직전인 2019년에 가장 높은 기부 실적을 달성하였다. 이후 코로나19가 화훼 산업에 막대한 피해를 주면서 추가적인 사업을 추진하기 어려워졌다. 이에 미나미보소시는 2021년 제1차 고향납세 크라우드 펀딩을 실시하고, 2022년에는 제2차 고향납세 크라우드 펀딩을 실시하였다. 최근에는 코로나19 여파가 완화되며 차츰 활기를 되찾을 것이라는 전망이 나온다.

6. 게센누마시: 재해복구기념공원 정비 사업

게센누마(氣仙沼)시는 일본 북쪽의 미야기(宮城)현 북동부 태평양 연안에 있다. 여름에는 산바람의 영향으로 서늘하나, 겨울에는 쿠로시오 해류 영향으로 비교적 온난하다. 해수면이 상승하거나 육지가 가라앉아서 생기는 리아스식 해안* 지형이 특징인 게센누마만은 해안선이 깊고 복잡하나 물결은 온화하다. 또한 사계절 내내 조용한 게센누마항에는 각지로 향하는 어선 기지가 있고, 어시장에는 산리쿠(三陸) 앞바다에서 잡은 어패류가 즐비하다.

---

* 해안선의 굴곡이 심하고 나팔 또는 나뭇가지 모양의 만을 이루는 해안

표 3-7 게센누마시 일반 현황(2021)

인구 (명)	작년 대비 인구 (명)	고령자 비율 (%)	아동 비율 (%)	지방교부세율 (%)	과소상황
61,445	-1,156	38.4	8.8	20.1	과소지역
(전국 평균)		(28.2)	(12.1)	(12.2)	

한편, 2011년 동일본대지진으로 게센누마시 항구에 정박해 있던 어선용 기름 탱크가 쓰러지면서 게센누마시 곳곳에서 큰 화재가 발생하였다. 일본 정부는 자위대를 파견하여 화재를 진압하려 했지만, 화재 현장에 접근하는 데 상당한 어려움을 겪었다. 현지 언론들은 최악의 경우 게센누마시 자체가 없어질지도 모른다는 관측까지 내놓았다.

2010년 7만 3,489명이던 게센누마시의 인구는 2011년 대지진을 겪은 후 2021년에는 6만1,445명으로 감소하였다. 고령자 비율이 높고 아동 비율이 낮아 앞으로도 인구가 계속 감소할 것으로 우려된다. 현재에도 소멸 위기 지역인 과소지역으로 지정된 상황이다.

게센누마시 기념공원 설치로 알리는 복구 의지

2011년 동일본대지진으로 게센누마시를 비롯한 도호쿠東北지역의 여러 곳이 상당히 큰 피해를 입었으며, 많은 시민들은 생활 기반을 잃었다. 일본 정부는 2012년 동일본대지진 희생자에 대한 추모와 일본의 복구 의지를 국내외에 표명하기 위해 상징물로서 미야기현, 이와테岩手현, 후쿠시마福島현에 기념공원 각 1개소를 설치하기로 하였다.

미야기현은 기념공원 후보지를 결정하고자 피해 지역으로부터 후보지 선정에 참고할 자료를 받았다. 게센누마시도 후보지로 선정되기 위해 응모하고자 하였으나, 게센누마시 지역 주민 간 이견을 조율하는 데 실패하는 등의 이유로 참여하지 못하였다.

한편 미야기현 내에서는 지진 피해가 심각함에도 현 내에 기념 공원을 1개소만 설치하는 것은 충분하지 못하다는 목소리가 높아졌다. 일본 정부에서는 이러한 의견을 받아들여 3개 국영공원 이외에도 각 지방자치단체에 기념공원을 1개소씩 추가로 설치할 수 있도록 비용 일부를 분담하기로 하였다.

정부의 이러한 결정에 따라 게센누마시는 기념공원을 설치하기 위해 공원정비위원회를 조직하고, 기념공원에 적합한 장소가 어디인지 선정 제안을 받았다. 또한 국가의 복구 교부금과 더불어 기념공원 정비 비용을 기념사업에 공감하는 게센누마시 주민과 게센누마시를 응원하는 전국의 고향납세 기부자로부터 기부받아 충당하기로 하였다.

그 결과 기념 공원 설치에 필요한 총비용 약 6억 5,000만 원 중 6억 원을 기부금으로 충당할 수 있었다. 이때 고향납세 크라우드 펀딩 플랫폼READYFOR을 활용하였다.

• 바로가기

온라인 플랫폼
READYFOR

사업 분석

게센누마시는 크라우드 펀딩 목표 금액을 전체 모집 목표액이었던 약 5억 원 중 2억 원으로 정하였다. 또한 감사의 뜻으로 약 3만 원 이상을 기부한 이에게는 감사의 편지를 전달하고, 약 10만 원 이상을 기부한 이에게는 감사의 편지와 함께 기부자 명판에 이름을 새기는 특전을 제공하기로 했다.

크라우드 펀딩은 2019년 1월부터 2019년 4월까지 4개월간 진행하였다. 이와는 별도로 2021년까지 약 3년 동안 계좌이체 등을 통해 일반 기부를 받는다는 계획을 세웠다.

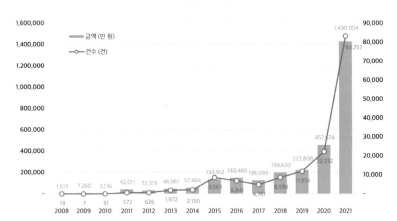

그림 3-7 게센누마시 고향납세 기부금 추이(2008~2021)

고향납세 답례품을 제공하지 않았음에도 게센누마시 크라우드 펀딩 사업을 응원하기 위해 985명이 약 3억 원을 기부하였다. 여기에 별도로 2021년 11월까지 3년 동안 계좌이체 등으로 받은 금액까지 합하면 1,354명으로부터 약 5억 6,000만 원을 모은 것이었다. 초기 목표 금액이었던 5억 원을 초과한 금액이다. 이렇듯 기부자의 성원을 받은 게센누마시는 동일본대지진이 일어난 지 10주년이 되는 날인 2021년 3월 11일, 마침내 기념공원을 완성하여 대중에게 공개하였다.

〈그림 3-7〉은 게센누마시의 고향납세 기부금 추이를 나타낸다. 게센누마시는 동일본대지진의 복구를 위해 여러 사업을 전개하여 고향납세 모금액을 복구 사업에 활용하고 있다. 특히 고향납세 크라우드 펀딩을 시작한 2019년 약 1만 1,000건에 머물렀던 고향납세 실적은 2021년에 약 83만 3,000건으로 현저하게 상승하였다. 전국의 고향납세 기부자는 복구를 향한 게센누마시의 간절한 염원에 공감하며 응원을 보내고 있다.

7. 미쓰케시: 재해 이동 화장실 정비 사업

Hometowner   www.hometowner.co.kr

미쓰케見附시는 니가타新潟현 중앙부에 위치한 작은 도시이다. 산에서 내려오는 맑은 물로 질 좋은 니가타 쌀을 수확하며, 전문 장인들의 전통 요리 문화가 발달하였다. 또한 예전부터 섬유 산업이 발달하여 왔고, 오늘날에도 고급 니트를 생산한다. 시는 고향납세 답례품으로 니가타현 명물 쌀인 고시히카리와 니트 제품, 모둠 전통 요리를 준비하였다.

미쓰케시는 압축도시(기능집약도시) 사업을 전개하는 시로도 알려져 있다. 압축도시란 인구가 감소하는 지방 도시의 무분별한 도시 시설

표 3-8 미쓰케시 일반 현황(2021)

인구 (명)	작년 대비 인구 (명)	고령자 비율 (%)	아동 비율 (%)	지방교부세율 (%)	과소상황
39,908	-262	32.5	11.3	14.1	과소지역 아님
(전국 평균)		(28.2)	(12.1)	(12.2)	

확산을 막고 자연 공간을 최대한 확보할 수 있도록 도시 중심부에 건물을 밀집시켜 별도의 교통수단 없이도 편의시설을 이용할 수 있도록 한 도시 개발 방식이다. 미쓰케시는 과소지역은 아니지만, 고령자 비율이 전국 평균보다 높은 반면 아동 비율은 낮아서 인구 감소가 우려되는 지역이다.

재해 이동화장실 네트워크 프로젝트

지진이나 홍수 등 대규모 자연재해가 발생하면 많은 사람은 대피 시설로 이동한다. 그러나 많은 사람이 갑자기 대피 시설로 이동하면 시설을 이용하는 데 여러 가지 불편함이 따른다. 대피 시설에 마련된 화장실도 그중 하나다. 보통 대피 시설의 화장실을 이용하기 위해서는 긴 줄을 서야 하고, 위생적이지 못한 환경이나 어두운 조명 탓에 불안함까지도 느끼게 된다. 이에 이재민 중에는 화장실 가는 것을 참는 이들이 있고, 화장실에 가지 않기 위해 물을 마시지 않거나 식사하지 않는 사람까지도 생겨난다. 이러한 경우 지병이 악화하거나 병이 재발할 우려가 있다.

'일반사단법인 서로돕기재팬'은 재해가 발생할 시 화장실 문제를 해결할 수 있도록 각 지방자치단체에 화장실 트레일러를 설치하는 '재해 이동 화장실 네트워크 프로젝트'를 진행한다. 화장실 트레일러 1대에

• 바로가기

재해 이동화장실 네트워크 프로젝트

• 바로가기

일반사단법인 서로돕기재팬

는 4개의 수세 화장실이 구비된다. 급수 탱크와 오수 탱크가 따로 설치되고, 지붕이 태양광 패널로 설치되기 때문에 화장실에 필요한 전원과 조명을 확보할 수 있다.

한편 미쓰케시는 2004년 7월 발생한 집중 호우로 시내 중심을 가로질러 흐르는 가리야타川[세슈川]강 제방 6곳이 무너지는 등 큰 수해를 입었다. 2004년 10월과 2007년 7월에도 진도 5의 지진이 발생했다. 이처럼 심각한 재해를 경험한 미쓰케시는 재해 발생 시 사용되는 화장실의 중요성을 인식하고, 서로돕기재팬에서 실시하는 재해 이동 화장실 네트워크 프로젝트 사업에 동참하기로 결정하였다.

사업 분석

화장실 트레일러 1대마다 4개의 화장실을 구비하여 재해가 발생할 경우 시민이 화장실을 사용하는 데 도움을 줄 수 있다. 미쓰케시는 화장

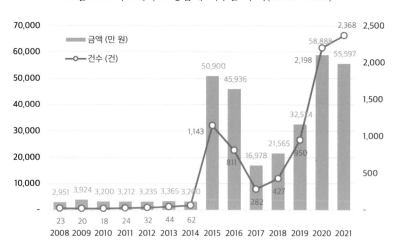

그림 3-8 미쓰케시 고향납세 기부금 추이(2008~2021)

실 트레일러의 구입에 정부의 긴급방재·감재사업채 자금을 사용하기로 하였다. 이 채권은 상환할 원리금의 70%를 중앙정부로부터 받을 일반 지방 교부세로 상환할 수 있기 때문에 지방자치단체는 나머지 30%만 상환하면 된다. 시는 화장실 트레일러 구입 자금 2억 원 중 30%에 해당하는 약 6,000만 원을 고향납세에서 조달하기로 했다.

미쓰케시는 고향납세 크라우드 펀딩을 2020년 11월 말부터 2021년 1월 중순까지 3개월간 실시하여 161명으로부터 약 1,000만 원을 기부받았다. 또한 크라우드 펀딩이 아닌 일반 고향납세에서도 15명으로부터 1,300만 원을 기부받았다. 이러한 모집 성과를 통해 시는 2021년 3월 재해용 화장실 트레일러 1대를 구입하였다. 다른 지방자치단체에서도 미쓰케시의 화장실 트레일러 사업이 성공한 것을 보고 같은 유형의 고향납세 크라우드 펀딩에 도전하고 있다(〈그림 3-8〉 참고).

8. 도카마치시: 여성 농업인 지원 사업

도카마치(十日町)시의
여성 농업인 늘리기 사업
공동식품가공센터의 설치로 여성의 경력을 연결한다

Hometowner   www.hometowner.co.kr

니가타현 도카마치十日町시는 웅대한 산과 대지가 있고 시나노信濃강이
흐르는 역사 · 문화 · 산업의 도시이다.

　도카마치시가 겪는 가장 큰 문제 중 하나는 인구 감소이다. 현재도
소멸 위기 지역인 과소지역으로 지정된 상태이다. 2021년 1월 기준 고
령자 비율이 39.5%로 전국 평균인 28.2%보다 높고, 아동 비율이
10.3%로 전국 평균인 12.1%보다 낮아 지속적인 인구 감소가 예상되
는 지역이다. 지방교부세율 또한 전국 평균인 12.2%보다 높은 31.9%
로 재정 건전도가 낮다.

　2020년 새롭게 약 150명이 도카마치시로 이주하였다. 이러한 이주

표 3-9 도카마치시 일반 현황(2021)

인구 (명)	작년 대비 인구 (명)	고령자 비율 (%)	아동 비율 (%)	지방교부세율 (%)	과소상황
51,125	-922	39.5	10.3	31.9	과소지역
(전국 평균)		(28.2)	(12.1)	(12.2)	

성과는 시의 이주자 늘리기 정책이 성공을 거둔 결과이다. 특히 시가 개최하는 '대지의 예술제人地の芸術祭'와 관계가 깊다.

'대지의 예술제'는 예술을 매개로 2000년부터 3년마다 열리는 국제 예술제이다. 이 예술제에서는 계단식 논을 이용한 작품, 빈집이나 폐교를 이용한 작품, 민예와 공예를 이용한 예술 작품을 지역 내 여러 곳에 전시하여 방문객이 도카마치시를 구경하면서 감상할 수 있도록 한다. 예술제 방문객들은 이 지역의 매력인 자연경관과 먹거리, 현지 주민을 접할 수 있다. 현지 주민은 봉사활동자로 참가하여 지역 밖 사람들과 자연스럽게 교류한다. 이에 타지에서 온 이들도 지역이 지닌 아름다움과 현지 주민이 보여 준 따뜻함에 감동하여 도카마치시를 친근하게 느꼈고, 실제로 이주하기 시작하였다.

• 바로가기

대지의 예술제
홈페이지

이 외에도 시는 2009년부터 정부의 지역재생협력대地域起こし協力隊 정책을 받아들여 협력대 지원자와 지역 주민을 1 대 1로 이어준다. 지역재생협력대란 도시에서 과소지역으로 주민등록을 이전한 후 지역 제품 개발과 주민 편의 지원 등 지역 협력 활동을 하고자 하는 협력대원을 선발하여 각 지역에 파견하는 일본 정부의 지역 개발 정책이다. 지역재생협력대원은 각 지방자치단체의 위촉을 받으며, 임기는 대략 1년 이상에서 3년 미만이다. 정부 차원에서도 지역재생협력대원의 활동 경비를 지원하며, 협력대원이 임기를 마친 뒤 창업을 희망하는 경우에

는 보조금 혜택을 받을 수 있도록 하였다. 도카마치시에서는 지금도 82명이 협력대원으로 활동하며, 협력대원에서 퇴임한 후 이들의 도카마치시 정주율은 약 70%로 전국 평균인 약 60%를 크게 웃돈다.

또한 시는 빈집을 공유주택으로 개보수하여 이주를 희망하는 사람이 임시로 거주할 수 있도록 하는 사업을 실시한다. 이주 희망자는 저렴한 이용 요금으로 도카마치시에 거주하면서 농사 체험이나 마을 탐방을 할 수 있고, 이는 이주로 연결되기도 한다. 한편 도카마치시 내에는 대학이 없어서 고등학교 졸업 후 타 지역으로 전출하는 사례가 많다는 현실을 고려하여 고등학생 취업 교육에도 힘쓴다. 동시에 도카마치시가 속한 니가타현 내의 대학생 인턴을 받아들임으로써 도카마치시 내의 취업률 상승을 도모한다.

여성 경력을 잇는 공동식품가공센터 설치

폭설과 일손 부족이 일상화된 도카마치시는 여성 농업인이 언제든지 도전할 수 있는 환경을 조성하고자 고향납세 크라우드 펀딩을 활용하여 공동식품가공센터를 만들기로 하였다.

도카마치시는 전국적으로 유명한 폭설지로 동절기에는 농사를 지을 수 없다. 더군다나 여성 농업인이라면 출산을 계기로 일에서 멀어지고, 그로 인해 동료이자 지인이었던 농업인과도 지속적인 관계를 맺기 어려워진다. 아이가 성장한 후에 다른 일을 찾아보고자 하는 사람도 있지만 초기 사업 투자의 벽을 넘지 못해 창업의 꿈을 실현하지 못하는 경우가 생긴다.

이에 시는 여성 농업인의 특유한 아이디어가 상품화될 수 있도록 실무단인 Women Farmers Japan을 결성하여 상호 성장을 돕는 동료 만

• 바로가기

Women
Farmers Japan
홈페이지

들기를 시도하고 있다. 또한 여성 농업인에게 활약할 기회를 제공하고자 빈집을 활용하여 공동식품가공센터를 설치하는 고향납세 크라우드 펀딩에 도전하였다.

사업 분석

도카마치시의 고향납세 기부금 실적은 2018년부터 안정적으로 증가하고 있다. 대지의 예술제, 지역재생협력대의 활용, 여성 농업인이 활약할 수 있는 환경 조성 등 각종 사업을 실시하고 양질의 답례품을 제공하고자 노력한 결과가 이루어 낸 성과라고 볼 수 있다.

특히 도카마치시 여성 농업인의 활약은 일손 부족을 해소한다는 차원에서 매우 긴요하다. 시는 여성이 활약하는 환경을 조성하기 위해 고향납세 크라우드 펀딩을 활용하여 결혼한 여성이라도 언제든지 다시 일할 수 있는 공동식품가공센터를 만들고자 하였다.

그림 3-9 도카마치시 고향납세 기부금 추이(2008~2021)

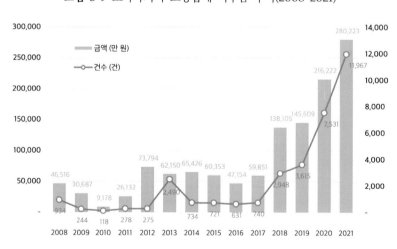

2020년 12월부터 90일간 '여성 농업인 확보를 위한 공동식품가공센터의 설치'의 고향납세 크라우드 펀딩이 실시되었다. 목표 금액은 약 3,000만 원이었지만 최종적으로 기부받은 금액은 약 2,200만 원으로, 목표 금액 대비 73%를 달성하였다(〈그림 3-9〉 참고).

9. 스자카시: 포도왕국 활성화 사업

스자카(須坂)시의
포도왕국 활성화 사업
스자카시 과일의 매력을 전국에 알리고 싶다

Hometowner   www.hometowner.co.kr

나가노현에 있는 과일의 고장 스자카須坂시는 색이 좋고 당도가 높은 포도와 사과 등이 유명한 곳이다. 스자카시의 과일이 맛있는 이유는 일교차가 크고 강우량이 적은 기후와 관련 있다. 농업이 주된 산업으로 농산물 중에서도 특히 과일이 차지하는 비율이 80%가 넘는다. 또한 스자카시에는 관광농원도 여럿 있어 매년 수확철이 되면 과일을 따러 오는 많은 방문객을 볼 수 있다. 과일 이외에도 와인, 소바, 된장 등 농산품을 생산하며 옷감 산업과 전자·기계 공업이 발달하였다.

스자카시는 건강한 고령자가 많은 장수 도시로도 유명하다. 인구 5만여 명이 살고 있는 스자카시는 고령자 비율과 아동 비율이 전국 평균

표 3-10 스자카시 일반 현황(2021)

인구 (명)	작년 대비 인구 (명)	고령자 비율 (%)	아동 비율 (%)	지방교부세율 (%)	과소상황
50,340	-184	32.1	12.1	14.0	과소지역 아님
(전국 평균)		(28.2)	(12.1)	(12.2)	

수준이며, 지방교부세율도 전국 평균과 비슷한 수준으로 재정 건전성이 나쁘지 않다.

산책하기 좋은 자연과 맛있는 음식점 그리고 윤택한 문화 시설도 스자카시의 자랑이다. 특히 달고 맛있는 과일을 비롯한 스자카시의 매력을 외부에 한층 더 알리고자 시는 2022년 5월부터 3개월 동안 고향납세 크라우드 펀딩을 실시하였다.

스자카시 고향납세 크라우드 펀딩의 목적은 과일왕국 스자카시의 전국적 인지도를 높이기 위해 식사·민박·체험·감동을 패키지로 묶어 포도를 중심으로 '사람이 모이는 스자카시'를 만드는 것이다.

전국에 알리는 과일 왕국의 매력

고향납세 크라우드 펀딩의 주제는 '먹어서 좋아! 묵어도 좋아! 배워서 좋아! 스자카시'이다. 어린이도 어른도 즐길 수 있는 장소로서 스자카시를 소개하여, 가보고 싶은 곳으로 선택할 수 있도록 시의 특성과 강점을 살려 고향납세 기부자에게 시내 문화 시설에 입장할 수 있는 초대권을 송부하였다.

'먹어서 좋아!'는 역사가 깃든 전통 창고거리에서 맛있는 과일과 디저트를 즐길 수 있는 프로그램이다. 과일 맛을 살린 새로운 상품의 개발과 개성 있는 가게의 입점 지원 그리고 스자카시의 음식 문화를 즐기는 장소 제공 등의 이벤트를 실시할 예정이다.

'묵어도 좋아!'는 고향납세 답례품으로 숙박 상품을 기획하여 스자카시에서 숙박해 보는 숙박 체험과 지역 식재료로 만든 식사, 고미이케하후五味池破風고원 등 알려지지 않은 자연 명소를 함께 즐길 수 있는 프로그램이다.

'배워서 좋아!'는 시내 순회를 목적으로 한 스탬프 릴레이를 개최하여 참가자가 시내를 돌아다니면서 스탬프를 받으면 작은 상품을 주는 프로그램이다. 포도를 중심으로 전통 창고거리와 포도박물관을 견학할 수 있도록 할 예정이다.

사업 분석

포도왕국 고향납세 크라우드 펀딩의 모집 기간은 2022년 5월부터 8월까지 3개월간으로 목표 금액은 약 3억 원이었다. 이때 실제 기부받은

그림 3-10 스자카시 고향납세 기부금 추이(2008~2021)

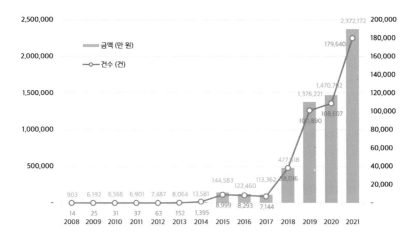

금액은 약 22억 원으로, 목표 대비 734%라는 놀랄만한 성과를 달성하였다.

"먹어서 좋아! 묵어도 좋아! 배워서 좋아!"라는 알기 쉽고 공감하기 쉬운 문구가 기부자의 마음을 움직여 1만8,991명의 고향납세 기부자가 스자카시의 고향납세 크라우드 펀딩을 선택하였다. 스자카시의 프로그램은 맛있는 과일을 연상하면서 계속 즐길 수 있도록 구성되어 있어 많은 고향납세 기부자의 선택을 받은 것이다.

스자카시의 고향납세 기부금 추이는 〈그림 3-10〉과 같다. 2014년까지는 기부금 건수가 적었으나 2018년부터는 스자카시만의 품질 좋은 과일 답례품 송부와 각종 이벤트 개최로 많은 기부금을 모집하고 있다. 이러한 성과를 바탕으로 2021년 실시한 고향납세 크라우드 펀딩도 높은 성과를 달성할 수 있었다.

10. 시라누카정: 해수 조사 사업

Hometowner   www.hometowner.co.kr

시라누카(白糠)정은 홋카이도 동부에 위치한 인구 약 7,500명의 어촌이다. 마을에는 태평양의 난류와 한류가 어우러진 어장이 있어 1년 내내 다양한 해산물을 어획할 수 있다. 또한 마을 주변 산에 깻잎과 유사하게 생긴 차조기가 자라는데, 이를 채취하여 소주를 생산한다. 이외에도 치즈와 양고기, 사슴이 등이 유명하다.

시라누카정은 농업, 어업, 축산업 진흥에 힘쓰는 동시에 인구 감소에 대응하기 위해 건강한 마을 만들기와 육아 지원 정책을 동시에 전개한다. 시라누카정의 인구 구성을 살펴보면 고령자 비율이 다른 고장에 비해 높고 아동 비율이 낮다. 다만 지방교부세율은 크게 높지 않아 재정이

표 3-11 시라누카정 일반 현황(2021)

인구 (명)	작년 대비 인구 (명)	고령자 비율 (%)	아동 비율 (%)	지방교부세율 (%)	과소상황
7,539	-171	41.8	7.5	17.1	과소지역
(전국 평균)		(28.2)	(12.1)	(12.2)	

비교적 건실하다. 시라누카정은 자녀 출산 축하금과 입학 지원금을 지원하며, 18세까지 의료비와 급식비를 무료로 제공한다. 마을 밖에서 이주해 오는 사람에게는 토지를 무상으로 제공하고 있다.

시라누카정의 해수 모니터링

최근 시라누카정 어업은 어획 부진을 겪고 있다. 이를 해소하기 위해서는 포획하는 어업에서 양식하는 어업으로의 전환이 필요하다.

한편 시라누카정은 최근 태평양 연안을 중심으로 적조가 발생하여 어업에 막대한 피해가 발생하는 등 과거에는 경험하지 못한 어려움에 직면해 있다. 어획량의 감소가 해상 환경 변화에서 비롯된 것인지를 분석하기 위해 해역의 해수 조사가 필요한 상태이다.

시라누카정은 이러한 위기에 대응하기 위해 해양 전문가에게 자문받은 내용을 바탕으로 고향납세 크라우드 펀딩을 활용하여 '바다가 위험해! 미래 자원을 남기기 위한 해양조사 프로젝트'에 도전하였다.

고향납세 기부금으로는 해양 조사용 기자재를 갖추어 해양 조사를 지속적으로 실시할 예정이다. 해양 조사 분석 결과는 해역의 적정한 관리와 새로운 양식 사업을 검토하기 위해 활용할 예정이다.

천연자원에 의존하지 않고 새로운 시대에 대응하기 위한 양식 어업 사업화는 수산 자원을 증가시켜 안정적인 해산물 공급을 가능하게 할

표 **3-12** 홋카이도 어획량 및 어획 금액의 변화(2010~2019)

(단위: 톤, 만 원)

	2010년	2011년	2012년	2013년	2014년
수량	1,392,288	1,323,568	1,288,401	1,306,072	1,270,970
금액	253,362,978	274,870,114	247,866,744	290,043,386	302,017,835
	2015년	2016년	2017년	2018년	2019년
수량	1,074,334	923,622	912,989	1,081,577	1,137,473
금액	311,610,871	295,144,040	278,540,930	273,509,863	238,763,279

것이다. 그 효과는 수산 가공장을 비롯한 제조업과 소매업, 음식·서비스업, 관광업 등 다른 산업으로 퍼져 나가 마을 경제의 선순환을 만들수 있다. 또한 어업 경영의 안정화와 어민의 소득 향상은 물론, 향후 해양 자원의 적절한 관리로 이어져 다음 세대에게 귀중한 해양 자산을 남겨 줄 수 있다.

사업 분석

'바다가 위험해! 미래 자원을 남기기 위한 해양 조사 프로젝트'는 2022년 2월 4일부터 3월 31일까지 약 55일에 걸쳐 단기간 실시되었지만, 목표 금액 약 5억 원을 훌쩍 뛰어넘기며 2만 991명에게서 약 24억 원의 고향납세 기부금을 모집하였다.

바다가 위험하다는 알기 쉬운 표어를 내세워 해양을 보호하는 동시에 수산 자원을 적절하게 이용하기 위하여 해양 조사를 실시한다는 점을 내세운 전략은 고향납세 기부자를 움직이기에 충분하였다. 해양 수산물이라는 답례품도 현재 일본 인기 답례품 1, 2위를 차지하는 품목으로 인기 또한 높다.

이러한 성과는 〈그림 3-11〉에서도 확인할 수 있다. 2015년부터 시

그림 3-11 시라누카정 고향납세 기부금 추이(2008~2021)

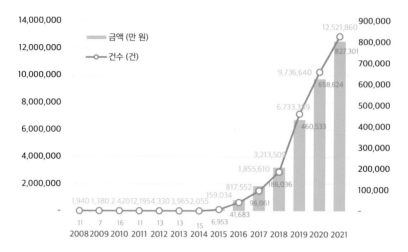

라누카정의 고향납세 실적은 급속하게 증가하는 추세이다. 시라누카
정을 비롯하여 수산물을 답례품으로 제공하는 지역들은 수산물 가공
방식을 개선하여 예전보다 맛있는 양질의 수산물을 답례품으로 제공
한다. 고향납세 기부자의 기호에 맞춘 변화가 수산물을 인기 있는 답
례품으로 선호하도록 이끈 것으로 판단된다.

11. 나하시: 슈리성 복원 사업

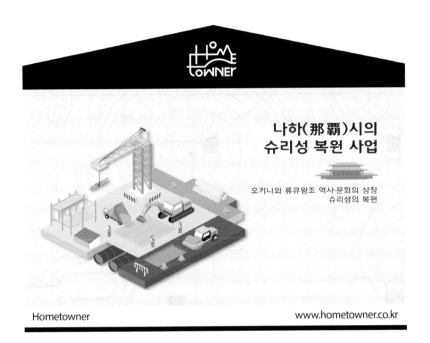

나하(那覇)시의
슈리성 복원 사업

오키나와 류큐왕조 역사·문화의 상징
슈리성의 복원

Hometowner   www.hometowner.co.kr

오키나와현 나하(那覇)시는 현청 소재지로 오키나와현 정치·경제·문화의 중심지이다. 국제공항인 나하공항과 주변 낙도(落島)로 연결되는 나하항이 있는 곳으로, 오키나와현의 관문 역할을 담당한다. 또한 옛 건물이 많이 남아 있어 오키나와 문화와 전통을 쉽게 접할 수 있으며, 세계 유산인 슈리(首里)성의 사적과 국제거리(國際通り)는 연중 관광객으로 붐빈다.

나하시는 오키나와현에서 가장 인구 밀도가 높은 곳으로, 고령자 비율이 전국 평균보다 낮고 아동 비율은 높기 때문에 인구 감소 문제는 심각하지 않은 것으로 판단된다. 또한 지방교부세율도 전국 평균보다 낮아 재정 건전성이 높다.

표 3-13 나하시 일반 현황(2021)

인구 (명)	작년 대비 인구 (명)	고령자 비율 (%)	아동 비율 (%)	지방교부세율 (%)	과소상황
320,467	-1,544	23.6	14.8	4.4	과소지역 아님
(전국 평균)		(28.2)	(12.1)	(12.2)	

오키나와 류큐왕조 역사·문화의 상징, 슈리성

나하시에 위치한 류큐琉球왕조의 슈리성(류큐국 왕궁)은 류큐 문화의 상징적인 문화유산으로, 왕국의 제사를 주관했던 곳이자 오키나와의 문화·예술의 거점이었다. 2000년 12월에는 슈리성터가 세계 문화유산으로 등록되었다.

1879년 류큐왕조가 추방되면서 오키나와현이 되었고, 슈리성은 1945년 오키나와전쟁으로 전소되었다. 이에 오키나와현은 1984년 수리성 복원 기본 계획을 수립하였고, 일본 정부도 1986년 수리성 정전을 복원한다는 결정을 내렸다. 1992년 정전 복원이 완료되었으며 공원 일부를 개방하였다. 이후로도 다른 건축물 공사를 계속해서 진행한 끝에 2019년 2월 공사를 완료하여 수리성공원 전부를 개방하였다.

그러나 2019년 10월 대화재가 발생하여 슈리성 정전을 포함한 건물 8동이 전소하였다. 일본 정부와 오키나와현은 슈리성이 류큐국 역사와 문화의 상징이며 오키나와의 중요한 상징물인 만큼 슈리성 복원을 결의하였다. 유네스코 또한 슈리성 복원에 힘을 보탤 것을 약속하였다.

사업 분석

나하시는 슈리성의 조기 재건을 위해 정부와 오키나와현을 대리하여 불특정 다수의 시민을 대상으로 고향납세 크라우드 펀딩을 실시하기

그림 3-12 나하시 고향납세 기부금 추이(2008~2021)

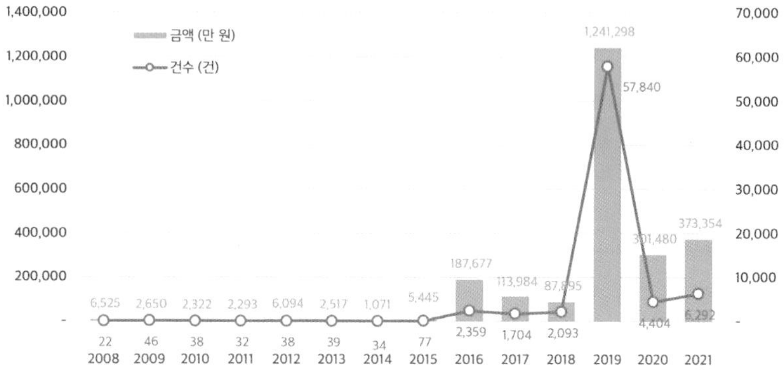

로 결정하였다.

크라우드 펀딩 목표액은 약 10억 원이었으며, 모집 기간은 2019년 11월부터 4개월간으로 설정하였다. 동시에 일반 계좌이체로도 기부자를 모집하기로 했다. 그 결과 크라우드 펀딩으로 5만 3,199건의 기부가 이어지며 약 94억 원을 모금하였다. 여기에 크라우드 펀딩 형태가 아닌 일반 기부까지 합하면 약 156억 원을 모았다. 이는 초기 목표 금액의 15배에 해당하는 금액이다.

〈그림 3-12〉은 나하시의 고향납세 기부금 추이를 나타낸다. 나하시는 2015년까지는 기부 건수가 매우 저조하였다. 그 와중에 2019년 슈리성 대화재가 발생하였고, 이를 재건하기 위한 고향납세 크라우드 펀딩이 실시되자 고향납세 기부금이 크게 증가하였다.

12. 기타큐슈시: 코로나19 대책 사업

후쿠오카현 기타큐슈北九州시는 큐슈 지역과 혼슈本州 지역을 연결하는 후쿠오카현에서 가장 큰 도시 중 하나이다. 바다로 둘러싸인 기타큐슈시에 살면 어촌 생활과 도시 생활 모두를 누릴 수 있다. 기타큐슈시 시내에서 가공된 상품뿐만 아니라 쇠고기, 장어, 대게 등 농수산물도 전국적으로 인기가 높다.

기타큐슈시는 10년 연속 육아하기 쉬운 도시 1위를 차지했을 뿐만 아니라 성인들이 살고 싶은 도시 순위에서도 마찬가지로 전국 1위를 차지한 곳이다. 기타큐슈시의 인구 변동과 지방교부세율을 살펴보면 〈표 3-14〉와 같다. 인구는 94만 4,712명으로 비교적 많은 편이고, 고령자

表 **3-14** 기타큐슈시 일반 현황(2021)

인구 (명)	작년 대비 인구 (명)	고령자 비율 (%)	아동 비율 (%)	지방교부세율 (%)	과소상황
944,712	-5,890	30.9	12.2	9.3	과소지역 아님
(전국 평균)		(28.2)	(12.1)	(12.2)	

비율이 30.9%로 전국 평균 28.2%보다 다소 높지만 아동 비율이 12.2%로 전국 평균 12.1%와 비슷한 수준이므로 인구가 자연 감소할 우려는 거의 없다고 할 수 있다. 하지만 수도권으로의 인구 유출이 많은 것으로 보인다. 다만 지방에서도 큰 도시인 만큼 지방교부세율은 9.3%로 전국 평균인 12.2%보다도 낮아서 재정 건전성을 갖추고 있다.

코로나19 피해에 대한 지원

2019년 12월 코로나19의 존재가 알려진 후 2020년 3월 기타큐슈시에도 처음으로 코로나 확진자가 발생하였다. 2020년 4월 일본 정부는 긴급사태를 선언하였다. 시민들은 외출을 자제했고 회사는 휴업 요청을 받았으며, 그 영향으로 도심의 많은 상점들은 심각한 타격을 받았다.

기타큐슈시는 감염 확산을 막고 사업자를 지원하고자 PCR 검사센터 개설, 확진자 입원체계 확충, 사업자 상담창구 마련 및 점포 월세 지원 등을 시행했다. 그러나 감염 속도가 빠르고 전파 규모가 커 의료 및 복지 관계자의 부담이 늘어났고, 의료자재도 충분히 공급되지 못했다.

이러한 상황을 개선하기 위해 기타큐슈시는 고향납세 크라우드 펀딩으로 기부금을 받기로 결정하였다. 기부금은 의료 및 복지 관계자 지원(의료자재 구입 등)과 심각한 피해를 입은 사업자에 대한 지원(감염 예방의 새로운 생활 대응 등)에 사용하고자 하였다.

그림 3-13 기타큐슈시 고향납세 기부금 추이(2008~2021)

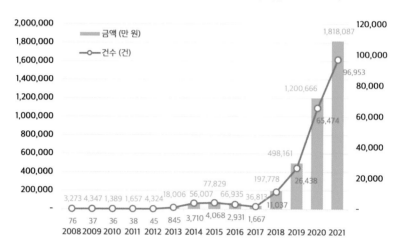

사업 분석

기타큐슈시의 코로나19 대책 고향납세 크라우드 펀딩은 2020년 5월 15일부터 2020년 8월 13일까지 91일에 걸쳐 단기간 실시되었지만, 857명의 기부자에게서 약 7억 4,000만 원의 기부금을 모았다. 이는 당초 목표 금액이었던 5억 원의 148%에 해당하는 금액이다(〈그림 3-13〉 참고).

그 후 여러 지방자치단체에서도 기타큐슈시와 같은 유형의 코로나19 대책 고향납세 크라우드 펀딩이 실시되었다.

13. 사카이시: 하라야마原山공원 정비 사업

Hometowner   www.hometowner.co.kr

사카이堺시는 오사카大阪부 중앙을 흐르는 야마토大和강의 하구에 자리 잡은 도시이다. 사카이시는 5세기 때 만들어진 열쇠 구멍 모양의 고분 인 전방후원분前方後圓墳과 사무라이 검으로 알려진 칼이 유명하다. 지금 도 시의 주요 산업 중 하나는 칼 제조업이다.

역사적으로 사카이시는 센고쿠戰國시대 이후 유럽인과의 교류가 잦 아지면서 화약 무기의 제조 기지가 되었다. 화약 무기를 얻기 위해 사 카이를 자주 방문하던 오다 노부나가織田信長는 사카이의 자치권을 빼앗 으려 하였다. 사카이 주민은 오다 노부나가의 군대에 필사적으로 저항 했으나 결국 복속되었다. 그 후 노부나가의 뒤를 이은 도요토미 히

표 3-15 사카이(堺)시 일반 현황(2021)

인구 (명)	작년 대비 인구 (명)	고령자 비율 (%)	아동 비율 (%)	지방교부세율 (%)	과소상황
831,481	-3,306	28.2	12.6	6.6	과소지역 아님
(전국 평균)		(28.2)	(12.1)	(12.2)	

데요시豊臣秀吉의 통치하에 다시 번영하는 도시가 되었다.

한편 다도와 선종 불교가 발달한 사카이시는 일본 다도의 중심지 중 하나였다. 에도江戶시대에도 사카이는 여전히 중요한 항구였으나, 도쿠가와 막부의 통상 수교 거부 정책 때문에 오직 국내용 항구로만 한정되었다. 막부 말기에 서양 세력이 사카이시에 상륙했으나 상호 간의 이해 부족으로 뒤플렉스호의 프랑스 선원들과 군인들이 충돌하였다. 그 결과 프랑스인 몇 명이 사망하였고, 일본인 책임자들은 할복을 선고받았다. 이 사건을 '사카이 사건堺事件'이라고 부른다.

근대 이후 오사카시 근교의 주택 도시이면서 동시에 산업 도시로 발전해 왔다. 특히 1960년대 이후에는 오사카만에 신일본제철新日本製鐵 사카이 제철소가 자리 잡았으며, 교외에서는 센보쿠泉北 뉴타운이 개발되면서 오사카부 내에서는 오사카시에 이어 두 번째로 인구가 많은 도시가 되었다. 2005년에는 인접했던 미나미카와치南河內군 미하라美原정을 편입함으로써 인구가 정령지정도시政令指定都市 승격 요건인 80만 명을 넘었고, 2006년 정령지정도시로 지정되어 7개의 구가 설치되었다.

시민을 위한 안전하고 쾌적한 하라야마공원

1971년에 건설한 사카이시 오하마大浜체육관은 운동뿐만 아니라 무도장으로도 사용되어 왔다. 그러나 건설된 지 50년이 넘어 수리를 통해 더욱 안전하고 쾌적한 체육관으로 탈바꿈할 필요가 있었다.

사카이시는 체육관 재건축을 민관투자사업PPP, Public-Private Partnership으로 실시하기로 하였다. 구체적으로는 체육관 시설 자체의 설계와 관리, 자금조달뿐만 아니라 다른 스포츠시설인 야구장, 테니스장, 스모장 관리와 부대시설에 민간 투자를 도입하기로 하였다.

사카이시는 체육관 및 스포츠 시설의 정비와 관리를 위해 시가 부담해야 할 비용을 확보하고 체육관을 홍보할 목적으로 크라우드 펀딩을 활용하기로 하였다.

사업 분석

사카이시의 크라우드 펀딩은 2018년부터 실시되고 있다. 목표액을 설정하지 않고 시작하였으며, 크라우드 펀딩 이외에 지정 기부로 2021년 8월 말 약 7,000만 원을 모금하였다(〈그림 3-14〉참고).

그림 3-14 사카이시 고향납세 기부금 추이(2008~2021)

답례품으로는 약 10만 원 이상 기부하면 체육관 응원단 입단권을 제공하고, 약 30만 원 이상 기부하면 기부자 명판에 이름을 새기고 배구팀 입회권을 주며, 약 100만 원을 기부하면 기부자 명판에 이름을 새기고 배구팀 우수 입회권을 송부한다. 이렇게 모인 기부금으로 체육관과 무도관을 병설한 '사카이시 오하마 체육관·무도관'은 2021년 4월부터 운영을 시작하였다.

14. 야마가타시: 양철냄비 제작 사업

야마가타(山形)시의 양철냄비 제작 사업

야마가타시 축제의 꽃! 토란찜 양철냄비 제작 대작전

Hometowner   www.hometowner.co.kr

야마가타현 야마가타^{山形}시는 도시 기능을 잘 갖추어 살기 편한 도시이
다. 또한 자연과 가까워 등산과 캠핑, 겨울 스포츠를 즐길 수 있는 곳
이기도 하다.

풍부한 자연과 분지 특유의 한란 차이로 체리나 샤인머스캣 등의 과
일, 스야히메^{つや姫} 브랜드를 대표로 하는 쌀, 야마가타 쇠고기 등이 유
명하다. 거리에는 전통 창고와 옛집이 많이 남아 있어 로맨틱한 분위
기를 자아낸다.

야마가타시는 가을에 큰 규모의 토란찜 행사 '이모니카이^{芋煮会}'를 개
최한다. 6m에 달하는 거대한 냄비에 대형 크레인으로 토란과 재료를

야마가타시 이모니카이 행사 전경

넣는 장면은 보는 사람이 저도 모르게 입을 벌릴 할 정도이다. 전국 뉴스에서 보도될 정도로 큰 행사인 이모니카이에서는 성인 12명 정도가 양철냄비를 둘러싸고 요리한다. 이때 토란 3t과 쇠고기 1.2t, 곤약 3,500장, 파 3,500단, 양념간장 700리터, 양념에 사케 50승, 설탕 200kg과 야마가타 물 6t을 넣어서 삶는 진풍경을 연출한다.

〈표 3-16〉은 야마가타시의 일반 현황을 나타낸다. 인구 약 24만 명의 야마가타시는 고령자 비율과 아동 비율이 전국 평균 수준이므로 자연 감소할 우려는 적다. 다만 도심으로의 인구 이동이 계속되고 있기 때문에 인구 감소를 완화하기 위한 조치가 시급하다. 지방교부세율은 낮아 재정 건전성 면에서는 양호한 편이다.

표 3-16 야마가타시 일반 현황(2021)

인구 (명)	작년 대비 인구 (명)	고령자 비율 (%)	아동 비율 (%)	지방교부세율 (%)	과소상황
243,684	-1,314	29.7	12.1	7.7	과소지역 아님
(전국 평균)		(28.2)	(12.1)	(12.2)	

이모니카이에서는 지름 6m, 높이 1.65m, 중량 3.2t의 커다란 양철냄비를 사용해 왔으나, 자연 마모로 인해 새로운 양철냄비가 필요한 상황이었다. 이번에는 더 큰 양철냄비(지름 6.5m, 높이 1.65m, 중량 3.65t)를 제작하기 위해 2017년 10월부터 12월까지 고향납세 크라우드 펀딩을 실시하였다.

1차 양철냄비는 1988년 야마가타 주물 기술로 제작한 지름 5.6m의 냄비로, 1989년 제 1회 축제부터 1991년까지 3회 사용하였다. 그러나 관광객이 증가하며 용량이 부족해졌을 뿐만 아니라 냄비 자체가 자연 마모되며 계속해서 사용하기가 어려워졌다. 이 냄비는 현재 야마가타시의 기념물로 전시되어 있다.

두 번째 양철냄비는 1992년 지름 6m로 제작하였으며, 1992년 4회부터 29회까지 총 26회 사용하였다. 매년 검사를 실시하는데, 2015년 균열이 발견되어 2016년에 수선했다. 그러나 곧 또 다른 양철냄비가 필요해졌다.

세 번째 양철냄비를 제작하기 위해 시는 제작비를 고향납세 크라우드 펀딩을 통해 조달하기로 결정하고, 3만 원 상당의 기부부터 1,000만 원 상당의 기부까지 각각 답례품을 준비하였다.

사업 분석

고향납세 크라우드 펀딩은 2017년 10월부터 12월까지 실시되었다. 목표 금액은 약 3억 원이었으며, 963명이 기부한 끝에 총 3억 1,000만 원의 기부금이 모여 목표액의 103%를 달성하였다(〈그림 3-15〉 참고).

야마가타시의 고향납세액은 2015년부터 증가하는 추세이다. 그 추

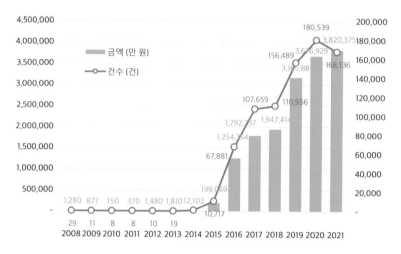

그림 3-15 야마가타시 고향납세 기부금 추이(2008~2021)

이를 들여다보면 고향납세 크라우드 펀딩 및 기부금 실적과 관계가 있음을 알 수 있다. 고향납세 크라우드 펀딩은 사업 프로젝트를 수립하여야만 실시 가능하기 때문에 고향납세의 활용을 분명하게 한다. 또한 활용 내용을 사전에 구성하기 위해서는 많은 지역 데이터의 수집이 있어야만 가능하고, 수집 및 분석된 내용은 답례품 전략에 영향을 미친다. 다시 말하자면, 새로운 사업 프로젝트는 지방자치단체가 가진 저력을 융합할 수 있는 힘이 있다. 이는 답례품을 보다 매력적으로 선보이게 한다. 그 결과 고향납세 크라우드 펀딩에 적극적으로 도전하는 야마가타시와 같은 지자체는 고향납세 실적의 증가라는 성과를 획득할 수 있다.

15. 후지요시다시: 직물과 예술을 결합한 관광 사업

후지요시다
富士吉田
직물과 예술을 결합한 관광 사업

'직물바늘 페스티벌', '아트와 직물을 융합시킨 FUJITEX-
TILE WEEK', '후지요시다 활성화 프로젝트' 처럼
후지요시다시를 전면에 내세운 직물을 수요 이벤트를 개최

Hometowner   www.hometowner.co.kr

야마나시현 후지요시다富士吉田시는 후지산을 비롯한 자연환경을 배경
으로 후지 지역의 경제와 문화 중심지로 발전해 왔다. 해발 750m의 고
원 도시인 후지요시다시는 직물 산업으로도 유명하다.

　후지요시다시는 시내 어느 곳에서나 웅장한 후지산을 바라볼 수 있
다. 예전에 후지산을 등산하려는 사람은 후지요시다시를 꼭 들렀지
만, 후지산으로 가는 새로운 등산로가 생기면서 후지요시다시를 찾는
일이 적어졌다. 시는 단지 후지산을 가기 위한 길목으로 변모하였다.
이러한 상황에서 후지요시다시를 재건하기 위한 새로운 관광 명소의
개발이 긴요한 과제가 되었다.

표 3-17 후지요시다시 일반 현황(2021)

인구 (명)	작년 내비 인구 (명)	고령자 비율 (%)	아동 비율 (%)	지방교부세율 (%)	과소상황
48,183	-397	30.1	11.4	8.6	과소지역 아님
(전국 평균)		(28.2)	(12.1)	(12.2)	

후지요시다시는 인구 약 4만 8,000명으로, 고령자 비율이 전국 평균보다 높고 아동 비율이 전국 평균에 못 미쳐 인구 감소가 예상되는 곳이다. 다만 지방교부세율은 전국 평균보다 낮아 재정 건전성은 견고하다고 평가할 수 있다.

직물과 예술을 결합한 새로운 관광 사업 개발

후지요시다시를 옛 물건과 새로운 상품을 융합시킨 새로운 관광지로 탈바꿈하려는 노력이 시작되었다. 때마침 아라쿠라新倉산 센겐浅間공원에서 후지산과 벚꽃, 충령탑忠靈塔을 한 장에 담은 사진이 인터넷상에서 화제가 되어, 종래에는 현지 주민만 찾던 조용한 공원이 지금은 연간 50만 명이 찾는 관광 명소가 되었다. 이처럼 상가商街 틈새로 보이는 후지산 사진이 멋있다고 생각하는 사람들이 이러한 배경으로 한 사진을 찍으러 상가를 찾는다.

또한 후지요시다시는 '직물마을 페스티벌', '예술과 직물을 융합한 FUJITEXTILE WEEK', '후지요시다 활성화 프로젝트'와 같이 후지요시다의 직물을 전면에 내세운 주요 이벤트를 개최한다.

그러나 이런 이벤트를 진행하려면 전문적 경영 능력과 많은 자금이 필요하다. 새로운 관광지를 개발하기 위해서는 관광객의 수요가 어디에 있는지, 그 수요에 부응하기 위해 어떤 시설이 필요한지 정확히 파

아사쿠라산 센겐공원에서 바라본 후지산

악해야 한다. 특히 관광에 관한 기본 데이터 축적이 중요하다. 지역 소비 데이터와 숙박 실태 통계 등을 분석하면 관광객의 요구를 파악할 수 있기 때문이다. 시는 이러한 수요 분석을 토대로 경영·부동산·건축·디자인 분야의 전문가를 초빙하여 의견을 수렴 및 반영한다.

사업 분석

후지요시다시는 새로운 관광 사업 개발을 위한 고향납세 크라우드 펀딩을 실시하였다. 실시 기간은 2022년 12월부터 2023년 1월까지였으며, 목표 금액은 약 30억 원이었다. 이 크라우드 펀딩에 6만 2,379명의 기부자가 참여하여 120억 원을 기부하였다. 달성률은 400%로, 이렇게 높은 실적을 달성한 데는 후지요시다시의 답례품뿐만 아니라 지명도도 한몫했다.

다음으로 후지요시다시의 고향납세 기부금 추이를 살펴보면 2016년부터 기부금 건수가 늘어났음을 알 수 있다. 고향납세액이 대폭 증가한 데 대해 후지요시다시 시장은 기부자를 향한 감사인사와 풍부한 답례품 개발이 그 이유라고 밝혔다. 이에 더하여 후지요시다시의 고향납

그림 3-16 후지요시다시 고향납세 기부금 추이(2008~2021)

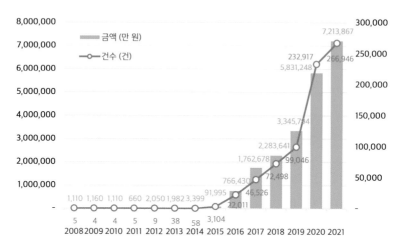

세 사용처 또한 특색을 지닌다. 시는 고향납세의 사용처로 세계 문화
유산인 후지산 정비를 내세우며, 후지산의 화장실과 산막을 정비하는
데 기부금을 사용한다. 이러한 노력이 후지산을 등반하는 이들에게 실
제적 이점으로 느껴진 것이다. 즉, 세금 공제와 답례품뿐만 아니라 자
신이 좋아하는 후지산의 환경이 좋아진다는 3종 세트가 공감을 일으켰
다는 뜻이다. 후지요시다시의 성공은 관광지가 있는 지방자치단체가
관광지 지원을 사용처로 추가함으로써 기부금을 증가시킬 수 있다는
가능성을 보여 준다(〈그림 3-16〉 참고).

16. 시부야구: 아야 세대 암 치료 지원 사업

도쿄東京도 시부야澁谷구는 도쿄 중심 23구 중의 하나이다. 해외에도 알려진 시부야 교차로, 하라주쿠原宿 패션 거리, 로맨틱한 분위기의 에비스惠比壽, 인정미 넘치는 하츠다이初台지구, 초록의 물결 요요기代々木공원 등 다양한 매력을 갖춘 곳이다. 현재는 100년마다 한 차례 시행되는 시부야역 주변 조성 작업을 진행한다.

시부야구의 인구는 약 23만 명으로 매년 증가하는 추세이다. 아동 비율이 전국 평균보다 낮지만, 고령자 비율도 전국 평균보다 낮은 데다 다른 지역에서 유입되는 인구가 많기 때문이다. 또한 도쿄도의 구는 재정 건전성이 좋아 지방교부세를 받지 않는다.

표 **3-18** 시부야구 일반 현황(2021)

인구 (명)	작년 대비 인구 (명)	고령자 비율 (%)	아동 비율 (%)	지방교부세율 (%)	과소상황
230,506	+835	18.1	10.6	-	과소지역 아님
(전국 평균)		(28.2)	(12.1)	(12.2)	

　시부야구는 NPO법인 희망네트워크에서 진행하는 아야^{AYA} 세대 암 치료 사업을 지원한다. 아야 세대란 Adolescent&Young Adult의 머리 글자를 딴 말로, 15세부터 39세까지의 사춘기 무렵 청소년과 젊은 성인을 말한다. 일반적으로 이 시기는 가장 활발하게 활동하는 시기이지만 아야 세대의 암환자는 취학과 취업, 연애와 결혼, 임신과 출산에서 큰 변화를 겪는다. 암환자인 학생은 휴학을 해야 하고, 산모는 암 치료도 병행해야 하므로 상당한 어려움에 처하기 십상이다. 이러한 어려움에도 아야 세대의 암 발생률은 낮기 때문에 젊은 암환자는 주변에 상담할 수 있는 사람이 적어 사회적으로 고립될 우려가 있다.

젊은 거리 시부야의 청년 건강 지원

아야 세대 암환자는 두 가지 상황에 직면해 있다. 우선 암환자 수가 적기 때문에 이 세대를 위한 암 치료 전문가가 적다. 일본국립암연구센터에 따르면 2012년 15~39세 암환자 수는 전국적으로 약 2만 명으로, 전체 암환자의 2.49%에 이른다. 두 번째는 성장 단계에서 발병하는 암이라는 점이다. 보통 성장 단계에 있는 사람들은 학교와 회사 활동에 힘쓰면서 친구를 만나거나 연애를 한다. 그러나 암에 걸린 아야 세대는 암이라는 병으로 불안을 느끼면서 혼자 어려움에 처하는 경우가 많다.

다양화·복잡화된 사회일수록 비영리단체는 공공기관이 실행할 수 없는 공익사업을 수행한다는 점에서 중요성을 가진다. 시부야구는 NPO법인 희망네트워크에서 진행하는 아야 세대 암 치료 사업을 지원하고자 고향납세 크라우드 펀딩에 도전하였다.

사업 분석

시부야구는 2022년 11월부터 12월까지 1,000만 원을 목표로 고향납세 크라우드 펀딩을 실시하였다. 실제로는 38명이 지원하여 총 2,700만 원 정도의 기부금을 모금하면서 목표액의 271.3%를 달성하였다. 구는 이 기부금으로 아야 세대 암 치료와 관련된 이벤트 진행 시 장소 사용료나 강사 초빙 비용으로 사용할 예정이다.

〈그림 3-17〉은 시부야구의 고향납세 기부금의 추이를 나타낸다. 수도권에 위치한 다른 지역처럼 시부야구도 초기에는 고향납세 기부금

그림 3-17 시부야구 고향납세 기부금 추이(2008~2021)

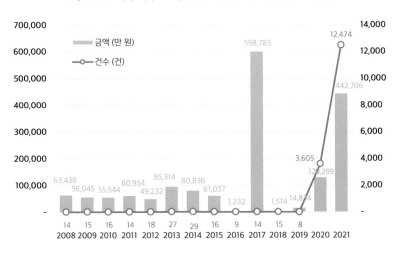

모집에 소극적이었다. 그러나 2020년부터 고향납세를 적극 활용하기로 하고, 시부야 거리 자원을 이용한 숙박 체험과 인기 레스토랑 체험 등을 답례품으로 선정하여 송부하였다. 이런 결정을 내린 이유는 고향납세로 시부야구의 재정이 2018년 약 170억 원, 2019년 약 230억 원, 2020년에는 약 280억 원이 감소하였기 때문이다. 이에 구는 '더 이상 간과할 수 없는 수준'이라 판단하고 시부야의 특색을 살린 고향납세 도입을 단행했다.

시부야구 답례품은 호텔 숙박 체험, 유명 공연 관람이 가능한 공원 및 옥상 사용권 상품을 송부하는 대신 시부야구 자체를 체험하게 한다는 특징을 지닌다. 시부야를 사랑하는 시부야구 응원단을 늘리기 위한 노력도 기울인다.

17. 가메오카시: 지구 친환경 도시 만들기 사업

교토京都부 가메오카亀岡시는 교토시의 서쪽에 위치한 동네이다. 이곳은
가메오카 분지로 인해 늦가을부터 초봄까지 아름답고 짙은 안개가 생
긴다. 안개의 규모는 전국적으로 유명할 정도로, 정오가 지나도 개지
않을 때도 있다.

아름다운 자연과 유구한 역사를 지닌 가메오카시는 도시권과 가까
우면서도 유노하나湯の花온천, 호츠가와쿠다리保津川下り(호즈강 유람선),
도롯코トロッコ열차(광차) 등 사계절을 즐길 수 있는 관광상품이 많다. 또
한 가메오카의 특산품인 맑은 물로 기른 채소와 쌀을 비롯해 쇠고기 브
랜드 가메오카규로 만든 가메오카 요리를 즐길 수 있다.

표 3-19 가메오카시 일반 현황(2021)

인구 (명)	작년 대비 인구 (명)	고령자 비율 (%)	아동 비율 (%)	지방교부세율 (%)	과소상황
87,847	-615	30.2	12.4	15.0	과소지역 아님
(전국 평균)		(28.2)	(12.1)	(12.2)	

가메오카시는 인구는 8만 7,800여 명 정도로, 고령자 비율과 아동 비율이 전국 평균 수준이므로 인구가 자연 감소할 우려는 적다. 그러나 젊은 층의 지속적인 전출로 인구 감소가 진행되고 있다. 지방교부세율은 전국 평균 수준보다 높아 재정 건전성이 양호하다.

최근 가메오카시는 플라스틱 쓰레기 제로를 향한 움직임으로 주목받고 있다. 시는 지구 친화적인 환경 만들기를 목표로 '플라스틱 쓰레기 제로 선언', '탈탄소 선언'과 〈가메오카시 함부로 버리기 금지 조례〉나 〈가메오카시 플라스틱제 비닐봉지 제공 금지 조례〉를 제정하여 친환경 모델 도시로서 이름을 알리는 중이다. 또한 새로운 지역 전력 회사인 '가메오카 고향 에너지 주식회사'의 설립, 하수 처리에서 발생하는 가스의 발전 사업화 등 지속가능한 자원 순환형 도시를 목표로 삼았다.

자연을 지키기 위한 플라스틱 쓰레기 제로

가메오카시는 지구 친화적인 환경 도시 만들기를 목표로 조례를 제정하고, 환경 도시로서의 가메오카시를 알리기 위해 JR가메오카역 부근에 자리 잡은 교류 장소를 정비하였다.

더불어 가메오카시의 3대 관광지 중 하나인 호즈카와쿠다리의 야경을 다시 밝히는 작업을 진행하였다. 10여 년 전 재해로 인해 오랫동안 야경을 밝히지 못했으나, 관광객을 늘리기 위해 야경 작업을 다시 시작한 것이다. 시는 이러한 여러 가지 노력으로 환경 도시로서의 인지도까지 높일 수 있다고 판단하였다.

또한 지역 축구팀이 승격됨에 따라 축구 관전자가 많아질 것으로 기대되자, 광고지를 배포하고 조명 축제 등의 이벤트를 개최하거나 포토존을 설치하는 등 사람이 더 많이 찾는 장소로 변화하기 위해 노력하고 있다. 이처럼 가메오카시는 조명 점등 이벤트 등을 통해 더욱 매력적인 시를 만들기 위해 노력할 뿐만 아니라 지속가능한 자원순환형 환경도시 가메오카를 널리 알리는 중이다.

사업 분석

'자연을 지키기 위한 플라스틱 제로!' 프로젝트는 고향납세 크라우드 펀딩으로 목표 금액 대비 119% 모금을 달성하였다. 기부자 1,628명이 약 3억 6,000만 원을 기부하여 원래 목표 금액이었던 약 3억 원을 초과

그림 3-18 가메오카시 고향납세 기부금 추이(2008~2021)

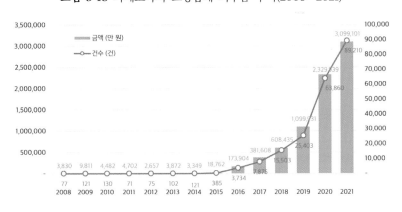

한 것이다. 모집 기간은 2022년 6월부터 8월까지 3개월간이었다. 시는 헌제도 '기메오카시 안개 예술제'를 테마로 고향납세 크라우드 펀딩을 실시한다.

〈그림 3-18〉는 가메오카시의 고향납세 기부금 추이를 보여 준다. 2015년부터 실적이 상승하였는데, 이는 초기에는 가메오카시의 깨끗한 물과 풍부한 자원을 활용한 양질의 답례품 제공이 성공한 결과로 보인다. 고향납세의 이 같은 성과에 힘입어 시의 현안을 해결하기 위한 체계적인 검토를 마친 후 크라우드 펀딩을 이용한 것으로 보인다.

18. 스미다구: 모던 스미다 사업

도쿄도 스미다^{墨田}구는 예로부터 사람들에게 사랑을 받아 온 스미다강 옆에 자리한 도쿄의 명소이다. 에도(도쿄의 옛 이름) 역사와 관계가 깊

은 스미다구는 현재도 에도 문화가 거리 곳곳에 짙게 남아 있다. 1733 년 처음 개최된 스미다강 불꽃놀이는 매년 7월마다 열리는 축제로 자리 잡았다. 폭죽 제조 상인들은 도라에몽이나 피카츄 애니메이션의 캐릭터를 닮은 폭죽이나 한자 모양 불꽃 등 정교하고도 세련된 폭죽을 만들어 시민들에게 선사한다.

이외에도 국기관의 스모 대회, 무카이지마向島의 화류 문화, 에도의 전통을 잇는 장인의 기술 등이 유명하다. 또한 2012년 스미다구에 도쿄 스카이트리가 건설되면서 국내외로 많은 화제가 되었다. 2016년에는 스미다 호쿠사이北齋 미술관을 개관하였다.

스미다구는 '스미다의 꿈 응원 사업'을 실시한다. 민간 사업자가 개설한 프로젝트에 고향납세를 활용한 크라우드 펀딩을 결합하여 기부자의 응원을 받을 수 있도록 하였다. 2021년에는 다음 5개의 프로젝트가 기부에 도전하여 12월 말까지 시행되었다.

먼저 '어린이 미래 만들기 프로젝트'는 어린이들에게 스마트폰 앱 개발 강좌를 실시하여 아이들이 자신의 아이디어를 앱으로 표현할 수 있도록 도와주는 프로젝트이다.

'다몬지多聞寺 교류 농원'은 체험형 농원으로서 2020년 3월에 완공되었다. 2021년에는 이 농원을 환경·방재·복지 장소로 활용하였다. 농원 안에는 휠체어를 타고서도 채소 농사를 지을 수 있는 가동형 경작지가 있다. 아이들에게 반딧불이를 보여줄 수 있는 반딧불이 키우기나 도시형 농원을 확장하기 위한 세미나 등도 진행한다.

'이동식 놀이터'는 다양한 놀이 소재와 도구를 두어 방과 후나 휴일에 아이와 어른이 함께할 수 있는 환경을 만들어 주는 프로젝트이다.

'음악의 힘으로 사람과 도시를 건강하게' 프로젝트는 모든 사람의 마

표 3-20 스미다구 일반 현황(2021)

인구 (명)	작년 대비 인구 (명)	고령자 비율 (%)	아동 비율 (%)	지방교부세율 (%)	과소상황
275,647	+751	22.1	10.4	-	과소지역 아님
(전국 평균)		(28.2)	(12.1)	(12.2)	

음을 움직일 수 있는 세계 공통 언어인 음악을 활용하는 사업이다. 동영상을 통해 스미다구의 음악 앙상블을 공유하며, 쇼핑몰・상가・철도역에서 악단원이 연주하는 마을 콘서트를 개최한다. 이외에도 세계적인 음악가인 오자와 세이지의 과거 연주 음원을 아카이빙한다.

'방재 관광 보자기 프로젝트'는 지역 방재를 담당할 수 있는 인재를 양성하기 위해 방재 관광 보자기(방재 정보와 관광 명소를 나타낸 그림지도)를 이용하여 방재를 쉽게 학습할 수 있도록 한 프로그램이다.

스미다구의 인구는 27만 5,647명으로 고령자 비율이 낮아서 인구 감소의 우려가 적고 오히려 수도권답게 인구가 증가하는 추세이다. 재정 건전성도 견고하다.

지역 브랜드를 키우는 모던 스미다 사업

스미다구는 구민의 자랑인 예술가 가쓰시카 호쿠사이葛飾北齋를 기리는 동시에 거리 관광과 지역 활성화에 기여하는 거점을 마련하고자 2016년 '스미다 호쿠사이 미술관'을 개관하였다.

이 미술관은 아이들이 뛰어 노는 스미다 구립공원 한쪽에 위치해 있다. 가쓰시카 호쿠사이는 우키요에浮世繪를 그린 화가로, 우키요에는 에도시대의 일상생활과 풍물을 담아낸 풍속화이다. 호쿠사이 풍속화는 서양 인상주의 화가들에게도 영향을 미친 것으로 알려져 있다. 스

가쓰시카 호쿠사이의 대표작, 〈가나가와 해변의 높은 파도 아래〉

미다 호쿠사이 미술관은 호쿠사이와 그 제자의 작품을 소개할 뿐만 아니라 스미다와 호쿠사이의 관계에 대하여 알기 쉽게 전시하였다.

호쿠사이 미술관 건립과 고향납세 제도는 깊은 관계를 맺고 있다. 1988년 스미다구는 '호쿠사이관'(가칭)의 건설을 계획하였으나 1990년대 거품경제 붕괴에 따른 경기 하락으로 건설 계획이 중단되었다. 그러던 중 2006년 도쿄도 스미다구에 세워진 전파탑인 도쿄 스카이트리 건설 계획을 계기로 호쿠사이 미술관의 건설 계획이 재검토되었다. 그러나 2011년 동일본대지진이 발생하여 건설 자재 가격이 급등하면서 미술관 건설 계획은 답보 상태에 빠졌다.

이후 2013년부터 시작된 경기 회복 속에서 2014년 스미다 구의회는 재정 부담을 최소화하기 위해 미술관 개관 비용으로 약 50억 원의 기부금을 모으기로 했다. 이에 스미다 호쿠사이 기금이 설치되었고, 스미다구 기업과 단체를 중심으로 기부금을 모아 미술관을 착공하였다. 또한 2015년 4월 고향납세 제도를 이용하여 크라우드 펀딩을 통해 전국적으로 기부금을 모집하기 시작했다. 2016년 10월에는 고향납세 기부금을 포함하여 총 50억 원의 모금 목표가 달성되었고, 호쿠사이 미술관은 2016년 11월 개관하였다.

호쿠사이 미술관 이외에도 스미다구는 스미다강 불꽃놀이, 국기관 스모 등 에도시대의 전통과 문화를 즐길 수 있는 행사를 연중 준비한다.

한편 스미다구에는 에도 시대부터 개업하여 100년 이상 이어져 내려온 음식점이 있으며, 스미다강 하구에서 잡은 장어로 만든 에도 장어 요리 등 다양한 일본 전통 요리를 접할 수 있는 곳이 많다. 2013년에는 일본의 식문화가 유네스코 무형 문화유산으로 등록되었다.

구에서는 스미다구만의 거리 관광과 문화 시설 조성에 더하여 지역 브랜드 '스미다 모던' 인증제를 실시한다. '스미다 모던'이란 스미다구의 산업 브랜드력을 국내외에 광고할 목적으로 2009년부터 시작한 스미다 지역 브랜드 전략이다. 주요 사업 중 하나인 스미다 모던 인증은

그림 3-19 스미다구 고향납세 기부금 추이(2008~2021)

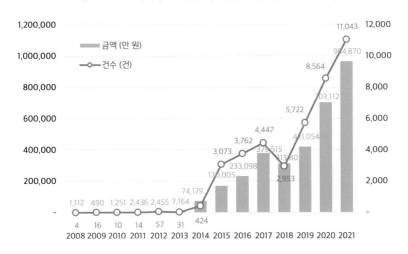

스미다 지역 브랜드의 가치를 전할 수 있는 상품이나 음식점 메뉴를 발굴하는 프로젝트로, 지금까지 약 200건을 인증하였다. 또한 고향납세 답례품으로 스미다 모던 상품을 활용하고 있다.

사업 분석

〈그림 3-19〉은 스미다구 고향납세 기부금 추이를 나타낸다. 스미다구는 도쿄의 다른 구와 달리 고향납세를 지역 활성화와 연계하려는 노력을 지속하고 있다. 특히 에도 전통을 이은 중소기업이나 개인사업자들은 스미다구의 가치를 상품화한 스미다구 모던화에 힘쓴다. 구는 여기에 고향납세 크라우드 펀딩을 활용하여 사업자의 상품 개발에 일조한다. 이러한 노력에 힘입어 향후에도 고향납세 기부금 실적이 성장할 것으로 보인다.

19. 분쿄구: 생활보호 자녀 후원 사업

분쿄文京구는 도쿄도의 특별구 중 하나이다. 도쿄대와 유명 중·고등학교가 자리 잡고 있으며, 한적한 주택가 사이에는 일본 야구 구단인 요

표 3-21 분쿄구 일반 현황(2021)

인구 (명)	작년 대비 인구 (명)	고령자 비율 (%)	아동 비율 (%)	지방교부세율 (%)	과소상황
226,574	+460	19.2	12.8	-	과소지역 아님
(전국 평균)		(28.2)	(12.1)	(12.2)	

미우리 자이언츠가 경기하는 도쿄돔과 고라쿠엔後樂園온천이 있다. 최근에는 분쿄구를 거점으로 한 출판 시설들이 도쿄 외곽으로 이전하면서 그 공간을 고층 맨션들이 차지했다. 이곳의 고층 맨션에 학구열이 높은 젊은 세대와 청소년, 아동이 모여들면서 아동 인구가 증가하는 추세를 보인다.

분쿄구의 인구는 22만 6,574명이며 고령자 비율은 19.2%로 전국 평균 28.2%보다 낮고 아동 비율은 전국 평균 수준이다. 또한 수도권이라는 점과 함께 도쿄대가 위치한 지역이라는 점이 영향을 미쳐 2018년 국가 인구 조사에서는 인구가 4,070명 증가한 것으로 발표되었다. 지방 교부금을 받지 않을 정도로 재정력이 견고하다.

아이들이 건강하게 성장할 수 있도록 지원합니다

분쿄구는 다른 지방자치단체보다 경제 상황이 좋은 편이다. 하지만 이곳에도 다른 지방자치단체와 마찬가지로 생활보호대상자가 있고, 이들 가정의 자녀는 경제적으로 어려운 상황에 놓여 있다.

분쿄구는 NPO법인과 협업하여 이들 가정을 지원하고자 크라우드 펀딩 방식을 이용해 고향납세 기부금을 모집하였다. 생활보호 가정의 자녀에게 개인과 기업으로부터 기부받은 물품을 전달한다. 또한 이들을 위한 별도의 지원책도 마련하여 생활보호 가정의 자녀가 사회에서 고립되는 것을 방지한다.

　물품 지원 프로젝트는 분쿄구와 NPO단체가 함께 개발한 사업이다. 2017년부터 실시하고 있으며 크라우드 펀딩 방식으로 분쿄구의 사업 취지를 응원하는 개인으로부터 기부금을 모집하고 있다. 이 프로젝트의 취지에 맞게 기부금은 답례품의 제공을 최소화하고 기부금을 최대한 생활보호대상자 자녀를 지원하는 데 사용한다.

　일반적으로 고향납세 기부금은 고향을 지원하는 경향이 있기 때문에 수도권 지방자치단체의 기부금 실적은 저조한 편이다. 다만 분쿄구처럼 특정한 목적을 가진 경우는 예외적으로 기부자에게서 응원을 받는다.

　분쿄구 고향납세 크라우드 펀딩의 특징은 민간 기업과 협업하여 성공을 거둔 사례라는 점이다. 구는 크라우드 펀딩을 이용하여 빈곤층 아동을 위한 '아동 식사 배달 사업'을 시행하여 예상보다 많은 기부금을 모금하였다. 지방자치단체와 비영리단체, 기업의 협업으로 이러한 성공을 거둘 수 있었다. 구체적으로 살펴보면, 소아 환자의 보육 사업을 수행하는 플로렌스라는 NPO법인이 주체가 되어 분쿄구를 접수창구로 삼고, 잠재적으로 식사 배달 서비스를 필요로 하는 가정과의 커뮤니케이션은 LINE@이 담당했다.

　일반적으로 비영리단체가 단독으로 자금 조달과 아동을 위한 식사 배달 사업을 실시하려고 하는 경우에는 단체의 신뢰도가 떨어져 의도한 성과를 얻기가 쉽지 않다. 지방자치단체는 여기에 관여하여 신뢰도를 상승시킬 수 있다. 하지만 독자적으로 홍보활동을 하거나 주민의 수요를 신속하게 파악하여 서비스를 제공하기 어려운 체제를 가지고 있다. 이에 플로렌스 측에서는 커뮤니케이션 수단으로 LINE@을 제안했다.

LINE@의 사용은 지방자치단체로서는 받아들이기 곤란한 아이디어였다. 그러나 아동 식사 배달 사업에 대한 문의와 신청을 받을 때 지금까지 해오던 방식대로 우편 및 전화를 이용하거나 지방자치단체 창구에서 서류로 제출하기보다는 LINE@을 이용하는 방법이 물리적으로나 심리적으로 편리하다. 실제로 아동 식사 배달 사업에 예상보다 많은 신청이 들어온 것은 LINE@을 도입했기 때문이다. 이는 제2차, 제3차 사업으로 이어지고 있다.

사업 분석

2019년에는 1,308명으로부터 기부를 받았고, 2020년에는 1,600명으로부터 기부를 받았다. 다만 기부 건수가 증가하였음에도 금액은 2019년보다 2020년이 더 적다. 2019년까지는 기부자가 하나의 지방자치단

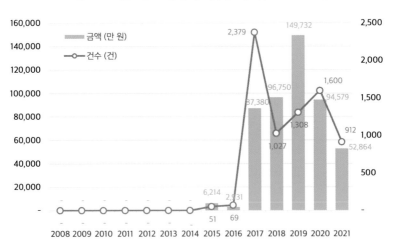

그림 3-20 분쿄구 고향납세 기부금 추이(2008~2021)

체에 자신이 기부할 수 있는 고향납세 기부금을 전액 기부하는 방식을 선택했다면, 2020년부터 여러 지방자치단체에 기부하는 방식을 택하는 것으로 추세가 바뀐 후 한 번에 기부하는 액수가 적어지면서 생긴 결과라고 추측할 수 있다. 즉, 기부 건수는 많아졌다고 하더라도 기부 금액은 적어진 것이다. 이러한 기부 흐름은 2021년에도 계속되었다 (〈그림 3-20〉 참고).

분쿄구의 고향납세 기부금 실적을 늘리기 위해서는 새로운 방식의 기부금 증가 방안이 필요하다고 판단된다.

20. 야오시: 소방력 강화 응원 사업

오사카부 야오^{八尾}시는 인구 20만 명이 넘는 도시이다. 시의 동쪽에 있는 다카야쓰^{高安} 산록은 역사 유산의 보고이다. 그중 시온지야마^{心合寺山} 고분과 200기 이상의 횡혈식 석실분이 있는 다카야쓰센즈카^{高安千塚} 고분군은 전국적으로도 잘 알려졌다. 노래와 춤이 함께하는 9월의 축제 가와우치 오토토^{河内音頭}는 많은 사람을 끌어모은다.

야오시는 중소기업을 중심으로 한 고도의 기술력과 제품 개발력을

표 3-22 야오시 일반 현황(2021)

인구 (명)	작년 대비 인구 (명)	고령자 비율 (%)	아동 비율 (%)	지방교부세율 (%)	과소상황
265,269	-1,080	28.3	12.2	8.9	과소지역 아님
(전국 평균)		(28.2)	(12.1)	(12.2)	

자랑하는 제조업의 도시이기도 하다. 전국에서 톱을 제일 많이 생산하며, 전자 기기 분야에서도 장인의 기술이 빛난다. 농산물로는 콩과 우엉이 유명하다. 콩은 큰 알갱이와 단맛이 특징이고, 우엉은 잎과 줄기, 뿌리를 통째로 먹을 수 있다는 점이 특징이다. 아삭아삭 씹히는 맛과 은은한 쓴맛이 소비자의 식탁에 봄맛을 나른다. 이러한 독특한 야채는 인접한 커다란 소비지역인 교토시에 신선하면서도 완숙한 상태로 출하된다.

야오시의 일반 현황은 〈표 3-22〉와 같다. 고령자 비율과 아동 비율은 전국 평균 수준이지만, 2021년 1월을 기준으로 인구가 1,080명 감소하여 이에 대한 대책이 필요한 곳이다.

소방력 강화로 지키는 야오시의 역사와 문화

야오시는 노래와 춤으로 유명한 축제의 도시이자 다카야쓰 산록이라는 문화유산을 지닌 도시이다. 이러한 문화 요소를 지키고자 최근 소방 중요성이 크게 인식되는 곳이다. 대규모 화재나 집중 호우, 지진 등의 재해가 발생할 위험이 있고, 특히 난카이南海 대지진* 발생이 우려되기 때문에 신속한 소방 대응이 필요하다.

---

* 태평양 난카이 해구에서 발생하는 대규모 지진.

야오시는 종합 안전계획에 '만약의 경우를 대비한 도시'를 목표로 하여 시민들이 안전하고 쾌적하게 살 수 있도록 소방력을 강화하고 있다. 이를 위해 소방 직원을 대상으로 하는 소방 훈련의 향상이나 각종 지역 단체와의 연계를 통한 지역 방재력의 향상과 같은 소프트웨어적 측면뿐만 아니라, 소방 차량과 소방 기자재의 개선이라는 하드웨어적 측면의 정비가 필요하다. 시는 고향납세 크라우드 펀딩을 통해 지역사회가 하나 되어 소방력 강화를 위해 노력하고 있다.

사업 분석

야오시의 소방력 강화 고향납세 크라우드 펀딩은 약 2억 원의 기부 금액을 모금했다. 195명의 기부자가 참여해 원래의 목표 금액이었던 1억 원의 두 배를 달성한 것이다. 모집 기간은 2022년 9월부터 11월까지 총 91일간이었다.

시는 이 기부금을 다음과 같이 사용할 예정이다. 먼저 고향납세 기부금으로 굴절 방수탑을 포함한 다기능 소방펌프 자동차를 구입할 예정이다. 2001년부터 20년 넘게 활약해 온 15m급 사다리차는 새롭게 구입해야 하는 시기가 되었다. 이번에 정비할 굴절 방수탑 부착 다기능 소방펌프 자동차는 기존의 사다리차와 비교하여 소화 능력·구조 능력·기자재 수납 능력이 현격히 개선될 것이다. 기존의 사다리차는 고층 건물에 특화된 차량인 반면, 다기능 소방펌프 자동차는 주택과 같은 저층 건물에까지도 널리 활용 가능하므로 시 전역에서 활약할 수 있다.

더불어 재해 대응 특수 구급 자동차를 구입할 예정이다. 2015년부터 사용해 온 구급차도 바꿀 시기가 되었다. 사다리차와 비교하면 바꾸기에는 아직 이르다고 생각할 수 있으나 구급차는 연간 2,000곳 이상의

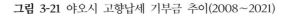

그림 3-21 야오시 고향납세 기부금 추이(2008~2021)

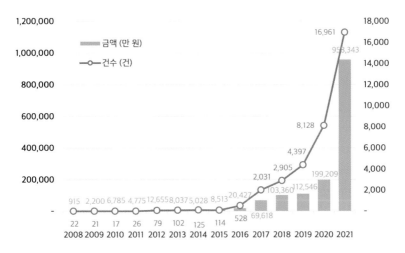

현장에 나가기 때문에 매년 약 2만㎞를 주행한다. 또한 이번에 정비할 구급차는 긴급 소방 원조대 등록 차량이므로 대규모 재해가 발생할 시 전국 각지에 급파할 수 있다. 심전도 모니터나 제세동기 등 최신 구급 기자재를 탑재하여 상병자를 안전하게 의료 기관으로 이송할 수 있는 차량이다.

〈그림 3-21〉는 야오시의 고향납세 기부금 추이를 나타낸다. 꾸준한 노력으로 2017년부터 고향납세 기부금 실적이 상승하는 추세이다. 일반 고향납세 활용 경험과 함께 다른 지방자치단체에서 실시하는 고향납세 크라우드 펀딩의 효과를 분석한 끝에 일반 고향납세와 더불어 크라우드 펀딩에 의한 광고 효과와 기부금 상승 효과를 일으켰고 볼 수 있다.

제 4장
우리나라 고향사랑 기부제 활용 전략

고향사랑 기부제는 말 그대로 기부 제도이다. 기부하는 목적은 다양하지만, 주로 기부자가 애정을 품고 있는 지방자치단체를 응원하거나 재난 등으로 어려움을 겪는 지방자치단체에 도움을 주고자 하는 동기에서 시작된다.

진천군의 사례가 이를 잘 설명해 준다. 2021년 8월 27일 아프가니스탄 특별 기여자 390명은 이슬람 무장단체인 탈레반이 아프가니스탄을 장악한 직후 기적처럼 탈출하여 충북혁신도시 국가공무원인재개발원에 도착했다. 이때 진천군이 난민을 수용하겠다는 결단을 내리자, 전국 각지에서 진천군을 응원하는 목소리가 이어졌다. '돈쭐내자'• 는 말까지 유행하며, 'Buy 진천'(진천을 사자) 열풍을 일으키며 진천군에서

• '돈'과 '혼쭐내다'를 합성하여 만든 말로, 사회적으로 긍정적 영향을 미치는 집단이나 주체에 금전적 지원을 한다는 뜻의 신조어이다.

그림 4-1 지역별 고형

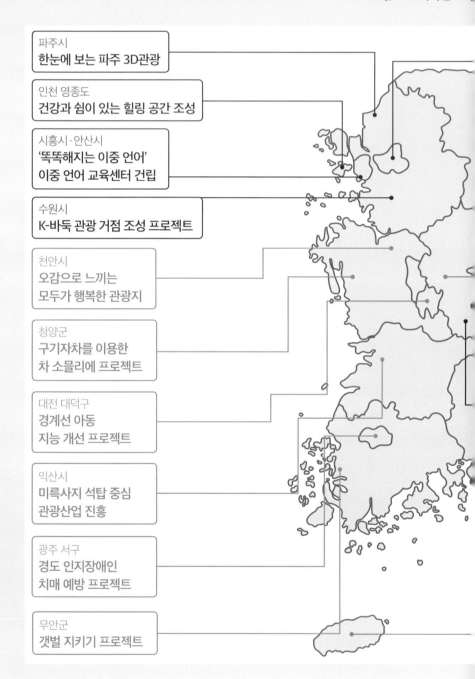

파주시
한눈에 보는 파주 3D관광

인천 영종도
건강과 쉼이 있는 힐링 공간 조성

시흥시·안산시
'똑똑해지는 이중 언어'
이중 언어 교육센터 건립

수원시
K-바둑 관광 거점 조성 프로젝트

천안시
오감으로 느끼는
모두가 행복한 관광지

청양군
구기자차를 이용한
차 소믈리에 프로젝트

대전 대덕구
경계선 아동
지능 개선 프로젝트

익산시
미륵사지 석탑 중심
관광산업 진흥

광주 서구
경도 인지장애인
치매 예방 프로젝트

무안군
갯벌 지키기 프로젝트

활용 전략

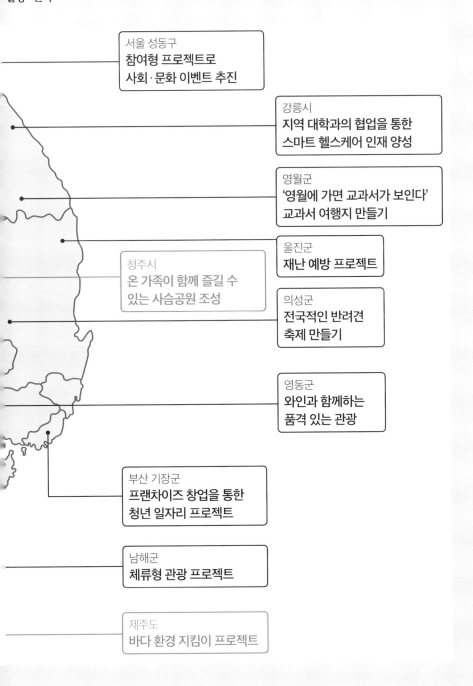

서울 성동구
**참여형 프로젝트로
사회·문화 이벤트 추진**

강릉시
**지역 대학과의 협업을 통한
스마트 헬스케어 인재 양성**

영월군
**'영월에 가면 교과서가 보인다'
교과서 여행지 만들기**

울진군
재난 예방 프로젝트

청주시
온 가족이 함께 즐길 수
있는 사슴공원 조성

의성군
**전국적인 반려견
축제 만들기**

영동군
**와인과 함께하는
품격 있는 관광**

부산 기장군
**프랜차이즈 창업을 통한
청년 일자리 프로젝트**

남해군
체류형 관광 프로젝트

제주도
바다 환경 지킴이 프로젝트

운영하는 온라인 쇼핑몰인 '진천몰'(jcmall. net)에서는 주문 폭주가 이어졌고 결국 시스템이 일시적으로 중단되는 사태까지 일어났다. 진천군이 진천몰 이용자에게 다른 자치단체와 차별화되는 특별 할인을 해 주거나 적극적인 홍보 활동을 했기 때문이 아니라, 기부자에게 격려와 응원을 받을 수 있는 행동을 한 결과였다.

진천군 사례를 깊이 들여다보면, 지방자치단체가 기부받은 기부금을 어떻게 활용해야 할지에 대한 해답을 얻을 수 있다. 기부자는 의미 있다고 생각하는 곳에 기부하기를 원한다. 자신이 기부한 재원이 제대로 사용되어 지역에 필요한 재화와 서비스가 공급될 때 기부자는 보람을 느낀다. 이러한 과정에서 재미까지 더해지면 그야말로 금상첨화라고 할 수 있다.

그러므로 기부자가 의미 있다고 생각할 만한 자금 활용 용도를 개발하고 흥미로운 방법으로 기부할 수 있도록 하는 방안을 모색해야 한다. 기부자에게 지역 발전의 비전과 구체적 발전 전략을 보여 줄 때 기부자의 격려와 응원을 받을 수 있다. 4장에서는 각 지역에 알맞다고 생각하는 기금사업의 사례를 예시하여 작성함으로써 지역별 고향사랑기부제 활용 전략을 제시하고자 한다. 이는 지방자치단체가 기금 활용방안에 참고할 수 있는 가상의 사례를 예시한 것이며, 실제로 진행 중인 사업이 아니다.

1. 강릉시: 지역 대학과 협업을 통한 스마트 헬스케어 인재 양성

강릉시와 강릉영동대학교가 협업하여 스마트 헬스케어 인재 양성 프로젝트를 추진한다. 강릉시와 강릉영동대학교는 컨소시엄consortium을 통한 협력 체계를 구축하여 지역 특화 분야를 선정해 직업 교육을 지원한다. 이를 통하여 지역에 특화된 인재를 양성하고, 강릉영동대학교가 지역 상생의 주체로서 지역 정주인구定住人口 양성을 위한 고등 직업 교육 거점 역할을 수행하도록 노력한다.

특히 강릉시에서는 초고령화 현상으로 돌봄과 원격 의료 및 치매 등의 휴먼 케어와 데이터 기반 디지털 헬스케어의 수요가 증가하고 있고, 산림·해양과 융합한 의료 관광과 치유 및 재활 관련 헬스케어 산

그림 4-2 강릉시-강릉영동대학교 협업 모델

출처: 강릉영동대학교

업도 발전 가능성이 높다. 그러므로 강릉영동대학교의 고등 직업교육
이수자가 지역 내에서 성공적으로 취업 또는 창업이 가능하도록 하고,
생애 전주기에 걸쳐 지속적인 자기 계발을 할 수 있도록 지원함으로써
지역 혁신 인재로서 역할을 하도록 지원할 필요가 있다. 이러한 노력
으로 강릉시는 기업을 유치하고 일자리를 창출하여 지역경제를 활성
화하며, 청년이 지역에 정착할 수 있도록 일자리를 만드는 등 청년 정
책을 강화해 나간다. 기업은 지역 산업 발전에 협력하고 청년 일자리
지원 사업에 협력하면서 기업 수요에 맞는 교육 및 채용을 도모한다.

2. 광주 서구: 경도 인지장애인 치매 예방 프로젝트

광주광역시 서구는 경도 인지장애인 치매 예방 프로젝트를 추진한다. 경도 인지장애란 동일한 연령과 교육 수준에 비해 인지 기능, 특히 기억력이 떨어진 상태임에도 일상생활 수행 능력은 보존하여 아직 치매까지는 도달하지 않은 상태를 말한다. 지금까지의 역학 연구 결과 경도 인지장애는 치매로 이행될 수 있는 고위험군으로 지목된다. 경도 인지장애인은 매년 약 15%, 6년 이내 80% 이상이 치매로 이환되는 치매 고위험군으로, 치매 이환을 막을 수 있는 마지막 단계라고 한다.

인구 고령화와 더불어 노인성 질환인 치매 환자 수와 유병률이 꾸준히 증가하는 추세이다. 치매의 경우 당사자 및 가족 등이 감당해야 할 사회 비용이 높아 국가적 부담 또한 증가하고 있다. 경도 인지장애가

그림 4-3 경도 인지장애인 치매 예방 프로젝트의 장기적 파급 효과

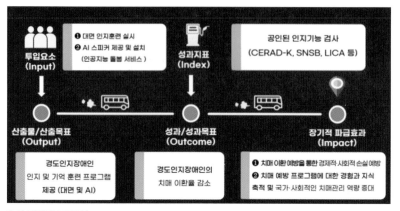

출처: 팬임팩트 코리아

치매로 전환되지 않도록 예방 가능하다면 지역 내의 커다란 경제적·사회적 손실을 막을 수 있다. 치매 예방 프로젝트는 치매 예방 프로그램에 대한 경험과 지식을 축적하고, 국가 및 사회적 치매 관리 역량을 증대하는 역할을 할 것이다. 따라서 광주광역시 서구 보건소 등은 지역 내 경도 인지장애인을 적극 발굴하고 이들이 치매로 이환되지 않도록 지속적인 대면 인지 훈련을 실시하는 한편, 인공 지능을 활용한 프로그램을 통해 체계적 예방 활동을 해 나가도록 한다.

3. 남해군: 체류형 관광 프로젝트

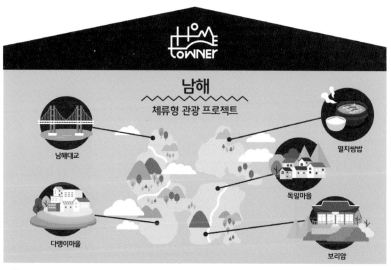

경상남도 남해군은 체류형 관광 프로젝트를 추진한다. 남해군은 2023년 지역경제 활성화 정책을 추진하면서 관광 산업과 연계한 소비 증진에 주력한다는 목표를 세우고 체류형 관광 콘텐츠를 확충하는 데 총력을 기울이고 있다. 남해군은 경상남도의 물가 안정 및 내수 활성화 정책 기조에 맞춰 기존의 다양한 관광 자원과 연계하면서 새로운 관광 콘텐츠를 개발하여 체류형 관광 사업을 펼쳐나간다. 이를 위해 빅데이터 분석으로 남해군을 다녀가거나 향후 남해군을 방문하려는 관광객의 수요를 제대로 파악한다. 또한 대표적인 핵심 랜드마크를 부각하여 이를 중심으로 적극적인 관광객 유치를 통한 지역경제 활성화를 추진한다. 이로써 지역 내 소상공인과 농어민의 소득 증진으로 연결될 수 있는 정책을 추진한다.

체류형 관광 산업 발전을 위해서는 지역 내 농업・어업・축산업과 관광 산업을 연계할 수 있는 콘텐츠를 개발하려는 노력이 필요하다. 그래야만 외부 관광객 유입으로 인한 지역경제 활성화 효과가 제대로 부각될 수 있기 때문이다. 예를 들어 남해의 특산물인 유자는 향이 뛰어나 전국적으로 가장 높은 가격이 매겨지고, 가공 식품으로는 유자술과 유자차를 개발해서 판매하므로 유자와 연계한 유자 축제와 유자 공장 견학 등의 관광 콘텐츠를 개발하여 연계한다. 이와 함께 이러한 콘텐츠 개발을 지역과 업종을 초월한 다양한 인재 영입으로 연결시키는 데 집중해야 한다. 그렇게 해야만 지역 산업 발전이 가능하기 때문이다.

4. 대전 대덕구: 경계선 아동 지능 개선 프로젝트

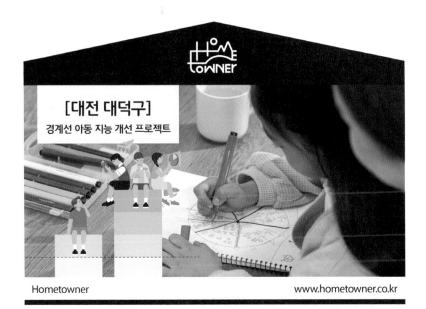

대전광역시 대덕구는 경계선 아동 지능 개선 프로젝트를 실시하여 지역에 거주하는 해당 아동의 학습 및 자립 역량을 향상시킨다. 인간의 평균 지능 지수는 100이며 85 이상일 경우 일반 지능으로 분류하는데, 지능 지수가 70 이하일 경우에는 지적 장애에 해당한다. 경계선 지능이란 지능 지수가 71 이상 84 이하인 경우를 말하며, 이를 가리켜 '느린학습자'라고도 한다.

경계선 지능 아동은 장애인이 아니라는 이유로 관심과 정책의 사각지대에 방치되어 있으며, 복지 시설에 있는 경계선 지능 아동은 문제가 발견되어도 적절한 돌봄과 충분한 자원을 제공받기 어렵기 때문에 이들을 위한 추가적인 도움이 필요하다. 특히 이들은 복지 시설에서

그림 4-4 경계선 아동 지능 개선 프로젝트의 장기적 파급 효과

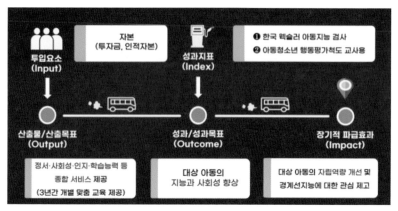

출처: 팬임팩트 코리아

나온 후 수급자가 되는 비율이 일반 아동의 15배가 넘으며, 그대로 방치할 경우 지적 장애로 떨어지는 경향을 보인다.

대전광역시 대덕구는 경계선 아동 지능 개선 프로젝트를 통해 해당 지역 경계선 지능 아동의 학습 성적을 높이고 사회성을 향상시키고자 한다. 특별한 아이들에 대한 심리·정서 회복, 인지·학습 능력 향상을 위한 특별한 프로그램을 구성하여 꾸준히 특별한 관심을 보이면 좋은 성과를 얻을 수 있다. 지역 내 해당 아동의 학습 능력 및 자립 역량의 향상을 이끌어 낼 수 있으며, 대학 입학과 같은 가시적 성과를 도출하는 것도 가능하다.

5. 무안군: 갯벌 지키기 프로젝트

"세계적인 갯벌 지키기"

람사르 습지 협약에 가입되어 있는
무안 갯벌

- 갯벌 보호 캠페인 및
  ESG지역특산물 개발
- 환경 교육 프로그램 개발
- 갯벌 전문가 양성

Hometowner   www.hometowner.co.kr

전라남도 무안군은 무안 갯벌 지키기 프로젝트를 추진하여 천혜의 생태 자원이자 지역 주민의 중요한 소득원으로서 지속가능한 삶의 터전인 갯벌을 보존하여 후세에 물려주도록 노력한다. 우리나라 서남단에 위치한 무안군은 3면이 바다로 둘러싸여 있어 건강한 갯벌이 발달되어 있다. 특히 함해만은 입구가 좁은 내만으로 길이는 17㎞, 폭은 약 1.8㎞이며 면적은 344㎢에 달하고 입구는 칠산 바다와 만난다. 109.2㎞의 해안선이 원시 그대로 유지되고 있어 해안선을 따라 걸으며 수려한 경관을 감상할 수 있다.

그림 4-5 함해만 인근 지도

무안 갯벌은 세계 5대 갯벌 중 하나로 자연 침식된 황토와 사구의 영향으로 형성되었으며, 2001년 전국 최초로 습지보호지역으로 지정되었다. 이어 2008년 람사르 습지*로 등록되었고, 2008년에는 도립공원으로 지정되었다. 환경부 지정 멸종위기 2급 생물인 흰발농게, 대추귀고둥을 비롯한 250종 저서 생물,** 칠면초, 갯잔디 등 47종 염생 식물,*** 혹부리오리, 알락꼬리마도요 등 약 52종의 철새 등 많은 생명체가 무안 갯벌에서 살아간다.

갯벌은 연안 생태계에 영양 염류를 공급할 뿐만 아니라 어류의 산란장

• 람사르 협약에 따라 보호 대상으로 지정된 물새 서식 습지대

•• 해수와 담수 서식지의 바닥에 사는 수중 생물을 통틀어 저서 생물이라 한다.

••• 바닷가 등 염분이 많은 토양에서 자라는 식물을 염생 식물이라 한다.

이자 보육장으로서, 철새 도래지이자 중간 기착지로서, 태풍과 해일의 피해를 완화해 주는 완충 지대로서 생태적 기능을 한다. 또한 양식장 및 염전 등 수산물의 생산지로서, 자연 생태 체험 학습장으로서, 지역 주민 경제 활동의 소득원으로서의 역할도 한다. 이러한 갯벌의 기능을 경제적 가치로 환산하면 ㎢당 39억 원으로(대한민국 정부, 2003), 우리나라 갯벌 총면적을 약 2,500㎢로 적용하여 갯벌 가치를 산정할 경우 연간 약 10조 원의 가치가 있는 것으로 평가된다(문화재청).

6. 부산 기장군: 프랜차이즈 창업을 통한
   청년 일자리 프로젝트

[부산 기장군]
프랜차이즈 창업을 통한 청년 일자리 프로젝트

Hometowner   www.hometowner.co.kr

부산 기장군은 소셜 프랜차이즈 창업을 통한 청년 일자리 만들기 프로젝트를 추진한다. 사회적협동조합을 설립하여 사업을 수행하면서, 다수의 수행 기관이 사업을 추진하는 과정에서 사업 수행에 필요한 전문성과 지식을 협동조합에 전수한다. 사회적협동조합이 직접 운영하는 매장에서 발생하는 수입은 기장군 협동조합에 귀속하여, 신규 인력을 고용하고 사업 품질을 개선하는 등 공익적 목적으로 활용한다. 사업 수행 기간이 끝나면 노하우와 레시피, 브랜드 및 경영전략 등이 협동조합에 전수되어 지역의 공익 자산으로 남을 수 있다. 또한 사업을 수행하면서 창조되는 브랜드와 매장은 소셜 프랜차이즈가 되어 지역에

그림 4-6 청년 창업 프로젝트 기대 효과

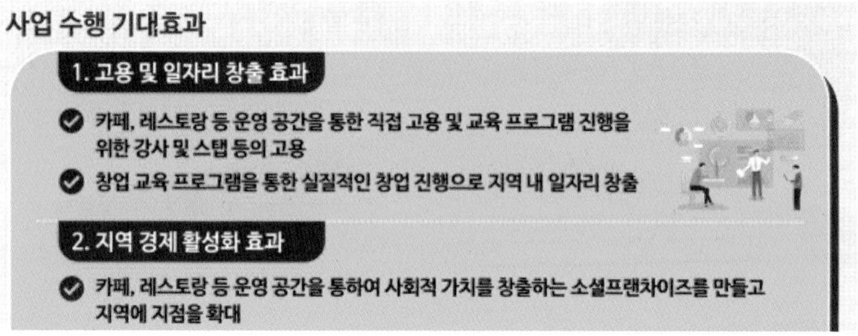

사업 수행 기대효과

1. 고용 및 일자리 창출 효과
- ✓ 카페, 레스토랑 등 운영 공간을 통한 직접 고용 및 교육 프로그램 진행을 위한 강사 및 스탭 등의 고용
- ✓ 창업 교육 프로그램을 통한 실질적인 창업 진행으로 지역 내 일자리 창출

2. 지역 경제 활성화 효과
- ✓ 카페, 레스토랑 등 운영 공간을 통하여 사회적 가치를 창출하는 소셜프랜차이즈를 만들고 지역에 지점을 확대

출처: 팬임팩트 코리아

서 창업과 일자리를 지속적으로 일구는 역할을 수행하게 된다.

소셜 프랜차이즈 창업을 통한 청년 일자리 만들기 프로젝트는 카페나 레스토랑 등의 사업장이 직접고용 효과를 만들어 낸다. 여기에 교육 프로그램 진행을 위한 강사 및 직원 등의 고용도 뒤따른다. 또한 지역 내에서 창업 교육 프로그램을 통해 실질적인 창업이 진행됨으로써 지역 내 일자리가 계속해서 창출되는 효과가 발생한다. 청년 창업을 위한 소셜 프랜차이즈를 만들고 이를 통해 사회적 가치를 창출하며 지역에서 지속적으로 지점을 확대하는 선순환 프로젝트에 거는 기대가 크다.

7. 서울 성동구: 참여형 사회 · 문화 이벤트 추진 프로젝트

Hometowner   www.hometowner.co.kr

서울특별시 성동구는 성동구의 산업 브랜드력을 국내외에 광고하기 위한 지역 브랜드 전략을 마련하고, 참여형 프로젝트를 만들어 사회·문화 이벤트를 추진한다. 성동구 내에서 만들어진 고부가가치 상품이나 제과·제빵, 음식 등의 메뉴를 적극 발굴하여 '브랜드 성동'으로 인증한다. 지역 민간단체 및 디자인 전문가와 협업하여 '브랜드 성동'에 공감할 수 있는 매력적인 상품 구성을 통해 지역 특색과 결합한 입체적이고 복합적인 이미지를 구성해 낸다. 이때 '브랜드 성동'으로 인증된 제품은 성동구에 기부한 고향사랑 기부자에게 답례품으로 제공한다. 단순한 사례품을 받는 느낌에서 벗어나 성동구를 방문해 보고 싶도록 하고, 더

그림 4-7 성수카페 테마 여행

출처: 성동구청

나아가 직접 방문하여 다른 상품을 구매하도록 유인하기 위함이다. 이러한 과정을 따라가면서 성동구만의 특색 있는 카페나 제과점 및 레스토랑에서 직접 소비하는 행동으로 연결될 수 있도록 한다.

'브랜드 성동' 인증제는 고부가가치 상품이나 제과·제빵, 음식 등의 소비에 머무르지 않는다. 매력적인 도시 공간에서 벌어지는 사회·문화 이벤트와 연결되는 참여형 프로젝트로 재구성한다. 성동구를 방문하고 지역에서 다양한 상품과 서비스를 체험한 시민을 대상으로 구매하고 싶은 사회·문화 이벤트 수요를 파악하여 지역을 대표할 수 있는 이벤트를 개최하고 이벤트 입장권을 답례품으로 제공한다.

'브랜드 성동'은 성동구가 지닌 기존의 사회적·문화적 가치에만 의존하지 않는다. 전국을 대상으로 기부자 모두가 함께 참가할 수 있는 프로그램을 제시하여 역동적이고 세련된 에너지가 선순환을 이루는 모범 사례가 될 것이다.

8. 수원시: K-바둑 관광 거점 조성 프로젝트

바둑은 두뇌 스포츠로서 유아·청소년의 인지 및 인성 발달, 노인의 치매 예방 등 범국민적인 여가 문화로서 건전한 여가 선용의 기회를 제공할 수 있다. 또한 바둑 문화 콘텐츠 및 관광 상품을 개발하여 전 국민이 즐기는 여가·문화로 저변을 확대하고 바둑 용품 시장 육성 및 바둑 관련 창업 지원 등을 통해 산업 활성화가 가능한 스포츠 분야이다.

수원시는 K-바둑 관광 거점 조성 프로젝트를 추진한다. K-바둑 관광은 국내 여행 수요를 일으키는 동시에 중국과 일본을 비롯한 글로벌 바둑 메카로서 대한민국을 알리고 새로운 바둑 문화를 제시하는 역할을 수행한다. 이를 위해 K-바둑 활성화를 위한 인프라를 적극 지원하고, 관광 수요 확산과 관광객의 편의성을 제고하는 데 활용될 수 있도록 한다. K-바둑 관광의 핵심은 바둑 문화 자원과 바둑 유산 발굴 등의 콘텐츠를 확보하는 것이며, 체계적인 K-바둑 관광의 운영과 거점을 개발하기 위해 최선을 다한다.

특히 수원시에 바둑 전용 경기장을 건립하고 대한바둑협회를 유치하여 이를 중심으로 관광 지원 전문 인력을 양성하고 전문가 컨설팅을 지원한다. 이를 통해 바둑 콘텐츠를 중심으로 하는 관광 거점으로 도약하여 지역경제를 활성화함으로써 일자리를 창출한다.

9. 시흥시 · 안산시: 똑똑해지는 이중 언어 교육센터 건립

베트남어, 몽골어, 태국어,
캄보디아어 등 제2외국어로 할
수 있는 언어를 가르칠 수 있는
교육센터 건립.
이주여성들이 그들의 모국어를
가르치는 강사로 활동 할 수 있는
강사 양성 기능.
일반 주민들에게 쉽고 재미있게
제2외국어를 가르치는 전문
외국어 교육기관으로 자리매김.

시흥/안산
"똑똑해지는 이중 언어"
이중언어 교육센터 건립

Hometowner   www.hometowner.co.kr

이중 언어 교육은 어렸을 때부터 가정에서 자연스럽게 이루어져야 가장
효과가 크다. 아이가 태어났을 때 어머니는 본인의 모국어로 노래를 불
러 주고, 동화책도 읽어 주면서 어머니의 사랑을 전달해 주고자 한다.
그러나 다문화 가정을 형성하고 살아가는 다문화 이주 여성의 대부분은
우리나라에 동화되기 위해, 또는 우리나라 생활에 적응하기 위해 자신
의 모국어를 제대로 사용하지 못한다. 이렇게 한국어로만 아이와 소통
한 엄마는 아이가 자라서 한국어가 유창해지기 시작하면 아이와 대화를
이어 나가기 어려워진다. 결국 아이는 어머니의 능력에 대한 불신이 생
기고, 어머니가 지닌 고유한 문화나 생활 방식까지 부정하게 되는 문제

가 발생한다.

이 같은 문제에 주목하여 시흥·안산 지역에 가칭 '이중 언어 교육센터'를 건립한다. 두 지역은 우리나라에서 다문화 가정의 비율이 가장 높은 지역 중 하나이다. 전체 가구원 대비 다문화 가구원 비중이 안산시는 4.3%, 시흥시는 4.2%에 이른다. 유아기 자녀의 언어 습득은 어머니가 가진 어휘력의 양과 질에 비례한다. 어릴 때부터 어머니의 모국어로 언어를 배우고 의사소통하면 아이의 자존감과 언어 구사에 도움이 된다. 또한 다문화 이주 여성을 이중 언어 강사로 양성하여 외부 강사로 활동할 수 있도록 하면 경제적 자립에도 도움이 된다. 제2외국어를 배우고 싶지만 여러 가지 상황 탓에 배우기 힘든 사람들에게 저렴한 비용으로 제2외국어(베트남어, 몽골어, 태국어 등)를 배울 기회도 제공할 수 있다.

10. 영동군: 와인과 함께하는 품격 있는 관광

영동군은 국토의 중심에 위치한 내륙 산간 지역으로 토양, 기상 조건 및 재배 기술의 모든 면에서 고품질 과수 생산의 최적지이다. 포도 재배 면적이 우리나라 전체의 10.4%를 차지하며, 여기에서 18,499t을 생산한다. 현재 41개의 와이너리가 있다.

영동군은 '대한민국 와인 1번지, 영동 스마트 와인 산업 육성'이라는 목표 아래 와인 관광 산업 인프라 구축을 통해 포도 테마 관광 산업의 기반을 조성한다. 또한 농촌 관광 산업 활성화, 관광과 연계한 농가형 와이너리의 지속적인 성장 등으로 영동 포도 와인 및 농산업의 경쟁력을 강화할 수 있는 전략을 마련한다.

그림 4-8 영동군 와인산업 발전전략 도출 단계

출처: 산막와이너리

    또한 지역 산업인 포도 재배와 관광업을 융합한 '세계적 수준의 와이너리' 조성에 도전한다. 이를 위해 ① 영동와인 6차산업화* 집중 개발, ② 영동와인 브랜드 가치와 명성 제고, ③ 포도 품종 개량과 와인 품질 고도화, ④ 친환경 농법과 와인 양조를 통해 지속가능한 친환경 한국 와인 개발·홍보 및 마케팅, ⑤ 리더십과 경영 능력 함양을 통한 사업 지속가능성 개발을 위해 과감한 투자를 한다.

• 6차산업은 1차 산업인 농업을 2차 가공산업 및 3차 서비스업과 융합하여 농촌에 새로운 가치와 일자리를 창출하는 산업을 말한다. 6차산업화란 농업의 종합산업화(1차 × 2차 × 3차 = 6차)를 지향한다.

11. 영월군: 교과서가 보이는 여행지 조성 프로젝트

Hometowner   www.hometowner.co.kr

강원도 영월군에서는 영월에서만 볼 수 있는 다양한 자연환경을 교과
서와 연결하여 지리학, 지구과학, 환경학 등을 아우르는 '교과서 여행
지'로 만든다. '교과서 여행지'는 학령기 아이를 둔 학부모의 1순위 여
행지로 자리매김하여 차별화된 관광 상품으로 각광받을 수 있다.

영월은 강원도에 위치하여 그림같이 아름다운 자연과 문화유산을 간
직한 고장이다. 산으로 둘러싸여 있어 등산, 트레킹, 캠핑 등을 하는
야외 활동지로도 인기가 많다. 또한 영월의 높은 산지와 깊은 계곡, 하
천은 중·고등학교 사회·한국지리 교과서에 많이 소개되어 학생에게
친숙하다. 교사가 일방적으로 강의하는 교실에서 벗어나 현장에서 직

그림 4-9 영월군 속 교과서 탐험

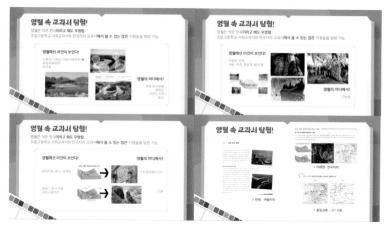

출처: 크레몽

접 보고 느끼면서 익히는 교과서 여행은 효과적인 학습을 가능케 한다.

영월대교 건너에 보이는 동강은 남성미가 있어 보인다. 마을들과 인접해 있는 서강에 비해 동강은 험준한 절벽과 접해 있어 장부다운 지형을 자랑한다. 영월을 감싸고 흐르는 하천 줄기는 세차게 굽이치는 물살의 힘으로 신기한 지형들을 만들어 놓았다. 단종의 유배지로도 유명한 청령포와 생긴 모양새가 꼭 우리나라를 닮았다 하여 '한반도 지형'이라 불리는 곳이 대표적이다.

— 고1 사회교과서, 교학사

12. 울진군: 재난 예방 프로젝트

울진군은 '산불은 예방이 최우선'이라는 구호를 내걸고, 산불이 다시 발생하지 않도록 예방에 초점을 맞춘 특단의 산불 방지 대책을 수립하여 시행한다. 구체적으로 ① 산림과 가까운 곳에서는 일체의 소각 행위 금지, ② 농산 부산물, 논·밭두렁 태우기 금지, ③ 담배꽁초 함부로 버리지 않기, ④ 화목 보일러 등의 재 함부로 버리지 않기, ⑤ 산과 가까운 곳에서 불을 놓는 행위는 무관용 과태료 처분, ⑥ 산불 발견 시 즉시 신고하고 신고 포상금을 지급하는 등의 노력을 한다.

울진군은 국내 유일의 법정 구호 단체인 전국재해구호협회(희망브리지)와 함께 재난 예방 프로젝트를 실시한다. 특히 울진군은 한국수력원자력(주) 한울원자력본부가 소재한 도시로, 화재 예방에 각별한 노력이

그림 4-10 희망브리지 비전

VISION 1
자연재난, 인적재난, 사회재난 피해자를 돕기 위한
최고의 모금·구호·배분 활동 전문기관

VISION 2
재난피해자들이 원하는 도움을 준비하고 지원하는 데
최선을 다하고 이를 위한 최고 수준의 협력 네트워크
구축

VISION 3
재난의 효과적인 예방과 피해를 최소화하기 위해
헌신하며 현재와 미래의 재난환경 및 활동을
조사·연구하여 새로운 가치를 창출

VISION 4
우리의 사명과 비전을 실현하는 데 최고의 전문가가 되고
몸과 마음을 다해 서로 협력하여 공동선을 창출

출처: 전국재해구호협회

필요하다. 산불을 방지하기 위한 가장 효과적인 방법은 산불이 번지지 않도록 숲의 밀도를 적절한 수준으로 조절하는 것이다. 이를 위해 산불이 확산되는 매개체인 잡풀, 가지가 많은 관목, 늘어진 나뭇가지(낙지), 죽은 나무(고사목) 및 생장이 느린 나무(열세목) 등을 제거하려는 노력이 필요하다. 이러한 작업으로 생물 다양성을 증진하고 숲의 탄소 흡수능도를 향상시키는 동시에 양질의 목재도 생산할 수 있다. 또한 임도(임산 도로)를 만들어 산불 발생 시에 산불 진화 차량과 인력이 화재 현장에 빠르고 간편하게 접근할 수 있도록 해야 한다. 한편 산림에 인접한 민가와 원자력 발전소 등의 주요 시설물을 보호할 수 있는 내화수림대*를 조성 및 관리하는 기술을 개발할 필요가 있다.

• 내화수림대(耐火樹林帶)란 활엽수와 침엽수를 교차로 심어 산불을 약화시킬 수 있도록 만든 공간을 말한다.

13. 익산시: 미륵사지 석탑 중심 관광 산업 진흥

익산시는 미륵사를 복원하여 역사적 공간을 입체적으로 체험할 수 있도록 한다. 이와 함께 다양한 역사·문화적 공감을 느낄 수 있는 템플스테이 프로그램을 제공하여 익산시를 더 많은 관광객이 찾고 머무르는 매력적인 지역으로 성장시킨다. 미륵사지는 익산시를 대표하는 상징적인 구심점이 되고, 이러한 구심점에서 템플스테이를 통해 익산시와 인연을 맺고 계속하여 방문하는 애호가를 만들고 확장해 나간다.

미륵사는 35년에 걸쳐 건설된 백제시대의 가장 큰 사찰로, 미륵사 창건에 얽힌 설화는 고려 후기의 역사서인 일연의 《삼국유사》에서 찾아볼 수 있다. 미륵사는 고려 때까지 성황을 이루었으나 조선 중기 이

그림 4-11 익산 미륵사 재현도

그림 4-11 익산 미륵사 재현도

출처: 익산시청

후 폐찰된 것으로 추정된다. 우리나라 대다수의 사찰이 임진왜란과 정유재란을 겪으며 불탄 것과 달리 미륵사는 다른 원인으로 폐사가 되었음을 역사서를 통해 짐작할 뿐이다.

《삼국유사》 2권에 남아 있는 미륵사 창건 설화를 바탕으로 스토리텔링을 가미하여 재미있는 메타버스와 확장 현실XR, eXtended Reality 미션 게임을 만들어 새로운 관광지로 각광받을 수 있도록 노력한다. 일반 체험형 관광 서비스가 아닌 가상·증강 현실 기술을 개별로 또는 혼합해 활용하여, 설화로만 알려진 미륵사지 석탑을 확장된 현실로 새롭게 창조한다. 확장 현실과 익산시의 미륵사지 석탑의 이야기를 연결한 흥미로운 관광지 개발을 통해 지역경제를 활성화한다.

14. 인천 영종도: 건강과 쉼이 있는 힐링 공간 조성

영종도는 상쾌한 해변 산책과 아름다운 일출과 일몰을 경험할 수 있는 천혜의 관광 자원을 보유하였으며, 영종대교와 인천대교를 타고 편리하게 접근 가능한 수도권의 명소이다. 해안선을 따라 이어지는 해변 산책로에서 탁 트인 바다를 만나면 도시에서 쌓은 피로를 시원하게 잊을 수 있다. 특히 미단시티는 참나무 생태숲을 휘감으며 뻗어나간 미단둘레길을 축으로 근린공원, 생태 공원을 조성하였는데, 네온 빛과 어우러지는 낙조는 미단시티를 대표하는 장관 중 하나로 손꼽힌다.

이러한 영종도를 쉼이 있는 건강한 힐링 공간으로 조성한다. 씨사이드파크 공원을 거닐며 자연과 하나 되는 경험을 하면서 웰빙 여행을 즐기도록 한다. 자전거 여행객은 영종도 주변 경관을 보면서 라이딩할

그림 4-12 영종도 힐링 공간 조감도

출처: 갤러리 84 아트빌리지

수 있다. 옆으로는 탁 트인 바다와 해변 산책로가 인접해 있고, 뒤쪽에
는 대규모 근린공원이 들어서 있어 건강을 챙기는 동시에 힐링을 즐기
는 여행이 가능하다.

영종도의 아름다운 힐링 공간에서는 건강한 식사, 운동, 명상, 자연
치유, 맨발 걷기earthing, 스파 등 웰빙과 관련된 다양한 활동을 할 수 있
다. 건강한 라이프스타일을 증진하는 데 도움이 되는 정보도 얻을 수
있다. 또한 지역 주민과 교류하며 새로운 문화적 경험을 쌓고, 여행으
로 몸과 마음을 치유하고 새로운 에너지를 얻는 새로운 여행 트렌드를
제공할 것이다.

15. 의성군: 전국적인 반려견 축제 만들기

봉화군/의성군/안동시

"댕댕이와 함개"
전국적인 반려견 축제 만들기

▶ 단순한 반려견 축제가 아닌
   이곳에서만 할 수 있는 전국적인 축제
▶ 지역 청년들의 창업을 위한
   핵심 프로젝트 구성
▶ 유기견 안락사 제로 지역 만들기

Hometowner   www.hometowner.co.kr

경상북도 의성군은 의성 반려견 축제 만들기 프로젝트를 추진하여 지역 청년의 창업을 위한 핵심 사업으로 만들어 간다. 우선 의성군은 전국 최초로 반려동물 문화센터인 '의성 펫월드'를 조성하였다. 의성 펫월드는 1인 가구의 증가 및 고령화로 반려동물에 대한 수요가 지속적으로 증가함에 따라 반려동물과 사람이 함께 즐길 수 있는 공간을 조성하여, 일자리 창출 및 의성군 홍보에 기여하고자 건립한 시설이다.

의성 펫월드는 반려동물 관련 산업의 지속적 성장에 발맞춘 산업 성장 기반을 구축하고, 중앙정부 및 경상북도의 반려동물 정책을 추진하고자 노력한다. 또한 지역 산업을 기반으로 한 신성장산업 육성이 필

그림 4-13 의성 펫월드

출처: 의성군청

요하다는 지역의 수요에 부응하고자 지속적으로 투자하고 있다.

　의성 반려견 축제는 전국 최초로 반려동물 문화센터를 건립한 의성군의 저력이 청년 일자리 창출과 지역경제 발전으로 이어지는 계기를 마련할 수 있을 것으로 기대된다. 단순한 반려견 축제가 아니라 반려동물 콘텐츠 생산과 문화를 선도하고 관련 산업 전문가를 육성할 계획이다. 반려동물과 함께 즐기는 열린 도시 공간으로서 관광 네트워크를 점진적으로 형성하는 차별화된 축제를 만들어 가고자 한다.

16. 제주특별자치도: 바다 환경 지킴이 프로젝트

제주시는 제주 바다 환경 지킴이 프로젝트를 추진한다. 아름다운 제주 바다를 즐기기 위해 찾는 국내 및 외국 관광객과 힘을 합하여 우리의 생명과 안전한 먹거리를 지키고 생물 다양성을 보전하기 위해 노력한다.

바다는 지구의 심장이다. 바다는 지구 표면의 약 70% 이상을 차지하며, 부피는 지구 생활공간의 99%에 달한다. 2015년 세계자연기금 WWF은 바다의 경제적 자산이 24조 달러(2경 9,000조 원) 이상이라고 발표한 바 있다. 이처럼 소중한 바다가 인간의 유해한 활동 등에 따른 환경오염으로 심각한 위험에 처했다.

해양 환경은 바다에 사는 생물과 이들의 삶의 터전인 바닷물, 바다

밑의 땅, 바다 위의 대기와 바다와 함께 살아가는 모든 사람의 행동을 포함힌 비디와 관련된 자연 및 생활 상태를 의미한다. 이러한 해양 환경이 각종 폐기물과 기름, 오존층 파괴 물질 등 유해한 오염 물질로 더럽혀지고 있다. 따라서 오염 물질의 배출을 규제하고 깨끗하게 관리할 수 있도록 지속적인 노력과 관심이 필요하다.

17. 천안시: 오감으로 느끼는 모두가 행복한 관광지

Hometowner   www.hometowner.co.kr

천안시는 '배리어 프리 관광지 만들기' 프로젝트를 추진한다. 독립기념관, 유관순열사기념관 등 천안시의 기념관, 박물관 및 미술관 등을 관람할 때 장애물 없이 모두가 오감으로 느낄 수 있는 행복한 관광지를 만들고자 노력한다.

배리어 프리barrier free란 고령자나 장애인 등 사회적 약자가 제약 없이 시설을 이용할 수 있도록 물리적·심리적 장벽을 허물자는 운동이다. 배리어 프리라는 개념은 1974년 국제연합 장애인생활환경전문가회의 과정에서 '장벽 없는 건축 설계barrier free design'에 관한 보고서가 발표되면서 건축학 분야에서 사용되기 시작하였다. 이후 주택이나 도로 등 물리적 장벽은 물론 문화 정보, 법률적 제도, 실생활 등 많은 분야에서의 제도적 장벽 또한 허물자는 의미로 확대되고 있다. 영국 빅토리아 앨버트 박물관은 전시관에 '동등성과 접근성Equality and Accessibility 부서'를 설치하고, 시각 장애인을 책임자로 두어 장애인이 편의 시설을 이용하는데 어려움이 없도록 노력하고 있다. 예를 들어 시각장애인의 입장에서 그들이 볼 수 없는 물체를 3D 프린팅 기술을 이용해서 형상화함으로써 다른 관람객처럼 관람할 수 있도록 한다.

18. 청양군: 구기자차를 이용한 차 소믈리에 프로젝트

충청남도 청양군은 구기자차를 이용한 차 소믈리에 프로젝트를 추진한다. 《동의보감》에서 "봄과 여름에 잎을 따고 가을에는 줄기와 열매를 따는데 몸을 가볍게 하고 기운이 나게 한다"고 언급했을 정도로 구기자는 예로부터 효능을 인정받아 왔다. 농촌진흥청 자료에 따르면 피로와 스트레스에 지친 현대인의 지병인 지방간과 간경화 등 간 기능과 시력을 보호하는 물질인 베타인 성분이 국산 구기자에 가장 많이 함유되었다. 이 밖에도 여러 임상 보고에서 구기자는 고혈압·저혈압·변비·신경통·류머티즘 완화, 발육 촉진, 피로 회복, 신체 활력 등에 효능을 보인다.

구기자의 고향인 청양에서는 구기자차를 이용한 '차 소믈리에'를 양성하고, 다른 차 재료와 블렌딩한 키트를 개발하는 등 다양한 수요층에게 다가갈 수 있는 품질 좋은 제품을 생산한다. 또한 차 소믈리에 박물관을 건립하고 지역을 찾는 관광객의 마음을 사로잡는 특별한 이벤트를 개최한다. 차 소믈리에 양성과 박물관 건립은 지역에 우수한 인재를 유입하고 관련된 일자리를 창출하여 청양군 지역경제 발전에 크게 기여할 것이다.

19. 청주시: 온 가족이 함께 즐기는 사슴공원 조성

청주시는 사슴공원을 조성하여 온 가족이 함께 나들이 할 수 있는 행복한 명소를 만든다. 틀에 짜인 단순한 볼거리에서 벗어나, 사슴과 직접 교감하고 먹이를 주거나 빗질을 해주면서 인간과 동물이 서로 필요한 존재임을 인식한다. 서로의 온기를 느끼며 '공존하기'를 직접 체험 학습할 수 있는 독특한 만남이 이루어지는 것이다. 청주시는 인간과 자연의 조화와 공존을 추구하는 '친환경적 관광 개발', '지속가능한 관광 개발', '생태 관광' 모범 사례로 사슴공원을 조성한다. 환경을 지키며 지역경제도 활성화하는 전국 제 1의 사슴 및 녹용 산업의 메카를 만들기 위해 노력한다.

청주 사슴공원은 대단위 녹용 생산 단지를 바탕으로 가공해 체험 및

그림 4-14 사슴 및 녹용 산업단지 조성

출처: ㈜사슴클러스터 사업단

관광 산업을 아우르는 선도 지구로 조성하여 지역 주민의 소득 향상 및 일자리 창출에 기여하고, 인근 청주공항을 활용하여 동남아, 중국, 일본 등의 관광객도 적극 유치할 계획이다. 또한, 1차 산업(사슴 농가), 2차 산업(녹용 제품 제조) 및 3차 산업(체험장 및 관광 테마 파크) 간 융·복합적 사업을 추진한다. 이로써 지역경제 내 고부가가치를 창출하고, 이를 농가 소득 증대 및 지역경제 활성화로 연결하여 지속가능한 지역 발전 모델을 만들어 갈 예정이다.

20. 파주시: 한눈에 보는 파주 3D 관광

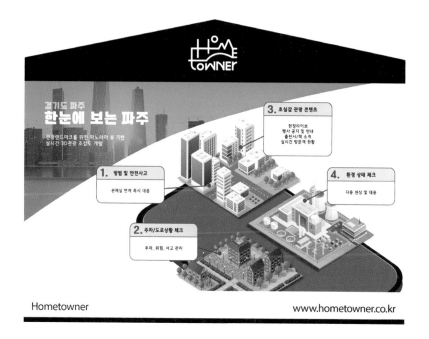

'파주' 하면 떠오르는 것이 바로 DMZ와 출판도시이다. 파주시는 출판도시 전체를 한눈에 볼 수 있는 3차원 실사 콘텐츠를 구성하여 인기 있는 수도권의 주말 나들이 코스로 만들어 관광객들을 유치한다. 3차원 관제 화면을 문화 관광 콘텐츠 접목의 핵심 기반으로 사용하여 영상 융합을 토대로, 전례가 없는 초실감 관광 콘텐츠로 만드는 프로젝트이다. 우선 스마트 관광 도시 구성에 필요한 콘텐츠를 자유롭게 편집할 수 있는 환경을 구축하고, 현장에서 일어나는 문화 활동 및 축제를 라이브 영상 또는 팝업 데이터로 실시간 연계한다. 각 출판사들이 출판한 도서와 관련된 3D 입체 마케팅을 진행하여 방문객들이 하나의 화면에서 모든 것을 볼 수 있는 편리함을 제공한다. 이로써 1시간 이내로 이동 가능한 거리의 수도권 주말 나들이객을 유치하여 지역 산업을 활성화시킨다.

특히 출판사들의 3D 입체 마케팅은 출판사 위치와 도서를 매칭하여 화면에 배치하고 도서 관련 콘텐츠 팝업을 3D 화면 위에 구성한다. 3차원 공간상에 특별한 책 문화 지도를 만들어 그동안 존재하지 않던 신선한 관광을 즐길 수 있도록 한다.

향후 파주 출판도시뿐만 아닌 파주 헤이리까지 전체 서비스 화면을 확장하고, 파주의 주요 관광 거점을 연결하는 구심점으로 출판도시를 활용하여 관광객들을 지속적으로 유입할 수 있는 사업이다. 이와 함께 지역 내 다양한 일자리를 창출하여 지속가능한 파주 발전을 지원할 수 있다.

5장
일본 고향납세 답례품

일본의 지방자치단체는 고향납세제를 통해 지역 상품이 전국적으로 공급되는 경험을 했다. 이러한 경험을 더욱 발전시켜 지역경제에 새로운 바람을 일으키고자 다음과 같은 개성 있는 답례품을 선보인다.

☑ 한정판 특산물

몬베쓰시는 오호츠크해 유빙流氷을 답례품으로 송부한다. 오호츠크해 유빙은 북쪽 바다의 추운 겨울에만 볼 수 있기 때문에 좀처럼 접하기 어려운 광경이다. 몬베쓰시는 이러한 점을 활용하여 오호츠크해에 떠 있는 얼음을 답례품으로 구성하여 고향납세자에게 흔치 않은 볼거리를 제공한다.

☑ 농·축·특산품

미나미아와지시의 양파는 바다의 미네랄을 풍부하게 함유하고 있으며, 부드러우면서 달콤한 맛과 함께 매운맛까지 갖춘 양파이다(농업 특산물). 고향납세제를 실시하기 전에는 서일본 지역에서만 알려져 있었으나, 이제는 전국적으로 알려진 양파가 되었다.

☑ 전통주 특산물

미야기현 가미加美정은 전통술을 술통째 답례품으로 만들었다. 전통 양조장의 놀랄 만한 기획에 애주가들도 놀라고 있다.

☑ 문화 체험

시부야구에서는 미야시타宮下공원 음식 이용권을 제공한다. 미야시타공원의 재단장 역사는 혼돈과 창조의 반복이었다. 고향납세자는 이 이용권으로 새롭게 변모한 미야시타공원을 체험할 수 있다.

☑ 따뜻한 체험

겐부치정은 알파카 털을 답례품으로 보낸다. 고향납세자들은 답례품으로 받은 알파카 털과 정성을 들인 카드를 보고 홋카이도의 복슬복슬한 알파카를 상상하며 그 매력에 푹 빠져든다.

☑ 신나는 체험

"이케다정에서 요로철도를 타 보세요." 이케다池田정의 미래와 연결된 요로養老철도는 1일 가족 티켓을 준비하고 있다. 열차 여행과 시골길 전동 자동차의 콜라보레이션으로 스트레스를 날려 보낼 수 있다.

☑ 예술 체험

홋카이도 예술가 마을인 히가시카와東川정에서는 답례품으로 다섯 다리 의자를 보낸다. 기부자는 아름다운 마을 히가시카와정과 주주 관계를 맺을 수도 있다.

☑ 지역 브랜드 형성

스미다구에서는 모던 구두를 답례품으로 제공한다. 모던 구두는 에도 시대의 전통과 현대 기술을 접목한 남성화로, 편안하고도 에지 있는 신발이다.

☑ 전략적 홍보

미야코노조都城시의 고향납세 전략은 독특하면서도 진정성이 담겼다. 지역 홍보와 답례품 제공 방식, 인터넷 게재 방법, 기부금 사용 전략을 기획할 때 새로운 방식을 고안하여 고향납세제의 모델로 자리 잡았다.

☑ 마을 캐릭터

이치키쿠시키노いちき串木野시에서는 이치키농예고등학교에서 사육하는 흑돼지를 보낸다. 이치키쿠시키노시는 시의 미래를 담당하는 농예고등학교 학생들을 응원하고, 학생들은 품질 좋은 흑돼지를 개량하여 정성껏 사육한다.

1. 몬베쓰시: 오호츠크해 유빙

몬베쓰시 | 오호츠크해 유빙 5kg

답례품 소개
오호츠크해의 시원함을 느낄 수 있는 유빙은 식용이
아닙니다. 자녀의 자유 연구를 위한 자재로 사용할 수
있습니다. 그 밖에도 알려지지 않은 여러분만의
사용법이 있을 거예요.

기부 금액
약 10만 원

출처: 사토후루

홋카이도 동쪽에 있는 오호츠크해는 1월 말부터 3월 중순까지 얼음으로 뒤덮여 있다. 몬베쓰紋別, 아바시리網走, 시레토코知床에 걸친 해안에서는 1월 하순부터 2월 상순경까지 러시아 아무르강에서 남하하는 유빙을 볼 수 있다. 양이 많을 때에는 해안까지 떠내려 와 눈앞의 바다 풍경이 온통 얼음의 세계로 변한다.

유빙이 남하하면 일반 어선이나 크루저는 바다에 나갈 수 없다. 따라서 커다란 드릴로 얼음을 깨면서 이동 가능한 선박만이 바다로 나갈 수 있다. 깨진 얼음이 선박 옆으로 떠오르는 모습을 보면 이제까지 느끼지 못한 긴장감이 느껴진다. 한 번에 195명을 태우는 쇄빙선은 원래 알래스카에서 원유 개발을 위해 설계되었지만, 지금은 빙하 관광을 즐기는 관광객을 태운다. 오호츠크 바다 위를 떠다니는 유빙을 보며 즐길 수 있는 몬베쓰 유빙 투어는 인기가 높다.

몬베쓰시 소개

오호츠크해 연안의 중앙에 위치한 몬베쓰시는 유빙으로 유명하다. 연안을 온통 흰색으로 가득 메운 웅장한 바다 경치는 압도적이며, 홋카이도 유산으로도 등재되었다. 몬베쓰시에서는 유빙이 떠 있는 바다에서 대게 외에도 가리비나 연어 등의 해산물을 채취한다. 깊은 맛이 나는 '오호츠크 하마나스ᴴᴬᴹᴬᴺᴬˢᵁ 쇠고기' 등 낙농업과 축산업도 발달하였다.

인구는 약 2만 1,000명으로, 고령자 비율이 전국 평균보다 높고 아동 비율은 전국 평균보다 낮아 인구 감소가 우려되는 지역이다. 지금도 인구 과소지역으로 지정된 상태이다. 지방교부세율도 전국 평균보다 높아 재정 건전도가 낮은 편이나, 매년 고향납세 기부금 실적이 증가하는 추세여서 향후 재정건전도가 높아질 것으로 예상된다.

고향납세 기부금 현황

2021년 몬베쓰시는 전체 예산의 절반 수준인 약 1,530억 원을 고향납세 기부금으로 모금했다. 몬베쓰시가 이처럼 많은 기부금을 모을 수 있었던 이유는 '유빙 보호'라는, 전 국민이 공감하는 사업을 발굴하고 양질의 답례품을 제공하기 때문이다.

일반 답례품으로는 오호츠크해의 가리비 조갯살, 건어물 세트, 게살 등이 있고, 특색 있는 답례품으로 유빙을 제공한다. 이와 함께 몬베쓰시 지역 관광과 답례품을 연계한다. 도쿄 하네다공항과 오호츠크 몬베쓰공항을 연결한 항공권과 몬베쓰시 시내에서 숙박하는 데 사용할 수 있는 3만 원(10만 원 고향납세)·6만 원(20만 원 고향납세)·9만 원(30만 원 고향납세)·15만 원(50만 원 고향납세)·30만 원(100만 원 고향납세) 상당의 여행 상품권을 개발하였다.

2. 미나미아와지시: 아와지시마 양파

미나미아와지시 | 아와지시마 2L 양파 5kg

답례품 소개
효고 안심 브랜드 인증(제 20550호),
2018년 '푸드액션 재팬 어워드'에서 입상한
달콤하고 신선한 2L 크기의 아와지시마 양파는
여러 요리에 활용할 수 있습니다.
갓 출하된 양파는 수분을 많이 함유하고
있으므로 가급적 빨리 드십시오.

기부 금액
약 5만 원

출처: 사토후루

효고현 아와지섬 미나미아와지시에는 수입한 양파 종자가 1888년에 처음 파종되었다. 판매 가능한 양파를 만들기 위해 시행착오를 거듭한 결과 1920년부터는 양파를 본격적으로 판매하기 시작하였다. 양파 생산 농지는 1923년에는 12ha에 불과했으나, 1940년에는 1,000ha로 확대되었고, 1964년에는 3,000ha를 넘어섰다. 지금은 홋카이도와 사가현에 이어 전국에서 세 번째로 많은 양파 생산량을 자랑한다. 2010년에는 농림수산성으로부터 '아와지시마 양파淡路島たまねぎ'라는 지역 단체 상표를 취득했다. 이러한 노력을 기울인 결과 현재 미나미아와지시의 아와지시마 양파는 고향납세 인기 답례품으로 소비자들에게 사랑받고 있다.

아와지시마 양파의 특징은 달콤하고 부드러우며 싱싱하다는 점이다. 일반 양파의 당도는 5% 정도지만 아와지시마 양파는 당도가 10%로 거의 과일 수준이다. 또한 미나미아와지시의 연평균 기온은 16℃로 양파 재배에 적합하며, 토양 또한 양파의 매운맛을 순화하는 바다의 미네랄을 풍부하게 함유하고 있다. 뿐만 아니라 쌀을 생산하는 논에 양파 모종을 옮겨 심는 재배 방식을 이용하여 연작이 가능하며, 양파를 수확한 후에는 미나미아와지시의 명물인 양파 오두막에 양파를 매달아 자연적인 바람으로 천천히 건조하여 당도를 높인다. 양파의 종류도 다양하여 극조생·조생·중생·만생(수확시기에 따라 구분한 양파 종류) 소비자의 입맛을 사로잡는다.

미나미아와지시 소개

미나미아와지시는 효고현 남쪽 아와지섬 최남단에 위치한 곳으로, 농업과 어업이 발달하였다. 교통이 편리하여 농축수산물 소비 지역인 고베 지역이나 오사카 지역에 접근하기 쉽다. 이러한 이점을 살려 양파 생산과 함께 다채로운 농축수산물의 산지로서 홍보에 힘쓰고 있다.

총인구는 2021년 기준 약 4만 6,447명으로, 인구와 면적이 아와지섬 내 3개 시 중에서 가장 크다. 그러나 고령자 비율이 34.9%, 아동 비율이 11.6%로 인구 감소가 우려되는 지역이다. 실제로 2020년 인구 조사 결과 전년도에 비해 531명이 감소한 것으로 밝혀졌다. 지방 교부세 비율은 2020년 기준으로 28.3%로, 전국 평균 12.2%보다 높아 재정력 지수가 낮은 편이다. 그러나 고향납세 기부금이 상승하는 추세여서 향후 재정력 지수가 나아질 것으로 예상된다.

고향납세 기부금 현황

미나미아와지시의 고향납세 기부금은 2015년부터 꾸준히 상승하는 추세이다. 시의 적극적인 홍보와 답례품인 우수한 품질의 양파가 전국

소비자의 마음을 사로잡은 결과이다.

시는 고향납세 활성화를 위해 '고향 미나미아와지 응원권' 사업을 실시했다. 응원권의 종류로는 약 1만 원권과 약 10만 원권 두 종류가 있다. 이 응원권으로 미나미아와지에서 상품을 구매할 수 있을 뿐만 아니라 숙박이나 체험 서비스까지 즐길 수 있다. 이와 함께 '미나미아와지 포인트'도 운영한다. 기부자는 고향납세로 답례품을 취득하는 대신에 미나미아와지에서 사용할 수 있는 포인트를 받을 수 있다. 취득한 포인트는 기부한 날로부터 1년 안에 사용하면 된다. 따라서 1년 동안 여유롭게 답례품을 고를 수 있다.

그 밖에도 고향납세와 관련된 사업으로 '미나미아와지시 청년 고향 응원 사업'을 실시한다. 꿈을 찾아 미나미아와지시를 떠난 미나미아와지시 연고자를 대상으로 미나미아와지시 특산물 사이트에서 10만 원 상당의 특산물을 선택할 수 있도록 하여 응원선물을 보내는 사업이다.

3. 가미정: 전통술 술탱크

출처: 후루사토 초이스

가미정 | 마나즈루 술탱크

답례품 소개
전통 양조장의 야심찬 기획.
고향납세제 중 최초 시도로, 전통주
(마나즈루) 술탱크 한 통을 통째로
당신에게만 보냅니다.
[술탱크= 1병(1,800㎖)×1,110병
(6개씩, 총 184박스)]

기부 금액
약 1억 9,000만 원

미야기현 가미加美정에는 오래된 3대 양조장인 나카유中勇, 야마와山和, 다나카田中 양조장이 있다. 1789년에 창업한 다나카 양조장은 이번엔 전통주 '마나즈루眞鶴' 기획전을 추진하고 있다.

마나즈루는 2021년 일본 전통술 경쟁 부문에서 최고상인 금상을 수상하는 등 여러 상을 수상한 다나카 양조장의 대표 전통주이다. 50%까지 도정한 주조용 쌀과 미야기산 효모를 사용하여 장인의 기술로 빚은 술이다. 불을 두 번 쓰지 않기 때문에 청량미와 탄탄한 감칠맛, 산미를 담고 있어 요리를 돋보이게 한다는 특징을 지닌다.

다나카 양조장은 가미정 고향납세 답례품으로 술탱크 하나를 통째로 보내 주는, 술을 좋아하는 사람이라면 놓칠 수 없는 이벤트를 개최하였다. 술탱크 한 대를 병으로 환산하면 1,110병이다. 고향납세자에게 가미정을 확실히 홍보하기 위한 야심찬 기획이다.

가미정 소개

가미정은 미야기현 북서부에 있으며 2003년 4월 세 개의 기초자치단체가 합병하여 만들어졌다. 자연과의 공생, 마을 주민의 협동을 기본 이념으로 선의·자원·돈이 순환하는 자연 친화적인 마을 만들기를 진행 중이다. 산과 강이 어우러진 가미정에서는 그리운 마을 풍경이 펼쳐지고, 어린아이부터 어른까지 즐길 수 있는 다양한 야외 스포츠와 역사적 가치를 지닌 귀중한 문화 고분이 있다.

가미정의 인구는 2021년 기준 2만 2,568명으로, 과소지역으로 지정되었다. 고령자 비율이 37%, 아동 비율이 10%이기 때문에 향후에도 인구 감소가 예상되는 지역이다. 지방교부세율은 34%로 전국 평균 12.2%에 비해 높아 재정 건전성이 양호하지 않다.

고향납세 기부금 현황

가미정의 고향납세 기부금은 2014년 202건에 약 3,000만 원을 시작으로 2020년 약 9억 원, 2021년 14억 원으로 꾸준히 상승하고 있다. 품질 좋고 특색 있는 농산물과 양조장 술을 답례품으로 제공한 덕분이다.

가미정은 인구 감소를 완화하기 위해 활력 있는 고향 만들기와 미래를 책임질 아동을 위한 사업을 추진하는 동시에 가미정의 자연 환경을 유지하기 위해 기부금을 사용한다. 활력 있는 고향 만들기를 위해 6차 산업 지원, 학교 급식 관련 사업 등 33개 사업을 시행 중이며, 가미정의 미래를 책임질 아이들을 대상으로 학교 인터넷 환경 개선 사업을 비롯한 20여 개 사업을 시행한다. 뿐만 아니라 가미정의 자연 환경을 지키기 위해 쓰레기 불법 투기 대책 사업과 자연관自然館 관리 사업 등 13개 사업에 기부금을 사용하였다(2022년 기준).

4. 시부야구: 미야시타공원 이용권

미야시타공원 음식 이용권

답례품 소개
1만 원권 이용권 9매로, 'RAYARD
MIYASHITA PARK' 내의 해당 점포에서
이용할 수 있습니다(유효 기간 9개월).
* 그 외 고향납세 기부자를 위해 약 6만 원 ·
12만 원 · 15만 원 상당의 이용권도
준비하고 있습니다.

기부 금액
약 30만 원

출처: 후루나비

330m 길이의 입체형 옥상 공원인 미야시타^{宮下}공원은 시부야구의 혼돈과 창조를 상징한다. 1953년 시부야 미야시타정의 평지에 미야시타공원이 개원하였다. 이 공원은 얼마 지나지 않아 '마이카^{my car} 시대'가 도래하며 1966년 도쿄 최초로 1층에 주차장을 갖춘 공중 공원으로 재정비되었다. 그러나 1990년대 이후 경기기 하락하며 다수의 노숙인이 노숙 장소로 이곳을 이용하기 시작하였고, 시설도 노후화되어 갔다.

시부야구는 2009년 나이키 재팬에 공원 명칭을 매각하는 동시에 미야시타공원을 유료 공원으로 변경한다는 방침을 발표하였다. 새로 단장한 미야시타공원은 2011년 개원했다. 그러나 같은 해 발생한 동일본대지진으로 내진성 문제와 불충분한 장애인 시설, 노숙인 강제 철거 문제로 소송에 휘말렸다.

혼란스러운 상황이 거듭된 후 2017년, 시부야구는 공원 사업자를 재지정하고 시설을 개보수한 후 2019년 재개원하고자 하였으나, 이번에는 코로나19 사태로 개원 시기를 연기하였다. 그 후 마침내 2020년 7월 재개원했다.

이렇듯 우여곡절이 많았던 미야시타공원은 지금은 누구나 즐길 수 있는 다양한 시설을 갖춘 공원으로 변모하였다. 공원에는 스케이트장이 있고 모래 코트도 마련되어 있어 도쿄 한가운데서 비치발리볼 경기를 벌이는 독특한 체험도 가능하다. 공원 옆에 위치한 호텔은 숙박과 거리 산책을 위한 거점으로도 활용할 수 있다. 또한 유행하는 음식과 패션을 즐길 수 있는 가게들이 집결한 하라주쿠 거리와 복고풍 분위기를 풍기는 시부야 요코橫정까지도 쉽게 갈 수 있다.

시부야구는 미야시타공원의 발전을 위해 공원 내 음식점에서 자유롭게 사용할 수 있는 이용권을 준비하고 있다. 고향납세 약 20만 원에 대해서는 1만 원 상당의 이용권 6장(총 6만 원 상당)을 송부하며, 고향납세 약 30만 원은 9만 원 상당의 이용권, 고향납세 약 40만 원은 12만 원 상당의 이용권, 그리고 고향납세 약 50만 원은 15만 원 상당의 이용권을 받을 수 있다. 이용권은 발급일로부터 5개월 동안 사용 가능하다.

시부야구 소개

시부야구는 일본 도쿄도의 23개 특별구 중 하나로, 이케부쿠로池袋, 신주쿠新宿와 함께 부도심 3구를 이룬다. 도쿄는 도심에 업무지가 몰려 있어 출퇴근 지옥으로 불릴 정도로 통근 집중 현상이 일상화된 도시이다. 도로 정체도 심각한 상태로, 이에 따른 경제적 손실도 크다. 게다가 도쿄의 경우 지진과 지반의 강도 문제로 초고층 빌딩을 건설하기 어려운 곳도 많다. 이 때문에 도쿄도 내에 새로운 업무 지정 지구로 부도심을 만들었다. 현재도 도쿄도 내에 부부도심, 주변 현에 신도심으로 불리는 업무 지정 지구를 마련하여 업무 지구의 분산을 도모한다.

시부야구는 시부야역 주변 상가뿐만 아니라 요요기공원과 NHK방송국, 젊은이들이 애니메이션 캐릭터 옷을 입고 쇼핑을 즐기는 하라주쿠 거리, 새롭게 단장한 미야시타공원 등 다른 곳에서는 볼 수 없는 시부야구만의 독특한 거리 문화를 지녔다. 현재는 100년에 한 번 실시된다는 도시 재개발 공사가 진행 중이다.

고향납세 기부금 현황

시부야구는 누구나 방문하고 싶은 성숙한 국제도시의 실현을 목표로, 시부야 문화를 구성하는 관광과 산업을 활성화하고자 고향납세제를 적극 도입함과 동시에 '문화 가치의 소비와 체험'을 중심으로 한 답례품(예를 들어 시부야구에 있는 호텔에서의 숙박권, 레스토랑에서의 식사권 등)을 제공한다. 또한 아직은 구상하는 단계이지만 전망 좋은 옥상을 빌리는 서비스나 연말 거리 축제 카운트다운 대회장에 고향납세 기부자용 시트를 마련하는 등의 기획을 계획하고 있다.

시부야구만이 제공할 수 있는 이러한 답례품은 인기를 얻기 시작하였다. 이전까지 고향납세 모금액이 매우 적었던 시부야구는 고향납세제를 활용하기 시작한 2020년에는 약 10억 원을, 이듬해인 2021년에는 약 44억 원을 모금하였다. 시는 미야시타공원의 관리 및 정비, 관내 공립 초·중학교 1인당 태블릿 단말기 1대 배포 사업 등에 기부금을 사용할 예정이다.

5. 겐부치정: 알파카 엽서 세트

겐부치정 | 알파카 털

답례품 소개
알파카에게 맛있는 먹이를 주고, 알파카를 가까이에서 느낄 수 있는 무언가를 하고 싶다는 목소리에 답하고자 마련했습니다. 기부금의 2/3(약 2만 원)을 알파카 목장에 사료비로 지원하고, 나머지 1/3 (약 1만 원)로 알파카 털과 엽서를 보냅니다.

기부 금액
약 3만 원

출처: 후루나비

2007년 홋카이도 겐부치정의 비바칼라스 스키장이 폐쇄되었다. 겐부치정의 아이들은 어린 시절에 모두 비바킬라스 스키장에서 스키를 배웠다. 자신보다 큰 스키를 짊어지고 숨이 얼어붙을 것 같은 추운 설산에서 부모로부터 미끄러지는 법을 배웠고, 자유롭게 탈 수 있게 된 순간부터는 친구들과 리프트를 탔다. 그러나 인구가 줄어들며 이런 즐거운 추억은 옛일이 되었다. 마을 주민은 황무지가 되어 가는 스키장을 보면서 외로움마저 느끼게 되었다.

VIVA 알파카 목장은 옛 비바칼라스 스키장 터에 2009년 개원한 관광 목장이다. 스키장이라는 넓은 부지를 살려 알파카를 사육하면서, 산악자전거와 에어보드(공기 주입식 눈썰매)를 즐길 수 있는 코스를 마련하였다.

알파카는 본래 남미 페루의 3,500m 이상 고원지대에 서식하는 낙타과 동물이다. 털을 이용하기 위해 방목하며, 1년에 한 번 털을 깎는다. 치아가 밑에만 있기 때문에 사람을 물지 않고 주로 풀을 뜯어 먹는다. 알파카는 부리부리한 눈과 올라간 입꼬리, 만나는 사람을 행복하게 하는 미소를 지녔으며, 직접 만져 보면 느낄 수 있는 특유의 푹신푹신한 털을 지녔다.

겐부치정 소개

겐부치정은 홋카이도 중앙부에서 약간 북쪽에 위치한 마을이다. 동부는 구릉지대이며 중앙부는 저지대, 서부는 산악지대로 구성되었다. 겐부치정의 중앙에는 겐부치강이 흐르고, 농업에 알맞은 평야가 펼쳐져 있다.

2021년 겐부치정의 인구는 3,012명으로, 고령자 비율은 40.8%, 아동 비율은 8.9%로 인구 감소가 예상되는 지역이다. 지방 교부세 비율은 45.5%로 전국 평균 12.2%보다 높아 재정 건전도가 낮다.

겐부치정은 1988년부터 마을 사업으로 그림책 마을 만들기를 진행하고 있다. 그림책 마을 만들기 사업은 지역 청년들과 한 아동 도서 편집장이 만나면서 시작되었다. 1988년 2월, 겐부치정 상공회 청년부 주최로 열린 '마을 만들기' 강연회에서 청년들은 도쿄의 한 유명 아동 도서 편집장이 홋카이도에서 살 집을 찾고 있다는 이야기를 듣는다. 청년들은 이 편집장을 마을로 초대했다. 그렇게 1988년 3월 도쿄에서부터 찾아온 편집장은 겐부치정의 넓은 전원과 산과 숲으로 둘러싸인 호수를 보면서 이 지역이 유럽과 유사한 풍경을 갖추었다고 생각했다. 이때 유럽은 그림책이 예술품으로 높이 평가 받으며, 그림책 미술관도 여러 지역에 있는 데 반하여 일본은 그러한 미술관이 없다는 점에 주목하여 겐부치정에 다양한 그림책 작가의 작품을 모은 그림책 미술관을 만들면 좋겠다는 아이디어를 떠올렸다.

상공회 청년부는 1988년 9월에는 국제 교류 판화 2인전을, 11월에는 마을 문화제와 그림책 미술전을, 1989년 2월에는 홋카이도 겨울 그림책 그림전·심포지엄을 개최하여 마을 주민을 그림책의 세계로 끌어들였다. 이어 2020년 '겐부치 그림마을 대상'을 기획하여 한 해 동안 일본에서 출판된 그림책을 모아 그림책 미술관에 전시하고, 미술관 관람객이 자신이 좋아하는 그림책에 투표하여 대상 수상작을 결정할 수 있는 이벤트를 개최하였다.

현재는 그림책과 알파카가 함께하는 마을 만들기를 진행하며, 아이들의 밝은 목소리가 마을을 따뜻하게 만들고 있다.

고향납세 기부금 현황

고향납세제가 시작된 2008년부터 2014년까지 겐부치정의 고향납세 실적은 한 건도 없었다. 다른 지역과 대비되는 특색 있는 답례품을 개발하고자 고민한 끝에 겐부치정은 2015년부터 지역 명물인 알파카 털을 고향납세 답례품으로 고안하였다.

알파카 털을 받은 고향납세자는 처음에는 알파카 털의 부드러움에 놀라고, 그다음으로는 함께 송부된 손글씨 엽서와 털 깎기 전후의 알파카 사진을 보며 감동한다.

알파카를 너무 좋아해서 답례품으로 신청했어요. 알파카의 털을 처음으로 만졌습니다. 섬세하고 부드러우며, 만지고 있으면 점차 마음이 치유됩니다. 그 털과 함께 알파카 이름 스티커가 붙어 있고, 손편지에는 사진 속 알파카에 대한 간단한 소개가 적혀 있었습니다. 나중에 기회가 되면 아이와 함께 사진 속 알파카를 만나러 가고 싶다고 생각했습니다. 특히, 알파카 '초코'의 털 깎기 직전과 직후의 사진에 저절로 웃음이 나왔습니다.

— 한 겐부치정 고향납세제 기부자의 소감

겐부치정 VIVA 알파카 목장에서 보낸 부드러운 알파카 털과 알파카 스티커, 알파카 사진은 알파카를 키우는 사람들의 사랑이 고스란히 느껴진다.

고향납세자 중에는 이렇게 마음을 따뜻하게 하는 답례품은 없었다고 할 정도로 감동한 사람들이 많았고, 기부하는 사람들이 점차 늘어나는 추세이다. 겐부치정의 고향납세 실적은 현재 연간 약 2억 원을 넘어서고 있다.

6. 이케다정: 요로철도 타보기 체험

이케다정 | 사이클 · 트레인 가족 세트

답례품 소개
이케다역 앞에서 전동 자전거를 대여하여
이케다 온천으로 GO! 승하차 자유이므로
기찻길 명소 방문도 OK! 다음 역인 이비역까지
산록 도로를 달리면서 노우비(濃尾)평야를
볼 수 있어요. 이비역에서 전동 자전거를 반납한
후 다시 여유롭게 철도 여행을 즐기세요.

기부 금액
약 16만 원

출처: 후루나비

이케다池田정은 기후현 서남부에 있는 마을로, 햇살을 가득 담은 찻잎과 항공 스포츠(스카이다이빙, 행글라이딩 등)로 잘 알려졌다. 요로養老철도는 100여 년 전부터 기후현과 미에三重현 사이를 달리는 57㎞의 지역 열차로, 연간 600만 명이 이용한다. 2006년까지는 긴키일본철도近畿日本鐵道 주식회사가 운영하였으나 인구 감소로 적자가 발생하면서 운영을 중단하였다. 지금은 7개 기초 지방자치단체가 자금을 분담하여 철도를 운영한다.

그중 하나인 이케다정도 고향납세제를 활용하여 요로철도의 존속을 지원한다. 이케다정에서 요로철도는 매우 중요한 교통수단이다. 이케다정에는 고등학교가 없기 때문에 학생들은 인근 오가키大垣시의 고교에 진학한다. 요로철도를 포기하고 통학 버스를 마련하는 방법도 있으나, 통학 버스 유지비가 요로철도 유지비보다 많이 들기 때문에 요로철도의 유지는 곧 이케다정의 미래와 직결된다.

이케다정은 요로철도와 대여 전동 자전거를 활용한 '이케다 - 이비 사이클·트레인 프로젝트'를 실시한다. 바로 이케다역과 이비揖斐역 사이를 대여 전동 자전거로 연계하면서 관광할 수 있는 프로그램이다. 스마트폰으로 전동 자전거를 예약 및 대여할 수 있으며, GPS 기능도 갖추어 어느 곳에서든 반납이 가능하다.

요로철도 주식회사에서는 여러 이벤트를 개최하여 요로철도의 유지에 힘쓴다. 예를 들어 동물 보호 단체와 연계한 '고양이 카페 열차' 운영이나 학생들이 학교 클럽 활동의 일환으로 주최한 '요로철도 워크숍' 등이 이에 해당한다.

이케다정 소개

이케다정은 넓은 노우비평야와 항공 스포츠로 널리 알려진 이케다산, 그리고 녹차밭이 유명하다. 또한 고급 이케다온천이 있으며 이비역 옆에 뻗은 아름다운 산록 도로를 즐길 수 있다.

이케다정은 고향납세제 시행뿐만 아니라 고향 홍보에도 적극적이다. 이케다정에서 서식하는 산토끼를 모티브로 한 마을 마스코트인 '차차마루'는 마을의 특산품인 찻잎과 벚꽃으로 머리를 장식한 캐릭터이다. 차차마루를 중심으로 한 프로젝트 팀이 따로 구성되어 있으며, 이들은 마을 안팎의 여러 이벤트에서 적극적으로 활동한다. 또한 차차마루는 나가노현에서 개최된 '캐릭터 그랑프리 2019'에서 개성 있는 캐릭터로 전국 7위, 기후현 1위를 차지하였다. 앞으로도 차차마루를 중심으로 한 이케다정의 홍보는 계속될 것이다.

이케다정의 일반 현황은 다음과 같다. 2021년 1월 기준 총인구는 23,563명이며, 고령자 비율은 28.5%로 전국 평균 28.2%와 거의 같다.

아동 비율은 12.5%로 전국 평균인 12.1%보다 다소 높다. 그러나 대도시로 인구가 이동하고 있어 전년도에 비해 인구가 216명이 감소하였다. 지방교부세율은 15.5%로 전국 평균 12.2%보다 다소 높다.

고향납세 기부금 현황

이케다정은 고향납세 실적을 늘리기 위해 큰 노력을 기울이고 있다. 이케다정의 찻잎과 쌀, 골프공 등의 고향납세 답례품은 지역을 알리는 좋은 기회로 이어지며, 이케다정의 산업에 여러 가지 변화를 일으키는 중이다. 확보된 고향납세 기부금은 요로철도 존속 지원과 육아 지원 보조금 등으로 사용된다.

　　이케다정은 지역의 미래와 직결된 요로철도에 대한 전국적인 관심을 일으켰고, 꾸준히 답례품을 개발하여 2015년부터 고향납세 실적이 증가하고 있다. 2021년에는 2만 6,794건, 약 46억 원의 고향납세 실적을 기록했다. 향후에도 이러한 실적 증가는 계속될 것으로 예상된다.

7. 히가시카와정: 다섯 다리 의자

히가시카와정 | 다섯다리 의자

답례품 소개
일반적인 높이의 안정적인 420mm 의자와
키에 맞추어 일어나기 쉽도록 한 높이인
520mm · 570mm 의자, 320mm짜리
어린이용 의자를 선보입니다. 주방에서
조리하는 동안 잠깐 걸터앉거나 아이
공부를 봐줄 때, 때로는 애완동물도 쓸 수
있는 의자입니다.

기부 금액
약 80만 원

출처: 후루나비

히가시카와東川정은 사진 마을이자 수공예품 마을로도 유명한 곳이다. 히가시카와정에 가면 수공예품으로 멋을 낸 찻집들을 많이 볼 수 있다.

히가시카와정은 지역 발전을 위한 자금 지원 방식으로 '히가시카와정 주주 제도'를 만들었다. 히가시카와정 주주 제도는 이곳에 투자(기부)하고자 하는 자가 히가시카와정이 추진하는 프로젝트 사업에 투자하면 주주가 되는 제도이다. 히가시카와정 마을 만들기에 동참할 수 있도록 하는 주주 제도는 〈사진 마을 히가시카와 주주 조례〉에 근거한다. 주주 제도 투자 사업에는 마을 진흥 사업과 아동 양육 사업, 자연경관 및 환경 사업, 인적 교류 사업이 있다. 주주가 되는 방법은 투자 사업을 선택한 후 1주에 약 1만 원의 주식을 구입하는 것이다. 히가시카와정은 주주 제도를 고향납세 제도와 연계하여 고향납세제로부터 지방세 및 국세 공제 혜택을 받을 뿐만 아니라 히가시카와정이 제공하는 주주 우대 혜택까지도 받을 수 있게 하였다.

또한 히가시카와정의 동부는 산악지대로 대규모 삼림 지역을 형성하고 있다. 삼림 지역을 이용한 목공업이 번성하여 많은 가구 장인이 기술을 겨루며 예술성 높은 가구를 만든다. 전국적으로도 유명한 아사히카와旭川 가구의 약 30%를 생산하는 가구 마을로, 신생아 돌잔치에 나무 의자를 선물하는 '너만의 의자' 사업을 진행한다. 2006년부터 시작된 이 사업에는 아이의 성장을 따뜻하게 지켜보고자 하는 소망이 담겼다. 한편 매년 4월 14일을 '의자의 날'로 정하여 히가시카와 스타일을 통해 새로운 라이프스타일과 미래 사회의 모습을 생각하는 날로서 기념한다.

히가시카와정 소개

히가시카와정은 홋카이도의 중심부에 위치한 마을이다. 서부는 가미카와上川분지의 농업지대, 동부는 산악지대로 삼림 지역을 형성하고 있다. 또한 일본 최대 자연 공원인 다이세쓰大雪산 국립공원의 일부를 구성하고 있다. 한편 홋카이도에서 유일하게 상수도가 없는 마을로, 산에서 내려오는 지하수를 생활수로 사용한다. 전원 풍경도 매우 아름다워 홋카이도에서는 처음으로 '경관 행정 단체'로 지정되었다.

1950년 히가시카와정의 인구는 1만 754명이었으나 1993년 7,000여 명으로 줄어들었다. 이러한 인구 감소 흐름은 최근 히가시카와정이 마을 만들기 사업에서 거둔 성공에 힘입어 변화하고 있다. 일본에서는 드물게 젊은 층과 아동 인구가 증가하여 2014년에는 7,945명, 2019년에는 8,382명 2021년에는 8,438명으로 인구가 조금씩 증가하는 추세이다. 지방교부세율은 전국 평균 11.8%를 크게 상회하여 재정력 지수가 낮으나, 2019년 37.4%에서 2021년 33.1%로 낮아지며 점차 호전되고 있다.

고향납세 기부금 현황

히가시카와정의 기부금은 2013년부터 꾸준히 증가하는 추세이다. 히가시카와정만의 독창적인 주주 제도를 고안하여 고향납세제와 연계함으로써 고향납세 기부자가 투자자로서 히가시카와정 발전 사업에 쉽게 동참할 수 있도록 하였다.

한편 수공예품·목공 공방과 세련된 찻집이 홋카이도의 전원 풍경과 어우러져 경관이 수려하며, 이곳의 자연 환경을 활용한 국제 사진 페스티벌도 개최한다. 이러한 노력이 많은 기부자의 응원을 받고 있다.

2014년 1,443건에 약 2억 원을 달성했던 고향납세 실적이 2021년에는 5만 750건에 약 95억 원으로 계속해서 증가하고 있다. 주주제도 등으로 고향납세자와 관계를 지속하고 있기 때문에 향후에도 고향납세 실적이 계속 증가할 것으로 예상된다.

8. 스미다구: 에도 전통을 이은 구두

스미다구 | 스카치 그레인 남성화

답례품 소개
창업 이래 50년 간 남성 구두를 생산하고
있습니다. 스카치 그레인은 최고급 소재를
지향하며, 장인의 기술이 집약된 나무
목형을 사용합니다. 숙련된 구두 제조법으로
발이 미끄러지지 않고, 착용감이 안정적입니다.

기부 금액
약 120만 원

출처: 후루사토 초이스

에도 전통 기술을 부각한 구두인 '스카치 그레인Scotch Grain'은 세 가지 특징을 지닌다. 첫째, 최고급 품질의 소재를 지향한다. 스카치 그레인에 사용되는 소재는 모두 실 한 가닥까지 전 세계에서 엄선한 최고급 소재이다. 둘째, 탁월한 착용감이다. ㎜ 단위로 조정을 계속하여 만들어진 스카치 그레인의 고집스러운 나무 목형은 구두 장인이 오랜 경험을 바탕으로 절삭하기 때문에 편안한 착용감을 자랑한다. 셋째, 특유의 제조법이다. 창업 때부터 계속 이어져 온 바느질법은 신발의 상부와 구두 속 시접 부분, 구두 밑창 세 부분을 한 가닥의 실로 꿰맨다. 또한 구두 바닥에 고무를 주입하는 형태로 만들기 때문에 신었을 때 발이 미끄러지지 않아 안정감이 있다.

스미다구 소개
스미다구는 도쿄 서민 문화인 에도 문화의 정취를 느낄 수 있는 지역이다. 스미다구가 발전하기 시작한 것은 에도 시대이며, 이때부터 번성한 공예 전통은 지금도 건재하다. 스미다구 내에는 많은 공방이 있는데, 이들은 창의성이 뛰어난 제품을 만들어 낸다.

일본 에도 문화의 발상지인 스미다구에는 예전부터 에도 문화를 계승하는 장인들이 살고 있다. 장인들은 금속, 섬유, 가죽, 종이, 고무, 식품 및 유리 등 다양한 분야에서 에도 전통을 그대로 이을 뿐만 아니라 현대 기술과 조화시켜 새로운 상품을 만든다. 이에 스미다구는 전통과 현재를 잇는 상품을 브랜드화한 '스미다 모던' 발전 전략을 수립하여 이들 상품을 널리 홍보하고 있다.

고향납세 기부금 현황

스미다구는 고향납세 답례품의 선택과 해당 사업의 실시를 연계했다는 점에서 높이 평가된다. 예를 들면 호쿠사이미술관이 특정 기획전을 답례품으로 선택할 수 있도록 하고, 미술관이 예상한 모금 달성액에 도달하면 기획전이 열리는 동시에 고향납세 기부자에게는 기획전 티켓이 송부된다. 고향납세 기부자의 의지에 따라 기획전이 열리는 것이다.

스미다구의 고향납세 실적은 2015년부터 증가하는 추세이다. 2015년 3,073건에 약 1억 7,000만 원이었던 기부 실적은 계속해서 증가하여 2021년에는 1만 1,403건에 약 96억 원이 되었다. 스미다강과 도쿄 스카이트리를 주요 랜드마크로 하여 스미다만의 에도 문화를 발전시키고 있어, 향후에도 고향납세 실적은 증가할 것으로 예상된다.

9. 미야코노조시: 기리시마주조 술과 목살

미야코노조시 | 주조와 목살

답례품 소개
구로기리시마의 특징적인 맛을 최대한 끌어낸
구로기리시마 EX와 과일 맛이 깊은 아카네(茜)
기리시마, 진한 향이 나는 아카(赤)기리시마,
깊은 맛이 나는 구로기리시마, 부드럽고 탄력
있는 맛의 시로(白)기리시마 5종 25도 세트입니다
고급 기리시마 쇠고기도 함께 준비했습니다.
[기리시마 주조 900㎖ 5색 버라이어티 세트,
기리시마 목살 슬라이스 1kg(500g×2팩)]

기부 금액
약 35만 원

출처: 후루사토 초이스

미야코노조都城시의 고향납세 실적 순위는 2014년 전까지만 하더라도 일본의 1,700여 개 지방자치단체 중 100위권 바깥이었다. 그런데 2014년 단숨에 9위로 올라서더니 2015년, 2016년, 2020년에는 1위에 올랐다. 2021년의 고향납세 모집 금액은 약 1,146억 원으로 전국 2위를 차지했다.

이러한 고향납세 성과는 2014년부터 실시한 고향납세 홍보 및 답례품 전략과 관련 있다. 미야코노조시가 선택한 전략은 높은 가치를 지닌 상품을 저렴하게 제공하는 것이다. 기부금을 통한 재원 확보보다는 미야코노조시 및 답례품으로 제공되는 고기와 소주를 전국적으로 홍보하는 데 힘을 더 싣기 위함이다.

한편 시를 전국적으로 알리기 위해 2014년 4월 '미야코노조시 홍보과'를 신설하고, '都城'이라는 글자를 시의 로고로 만들었다. 또한 당

미야코노조시의 로고
출처: 미야코노조시 홈페이지

시 미야코노조시 입장에서 외부에 가장 잘 알려졌다고 생각하는 '일본 최고의 고기와 소주'를 위주로 하는 답례품 특화 전략을 세웠다. 축산업은 미야코노조시의 기간산업으로, 2006년 일본 농림수산 통계에서 고기(소·돼지·닭) 생산액 1위를 차지하였다. 또한 시내에 본사를 둔 기리시마 양조장의 '구로기리시마黑霧島'가 2002년 무렵부터 붐을 일으켜 판매 실적이 늘어나면서 2012년에는 소주 업체 매출액 순위에서 1위를 경신하였다.

그러나 2014년까지만 해도 전국적으로 미야코노조시의 고기와 소주에 관한 어떤 뚜렷한 이미지도 각인시키지 못했다는 점이 문제였다. 고기와 술만으로 미야코노조시를 전국에 인식시키기 위해서는 확실하고도 과감한 발상의 전환이 필요했다. 새로 생긴 점포라면 고객을 위해 주력 상품을 준비하듯, 고기와 소주로 전국에 미야코노조시를 알려 고향납세 실적을 늘리는 것이 먼저 해야 할 일이었다. 그 외 상품의 답례품 선정은 1년 뒤에 시작하기로 했다.

시는 2014년 아직 전국적 브랜드로 인정받지 못한 구로기리시마 소주의 브랜드력을 강화하기 위해 화제가 될 만한 스토리를 많이 준비하였다. 약 1,000만 원을 기부하면 소주(1.8ℓ) 365병을 보내 준다는 스토리를 인터넷상에 게재하는 것이 그중 하나였다. 이 기획을 보고 실제로 2015년 22명의 기부자가 1,000만 원 이상의 고향납세 기부를 하였다. 시는 단지 전국적 이목을 끌고자 실시한 기획에 실제 기부 신청이 들어올 줄 전혀 예상하지 못했다.

고기를 알릴 때에는 품질을 내세웠다. 미야코노조시 외에도 많은 지방자치단체가 답례품으로 고기를 선보이기 때문이었다. 시는 사업자들의 협조를 얻어 당시 전국적으로 평가가 높아지던 미야자키 소, 그중에서도 희소가치가 높은 A5등급의 쇠고기만을 답례품으로 선정하였다. 돼지고기도 고향납세 답례품 선정을 통해 'M-흑돼지Mの國黒豚'라는 브랜드력을 갖추고자 하였다.

또한 2015년부터는 고향납세 민간 포털 사이트 공략법을 연구하기 시작하였다. 예를 들어 사이트에 올리면 통상 2~3일이면 품절되는 미야자키소 등심스테이크를 언제 업로드해야 가장 주목받는지 테스트하였다. 시행착오를 거친 끝에 토요일 18시라는 사실을 알아낼 수 있었다. 비슷한 식으로 핵심 기획 상품의 게재 타이밍을 1개월에 3회씩 고향납세자가 가장 잘 인지할 수 있는 시간으로 변경하였다.

답례품 기획이 성공을 거두자 2015년부터는 고기와 술뿐만 아니라 음료, 망고, 쌀을 답례품 항목에 추가하였다. 2016년에는 55개 사업자가 참여한 고향납세진흥협의회를 발족하였다. 협의회는 약 500만 엔을 거출하여 지역 산업 진흥이나 지역 커뮤니티 활동에 필요한 경비를 보조하는 고향납세 진흥 지원 제도를 만들었다. 시는 이 고향납세 진흥 지원 제도를 이용하여 미야코노조시의 개인이나 단체, 지역 커뮤니티 등의 지역 산업 진흥 활동에 대해 건당 약 1,000만 원을, 축제 개최 등 지역 커뮤니티 활동에는 건당 약 500만 원을 상한으로 지원한다.

미야코노조시 소개

미야코노조시는 미야자키현에서 두 번째로 큰 도시로, 가고시마^{鹿兒島}현과 맞닿아 있다. 2006년 1월 국가 정책으로 야마노구치^{山之口}정, 다카조^{高城}정, 야마다^{山田}정, 다카사키^{高崎}정이 합병하여 미야코노조시가 되었다.

미야코노조시의 총인구는 2019년 기준 16만 5,433명으로 2018년 인구 조사에서 976명 감소한 것으로 밝혀졌다. 다만 아동 비율이 당시 전국 평균이었던 12.4%를 상회하는 13.9%이었고, 고령자 비율도 전국 평균과 거의 같은 수치를 보였다. 한편 2021년 기준 인구수는 16만 3,571명으로 2020년의 인구 조사 결과에서 935명이 감소하였다. 아동 비율은 13.8%로 전국 평균 12.1%를 상회한다. 지방교부세율은 2019년 전국 평균 11.8%보다 높은 21.7%로 재정력 지수가 낮았으나, 2021년은 13.2%로 전국 평균 12.2%와 거의 같은 수준으로 재정 건전도가 상당히 호전되었다.

이와 같은 결과는 시가 시행하는 정책과 관계가 있다. 첫째, 시는 인구 감소에 대한 대책으로 고용 창출 정책을 추진한다. 둘째, 교육 인프라를 정비하여 아이들을 양육하기 쉽도록 어린이 유치원(보육원) 대기를 해소하고 의료비를 조성한 정책이 효과를 발휘하였다. 셋째, 중심 시가지의 활성화 정책으로 새로운 민간 복합 시설인 '마르마르^{Mallmall}' 유치와 특산물 진흥 센터의 재건으로 시의 이미지를 개선할 수 있었다. 넷째, 미야코노조시 산업진흥협의회에서 시가 지역 활성화 사업을 계속할 수 있도록 적극 지원해 준다는 점이다.

고향납세 기부금 현황

2014년까지 고향납세 실적은 100건에도 미치지 못했으나, 2014년부터 가동된 전국적인 홍보 및 답례품 전략은 고향납세자를 움직였다. 2015년과 2016년, 2020년에 실적 1위를 차지하였고, 2021년에는 전국 2위를 차지하였다. 1위를 달성한 2020년의 고향납세는 건수로 60만 3,807건을 달성했고, 금액으로는 약 1,350억 원을 모집했다. 2위를 차지한 2021년에는 고향납세 건수가 69만 5,351건이었으며, 모금액은 약 1,460억 원이었다. 전체 2위에 그쳤지만 고향납세를 하는 사람들이 늘어났기 때문에 미야코노조시에 기부하는 금액과 건수가 늘어난 것이다.

이는 미야코노조시 답례품의 전국적 인지도 상승과 발 빠른 대응, 그리고 끊임없는 노력이 거둔 성과로 보인다. 전국의 고향납세 대상자 중에서 약 15%만 고향납세를 이용한다는 상황을 감안하면 아직도 그 성과가 정점에 달하지 못하였다고 볼 수 있다. 향후에도 미야코노조시의 고향납세 실적은 상승하리라 전망할 수 있다.

10. 이치키쿠시키노시의 금벚꽃 흑돼지 등심

이치키쿠시키노시 | 금벚꽃 흑돼지 등심

답례품 소개
이치키쿠시키노시 농예고등학교에서 학생의 애정과 끈기로 기른 '금벚꽃 흑돼지'입니다. 씹는 맛이 있는 육질과 단맛이 특징입니다. 실습용으로 흑돼지를 사육하므로 출하량은 적지만, 전국적으로 알리고 싶은 마음에 특별히 제공합니다.

기부 금액
약 10만 원

출처: 후루사토 초이스

이치키농예고등학교는 교과 과정에서 '흑돼지 사육'을 가르친다. 돼지는 깔끔한 환경을 좋아하기 때문에 흑돼지를 키우는 데에는 손이 많이 간다. 수업은 돼지우리 청소로 시작되는데, 돼지우리 바닥을 1시간 정도 물로 씻어 낸 후에는 나이 및 발육 유형별로 먹이를 준다. 중간에 특별히 관리해야 할 돼지가 보이면 선생님에게 보고한다. 종합 실습이 있는 날이면 오후 2시에 시작된 수업은 저녁이 되어야 끝이 난다. 학기 중에는 이런 작업이 반복된다.

　학교에서는 학생이 졸업 후에 어느 양돈장에 취업하더라도 바로 일할 수 있도록 양돈의 기초부터 차근차근 가르친다. 학교는 특히 학생이 자신을 저평가한다는 점을 우려하였다. 학생이 정성껏 키운 흑돼지는 일반 가축시장에서는 그냥 일반적인 가고시마 흑돼지로 취급되었고, 고향납세제를 계기로 품질 개량에 성공하기 전까지는 제대로 된 평가를 받지 못하였다.

학교는 이치키쿠시키노^{いちき串木野}시 및 시내 음식점과 함께 산·학·관 제휴로 '흑돼지 프로젝트'를 시작하였다. 흑돼지 프로젝트는 농예고등학교 흑돼지를 브랜드화하는 작업이다. 일반적으로 농예학교는 학생에게 양돈 기술을 가르쳐 줄 뿐이고, 생산된 흑돼지가 어떻게 판매되는지는 학교 수업 내용에 포함되지 않는다. 그러나 지금은 돼지를 키우기만 하면 팔리는 시대가 아니므로, 판매 전략을 마련하는 것 역시 매우 중요하다. 학교는 학생이 키운 흑돼지를 시내의 돈가스집 메뉴로 판매하기로 했다. 학생들은 자신들이 기른 흑돼지를 일반 흑돼지와 차별화하기 위해 농예고등학교 흑돼지만의 로고 마크를 만들었고, 더욱 맛있는 흑돼지를 사육하기 위해 노력하였다.

이러한 일련의 과정을 통해 학습 풍경은 바뀌어 갔다. 농예고등학교 학생은 다양한 현지인과 접촉하면서 배우고 경험하며 자신감을 갖기 시작하였다. 이제는 적극적으로 아이디어를 내어 답례품용 가공품까지 개발하고 있다.

이치키쿠시키노시 소개

이치키쿠시키노시는 일본 3대 사구^{砂丘} 중 하나인 후키아게하마^{吹上浜}의 북단에 위치한 가고시마현의 지방자치단체이다. 기후가 온난하며 바다와 접해 있으며 산으로 둘러싸인 곳으로, 시내에는 무려 5개의 어항^{漁港}이 있다. 특산품으로는 참치 라멘과 규슈^{九州} 사츠마아게^{さつま揚げ}, 이치키폰^{いちきポン} 카레와 소주 등이 있다.

총인구가 2만 7,251명인 이피키쿠시키노시는 고령자 비율이 37.6%로 전국 평균 28.2%보다 높고, 아동 비율이 11.3%로 전국 평균 12.1%보다 낮아 인구 감소가 우려되는 지역이다. 2021년 인구 조사에서도 474명이 줄어든 것으로 나타났다. 지방교부세율은 전국 평균 12.2%를 상회하는 25.9%로 재정력 지수가 낮다. 다만 2020년 지방교부세율이 32.6%였다는 사실을 감안하면 재정력이 상승하였다고 볼 수 있다.

고향납세 기부금 현황

이치키쿠시키노시의 고향납세 기부금 실적은 2015년부터 상승하는 추세이며, 2018년부터는 12만 건 이상의 기부를 유지하고 있다. 이치키쿠시키노시의 고향납세제 특징은 농예고등학교 학생의 프로젝트를 응원한다는 점이다. 농예고등학교 학생은 흑돼지를 정성껏 키우면서 흑돼지의 품질을 개량한다. 또한 흑돼지 판매처와 로고 마크까지 개발하면서 본격적으로 고향납세제를 활용한다. 아동 비율이 다른 지방자치단체보다 적은 이치키쿠시키노시는 이러한 프로젝트를 응원하면서 기부금 사용처까지 명확하게 제시할 수 있다. 민과 관이 결합한 사업에 고향납세자는 응원을 보내는 중이다.

제 6장

우리나라 고향사랑 기부 답례품

우리나라 지방자치단체는 고향사랑 기부제가 실시된 지 얼마 지나지 않았음에도 불구하고 다양하고 특색 있는 답례품을 선정하고 이를 열심히 홍보하고 있다. 향후 고향사랑 기부제가 정착하는 과정에서 지역 특색에 맞는 답례품이 더욱 풍부하게 발굴될 것으로 보인다. 여기서는 지금까지 답례품으로 선정된 상품과 향후 답례품으로 선정되기 위해 준비 중인 상품 몇 가지를 소개해 보고자 한다.

☑ 제철 한정판 특산물

제주특별자치도는 제철 친환경 농산물 꾸러미를 답례품으로 선정하였다. 친환경 농업은 화학 비료와 농약을 전혀 사용하지 않거나 사용을 최소화하면서 농산물을 생산하는 농업 방식이다.

☑ 농 · 축 · 특산품

의성군   의성군은 의성마늘 소고기 · 사골 곰탕 세트를 답례품으로 선정하였다. 천혜의 자연 환경과 농가의 사양 기술을 접목해 몸에 좋은 마늘을 먹여 키운 건강한 한우를 원재료로 사용하여 오랜 시간 푹 고아 낸 깊은 맛이 일품이다.

진도군   진도군은 당일 조업한 초신선 활전복을 답례품으로 선정하였다. 청정 해역인 진도에서 자란 전복은 영양이 풍부하여 예부터 고급 수산물로 취급되어 왔으며, 최고의 상품가치를 인정받는다.

고령군   고령군은 신선함이 살아 있는 국내산 100% 1등급 삼겹살과 목살을 답례품으로 선정하였다. 가야그린포크는 유해 잔류 물질 검사를 거쳐 청정돈으로 생산된 원재료를 심사하여 최고 품질의 돼지고기만을 선별하였다.

광주광역시 서구   광주광역시 서구는 들기름 · 참기름 세트를 답례품으로 선정하였다. 100% 국산 참깨와 들깨만을 사용하고, 전통 압착 방식으로 짜 내어 깊고 진한 풍미를 느낄 수 있다.

☑ 와인 특산물

영동군은 국산 양조장 와인을 답례품으로 선정하였다. 우리나라 최고의 포도 생산지로 유명한 영동군에서 가장 적절한 재배 조건을 찾아내어 철저히 원칙을 지켜 친환경적으로 생산하였다.

☑ 신나는 체험

안성시는 남사당 상설 공연 관람권을 답례품으로 선정하였다. 안성시립 남사당인 바우덕이 풍물단은 조선 최초의 남사당패인 안성 남사당패의 꼭두쇠(우두머리) '바우덕이'의 예술혼을 이어 받아 활동하고 있다.

☑ 신선한 체험

고양시는 장항습지를 배경으로 한 생태카드 게임을 답례품으로 선정하였다. 습지에 사는 새를 통해 생물 다양성을 익히고, 습지의 중요성을 알 수 있는 생태카드 게임을 통해 습지와 생태에 대한 다양한 지식을 배울 수 있다.

☑ 지역브랜드 형성

청주시는 국내 사슴 농가에서 키운 100% 국산 녹용을 답례품으로 선정하였다. 충청북도와 청주시 지원으로 설립된 사슴 클러스터 사업단은 지역 사슴 농가와 함께 품질 높은 녹용을 생산하여 농가 수익 확대 및 안정화를 이루었다.

☑ 전략적 홍보

시흥시는 워터액티비티 입장권과 서핑 이용권을 답례품으로 선정하였다. 시흥시에 만들어진 세계 최대 인공 서핑장인 웨이브파크는 가족, 연인, 친구와 함께 물놀이를 하고 휴식을 즐기면서 짜릿하게 에너지를 충전할 수 있는 명소이다.

1. 제주특별자치도: 친환경 농산물 꾸러미

제주 | 친환경 농산물 꾸러미

답례품 소개
신선하고 건강한 제철 친환경 농산물.
친환경 농산물 인증을 취득하기까지는
국가공인인증센터에서 철저한 인증 과정을
거치기 때문에 안심하고 먹을 수 있다.

기부 금액
10만 원

출처: 고향사랑e음 사이트

제철 친환경 농산물만 선별해 한 꾸러미에 담다

친환경 농업은 화학 비료와 농약을 전혀 사용하지 않거나 사용을 최소화하면서 농산물을 생산하는 방식이다. 친환경 농업은 환경을 보존하는 동시에 소비자에게 안전한 농산물을 공급하며, 생산자인 농업인은 지속적으로 농업활동을 할 수 있다는 장점이 있다. 인체에 무해한 재배 방식으로 안전한 식자재를 공급하여 소비자 건강을 지킨다. 토양의 산성화를 막아 지속적으로 생산성을 높일 수 있으며, 후손에게 깨끗한 환경을 물려줄 수 있다.

제주특별자치도 소개

제주특별자치도는 2006년 7월 1일 〈제주특별자치도 설치 및 국제자유도시 조성을 위한 특별법〉(약칭 〈제주특별법〉) 시행으로 정부 직할령인 특별자치도로 지정되면서 일반 지방자치단체보다 고도의 자치권을 보장받고 있다. 인구가 지속적으로 증가하고 있으며 2023년 2월 기준으로 67만 7,090명이다. 제주도는 동서로 약 73㎞, 남북으로 41㎞에 이르는 타원형의 화산섬으로 섬 한가운데에 한라산이 있다. 땅 위에는 약 360개의 오름이 있고 땅 아래에는 약 160개의 용암 동굴이 펼쳐져 있어, 전 세계적으로 찾아보기 힘든 독특한 지형을 이룬다. 제주도는 이러한 자연의 가치를 인정받아 2002년에 생물권 보전 지역으로 지정되었고, 2007년 세계자연유산으로 등재됐으며, 2010년에는 세계지질공원으로 인정을 받았다. 또한 2009년에는 제주 칠머리당 영등굿이, 2016년에는 제주의 해녀문화가 유네스코 인류무형문화유산으로 등재되었다.

특히 〈제주특별자치도 친환경농업 육성 조례〉를 제정하여, 농업과 환경의 조화를 통해 지속가능한 농업 생산과 농가 소득의 안정을 도모한다. 또한 소비자에게 안전한 농산물 공급을 실현하는 청정 농촌사회 건설을 추구하는 친환경농업 육성을 위해 노력하고 있다.

2. 경북 의성군: 의성마늘소 고기 · 사골 곰탕 세트

경북 의성 | 고기 · 사골 곰탕 세트

답례품 소개
남녀노소 모두 만족시킬 수 있는 간편식.
의성 토종마늘을 먹고 자란 으뜸가는
품질의 의성마늘소 부산물을 사용한
고기곰탕(500g×2팩)과 사골곰탕
(500㎖×3팩)이다.

기부 금액
10만 원

출처: 고향사랑e음 사이트

오랜 시간 고아 낸 의성의 깊은 맛

의성마늘소는 천혜의 자연환경과 농가의 사양飼養 기술이 만나 최고 품
질의 한우가 되었고, 몸에 좋은 마늘을 먹고 자란 건강한 한우가 되었
다. 1990년대부터 의성마늘소 작목회가 조직된 이래 의성군 · 의성축
산농협 · 작목반이 삼위일체가 되어 선진 사양 기술이 일찍이 보급되
었으며, 지역 농가들의 한우 사랑과 열정 또한 앞서 있다.

　의성 한우 농가는 의성의 자랑인 마늘을 한우에 접목하고자 건국대
동물자원연구센터에서 기술 지원을 받아 의성마늘소 사양 관리 프로
그램을 확립한 끝에 '의성마늘소' 브랜드 한우를 출하하게 되었다.

의성군 소개

의성군은 경상북도의 중앙에 위치해 있으며, 태백산맥과 소백산맥에
둘러싸인 분지 지형으로 인해 연평균 기온이 같은 위도에 위치한 대전
보다 1℃ 더 낮고 일교차가 크다는 특징을 지녔다. 이러한 특성 때문에

의성에서 재배되는 주요 농산물(마늘, 자두 등)의 맛이 뛰어나다.

태백산에서 남으로 뻗은 태백산맥과 서남으로 뻗은 소백산맥이 마치 소쿠리 같은 모양을 만드는 지점 사이에 의성군이 위치한다. 의성군의 동서는 52㎞로 길고 남북은 33㎞로 좁으며, 동서 중간 지역이 잘록하여 고치 모양을 이룬다. 인구는 2023년 2월 기준 5만 42명으로 계속해서 감소하는 상황이다.

3. 전남 진도군: 전복 선물 세트

전남 진도 | 활전복 선물 세트

답례품 소개
명량대첩으로 유명한 진도 바다에서 수확한 전복(1kg).
진도 바다는 강한 물살로 인해 적조 현상이 없고
바다 속 유기물을 순환시켜 영향이 풍부한 바다이다.
높은 용존 산소량을 가진 버블수(산소수)를 이용한
포장으로 배송 시 신선도를 높인다.

기부 금액
10만 원

출처: 고향사랑e음 사이트

당일 조업한 초신선 활전복, 바른 먹거리! 건강한 음식!
서남해안의 청정 해역인 진도에서 나는 전복은 영양이 풍부하여 예로
부터 고급 수산물로 취급되어 왔다. 특히 진도의 자연산 전복은 국내
에서 최고의 상품 가치를 인정받는다.

진도는 지리적 여건상 조류 소통이 빠르고, 전복 패각에 굴 등의 부
착이 적고 육질이 단단하여 소비자뿐만 아니라 유통업자도 선호한다.
조개류 중에서도 수분 함량이 많고 지방함량이 적은 편이며, 단백질
(티틴, 히스티딘, 아르기닌, 타우린, 글리신)과 비타민(비타민 B1, B12),
미네랄(칼슘, 인, 철분, 마그네슘), 유기질이 풍부하다. 전복 자체도 높
은 영양가가 있지만, 전복의 내장(게우)에는 더 영양분이 있다.

진도군 소개

진도군은 전라남도 서남부 진도와 부속 섬을 관할하는 군이다. 우리나라에서 세 번째로 큰 섬인 진도와 상조도, 하조도, 가사군도 등 45개 유인도를 포함하여 254개 섬으로 이루어졌으며, 면적은 440.1㎢이다. 북으로는 해남군 문내면과 진도대교로 연결되어 육지로 가는 교통이 편리하고, 다도해해상국립공원을 중심으로 하는 자연 경관이 수려하다. 진도아리랑이라는 민요가 전해져 내려오며, 유물·유적과 천연기념물, 기·예능보유자가 많다. 천연기념물 제 53호인 진돗개의 친근한 이미지를 상징하는 '진돌이'가 마스코트이다. 인구는 2023년 2월 기준으로 2만 9,417명으로 계속 감소하는 상황이다.

4. 경남 고령군: 1등급 삼겹살과 목살

경남 고령 | 1등급 삼겹살 · 목살

답례품 소개
지방과 살코기 비율이 적당해 기름기가 적고
담백하여 가장 돼지고기다운 맛을 느낄 수 있다.
주문 즉시 직접 가공하여 야들야들한 육질과
육즙이 그대로 살아 있는 돼지고기(각 500g).
아이스백에 진공 포장된 고기를 넣고, 아이스팩과
함께 스티로폼 박스에 담아서 보낸다.

기부 금액
10만 원

출처: 고향사랑e음 사이트

신선함이 살아 있는 국내산 청정돈

가야그린포크는 고령 · 합천 · 성주 지역의 청정돈이다. 무공해인 규격돈을 원료로 유해 잔류 물질 검사를 거쳐 위생적으로 생산한 최고 품질의 돼지고기이다. 100% 규격돈을 원료돈으로 사용하기 때문에 규격이 일정하며 최상의 육질을 가진 고기이다.

도축에서 가공까지 HACCP(안전관리인증기준)을 적용하여 생산된 깨끗한 고기로서 정부 지정 돼지고기 품질 개선 단지를 주축으로 동일한 품종의 돼지에 동일한 사료를 먹이고 체계적 기술 지도를 받아 생산된다. 100% 항생제 잔류 물질 검사를 실시하는 청정 돼지고기이기도 하다. 가야그린포크는 암퇘지 및 거세돈만으로 가공하기 때문에 누린내가 전혀 나지 않으며 맛이 뛰어나다.

고령군 소개

고령군은 가야 연맹시대 대가야의 중심지였으며, 서쪽에는 미숭산, 남서쪽에는 만대산이 위치하여 경상남도와 도계道界를 이루고, 동쪽은 낙동강이 관내 4개 면을 우회하면서 달성군과 경계하여 흐르며 북쪽은 의봉산과 가야산 줄기가 연결되어 성주군과 접한다. 고령군의 면적은 384.0㎢이고, 인구는 2023년 2월 기준으로 3만 319명이며 계속 감소하는 상황이다.

삼한시대에 고령은 변한에 속했으며, 주변 세력을 병합하여 대가야로 발전하였다. 농업에 유리한 입지 조건과 제철 기술을 바탕으로 5세기 이후 가야의 여러 지역을 대표하는 국가가 되었다. 문화적으로는 신라시대 가야금 명인이었던 우륵이 가야금을 제작하고 12곡을 짓는 등 높은 문화 수준을 보유하였다.

5. 광주 서구: 들기름 · 참기름 세트

광주광역시 서구 | 들기름 · 참기름 세트

답례품 소개
광주 양동시장에서 문을 연 이래 광주에서
50년 전통을 이어 온 기업에서 만들었다.
100% 국내산만을 사용하여 더욱 안심하고
먹을 수 있는 참기름(420㎖ 1병).

기부 금액
10만 원

출처: 고향사랑e음 사이트

국산 참깨와 들깨로 만든 진한 풍미의 건강식

국산 참깨와 들깨만을 사용하여 전통 압착 방식으로 짜내어 깊고 진한
풍미를 느낄 수 있는 들기름 · 참기름 세트이다. 광주 양동시장에서 시
작해 광주에서 50년 전통을 이어 온 기업이 철저한 살균과 건조, 밀폐
관리를 통해 관리하는 안전한 식품이다.

참기름과 들기름은 천연 항산화제인 세사몰과 세사몰린 등을 함유한
건강식품이다. 건강하고 싱싱한 원재료를 압착하여 추출하기 때문에 빛
깔과 향미가 짙고 품질 또한 우수하다. 또한 최적의 점도를 지녀 밥이
나 나물 등 다른 재료와 섞었을 때 적당히 버무려지고, 일반적 제품보
다 고소한 향을 지니며 탄 맛이 나지 않는다.

광주광역시 서구 소개

서구는 광주의 중심부에 위치하고 금당산, 개금산, 송학산이 병풍처
럼 둘러싸고 있어 자연과 도시가 조화를 이루고 있으며, 풍성한 녹지

와 편리한 교통 여건을 갖춘 살기 좋은 도시이다. 상무·풍암·금호지구 등 광주에서 가장 쾌적한 주거 환경을 자랑할 뿐만 아니라, 시청사가 입주하며 광주 행정의 중심 지역이 되었다. 특히 광주종합버스터미널 등이 있는 교통의 중심지로 신·구도심과 농촌이 혼재되어 있어 어느 지역보다도 주민의 행정 수요가 다양하다는 지역적 특성을 보인다.

광주광역시 서구의 면적은 47.8㎢이고, 인구는 2023년 2월 기준으로 287,237명이다. 지역 공동체의 연대, 행정과 주민과의 연대를 통한 '상생'을 기반으로 서구민이 삶의 주인으로 우뚝 서고, 서구가 광주의 중심으로 우뚝 서길 바라는 의미를 담아 '함께 서구, 우뚝 서구'를 구정 비전으로 정하였다.

6. 충북 영동군: 찾아가는 양조장 와인

충북 영동 | 찾아가는 양조장 와인

답례품 소개
많이 마셔도 질리지 않는 와인, '끝없는 사랑'.
캠벨 80%에 20%의 산머루를 블렌딩한
드라이 레드와인(750㎖×2병)으로, 독특한 향미와
세련된 밸런스가 돋보이며, 스테인리스 스틸
탱크에서 최소 18개월 이상 숙성한 와인이다.

기부 금액
10만 원

출처: 산막와이너리(smartstore.naver.com/sanmacwine)

우리 역사와 문화, 그리고 낭만이 담긴 와인

프랑스어 '테루아erroir'는 와인을 만들어 내는 자연환경적 요소를 뜻한다. 그러나 와인을 만드는 사람의 열정과 철학, 손길에 따라 전혀 다른 와인이 만들어진다. 따라서 테루아를 떠올릴 때는 그 지역에서 와인을 생산하는 사람을 빼놓을 수 없다.

그러므로 열정과 철학을 가진 사람 없이는 아무리 명성 높은 와이너리라 하더라도 훌륭한 와인을 생산하지 못할 수 있다. 포도를 친환경적으로 재배하는 것은 물론 가장 적절한 재배 조건과 알맞은 포도 숙성 및 저장 방법을 찾아내고 적용하면서 철저히 원칙을 지켜 생산해 내는 것이 중요하다. 명성 높은 영동 와이너리는 이런 모든 요소를 오랜 기간 철저히 지켜 오고 있다.

영동군 소개

우리나라 중앙에 위치한 영동군은 충청북도 최남단에 있으며 동쪽은 경상북도 김천시, 서쪽은 충청남도 금산군, 남쪽은 전라북도 무주군, 북쪽은 옥천군과 접한다. 영동군은 소백산맥과 노령산맥이 갈라지는 곳에 위치하여 군 전체가 아름다운 산들로 둘러싸였다.

영동군의 면적은 845.4㎢이고, 인구는 2023년 2월 기준으로 44,750명으로 감소하는 추세이다. 영동은 금강 상류지역으로 곳곳에서 발원한 지류들이 금강에 흘러든다. 남쪽 석기봉에서 시작되어 동부와 북부를 돌아 금강에 합류하는 초강천과 서부의 호탄천·원당천 등이 그러하다. 내륙에 위치하여 한서^{寒暑} 차이가 심한 대륙성 기후의 특징을 보이지만 충청북도에서 가장 따뜻하고 일조량이 많아 '과일나라'라고 불릴 만큼 과일이 많이 생산되고 맛이 매우 좋다.

7. 경기 안성시: 남사당 상설 공연 관람권

경기 안성 | 남사당 상설 공연 관람권

답례품 소개
안성 남사당 6마당의 진수를 느낄 수 있는
안성 남사당 상설 공연 관람권(1만 원권×3매).
매년 3~11월 매주 토요일 및 일요일 오후 2시
(관람 시간 약 1시간 30분)에 안성 남사당
실내 공연장에서 관람 가능하다.

기부 금액
10만 원

출처: 고향사랑e음 사이트

천하제일 광대 바우덕이의 예술혼을 만나다

안성은 우리나라 남사당패의 발생지이다. 안성시립 남사당 바우덕이
풍물단은 조선시대 최고의 예술가이자 최초의 연예인으로 평가되는
안성 '바우덕이'의 예술혼을 이어받아 민족 대중문화인 남사당놀이를
보존하고 세계화하기 위해 결성되었다. 전국 최초로 남사당놀이를 상
설 공연 프로그램으로 운영하여 우리 민속 문화를 현대 사회에 대중화
하는 데 앞장서며, 남사당놀이를 활용한 다양한 체험 프로그램을 개발
하여 보급한다.

또한 풍물놀이 등 각 기능별로 체계적인 교육 프로그램을 운영함으
로써 인재를 양성하며, 세계 각국을 다니며 순회공연을 하면서 우리
문화를 널리 알리고 있다. 아울러 해마다 바우덕이 축제를 개최하고
직접 다양한 공연·체험 활동을 운영함으로써 가장 특색 있는 세계적
인 축제로 자리 잡을 수 있도록 힘쓰고 있다(한국관광공사).

안성시 소개

경기도 최남단에 위치한 안성시는 서쪽으로는 평택, 북동쪽으로는 이천시, 남쪽으로는 천안·진천·음성, 북쪽으로는 용인시와 경계를 맞대고 있다. 안성시의 면적은 553.4㎢이고, 인구는 2023년 2월 기준으로 18만 8,634명이고 점차 증가하는 추세이다.

안성시는 평택시와 함께 충청도와 인접하여 충청도에서 경기도로 통하는 관문 역할을 한다. 이러한 지정학적 위치 때문에 전통적으로 대구·전주와 함께 3대 상업 도시로 불렸다. 특히 조선 영·정조 시대부터 서울과 가까운 삼남(충청도·전라도·경상도) 물산의 집산지로서 중요한 시장을 형성하면서 대도시 부럽지 않게 번화한 도시였다. 매월 2일과 7일 단위로 열리는 5일장도 조선 3대 시장에 속하였다.

8. 경기 고양시: 장항습지 생태카드 게임

경기 고양 | 장항습지 생태카드

답례품 소개
국내 최대 규모의 도시 습지인 고양시
장항습지에 서식하는 다양한 새들의 부리,
다리, 둥지를 그린 '습지에 사는 새 이야기' 카드.
습지와 생태에 대한 다양한 지식을 얻을 수 있는
생태 교육 카드 게임이다.

기부 금액
10만 원

출처: ㈜크레몽(cremond.co.kr)

습지에 사는 새 이야기

장항습지는 서울 인근에 자리한 고양시의 도심 속 숨겨진 습지로, 2021년 람사르 협약에 등록된 대규모 도시 습지이다. 습지는 1900년 이후 지구상에서 50% 가까이 사라지고 있어, 물새를 비롯한 다양한 생물의 서식 공간이 급속히 줄어들고 있다. 그러므로 생물 다양성이 높은 생태계인 습지를 보호하는 문제는 오늘날 중요한 화두이다.

특히 도심 속 습지인 장항습지는 버드나무와 말뚱게의 공생 관계가 두드러진 곳이다. 재두루미, 저어새, 개리 등 멸종위기 종을 비롯한 물새 약 2만 마리가 서식하고 있어 국제적으로 보존 가치가 높다. 새의 부리와 다리, 둥지를 보면 그 새가 사는 곳과 습성, 먹이 등을 알 수 있다. 습지에 사는 새를 통해 생물 다양성을 익히고, 습지의 중요성을 깨닫게 하는 생태카드 게임으로 습지와 생태에 대한 다양한 지식을 배울 수 있다.

고양시 소개

고양시는 경기도의 북서쪽에 위치하여 남동으로 서울과 접하고, 북동으로 양주시, 북서로 파주시, 남서로는 한강을 끼고 김포시와 인접해 있다. 고양시의 면적은 268.1㎢이고, 인구는 2023년 2월 기준으로 107만 8,087명이다. 1989년 4월에 일산신도시 건설 계획이 발표되면서 560여 만 평의 일산신도시 건설이 시작되었고, 이어 택지개발지구가 추가로 발표되면서 1992년 2월 고양시로 승격되었다.

고양시는 2022년부터 인구 100만이 넘는 대도시로서 기초자치단체 지위를 유지하면서 일반시와 차별화되는 특례시의 법적 지위 및 명칭을 부여받았다. 특례시는 광역시급 위상에 맞는 행정·재정적 자치 권한과 재량권을 부여받은 새로운 형태의 지방자치단체 유형이다.

9. 충북 청주시: 사슴 농가에서 키운 국산 녹용

출처: 고향사랑e음 사이트

충청북도 · 청주시 지원으로 설립된 사슴클러스터 녹용

㈜사슴클러스터 사업단(브랜드 몸엔용)은 청주 지역 사슴 농가와 함께 품질 높은 녹용을 생산하여 농가 수익 확대 및 안정화를 이루었다. 청주에 위치한 녹용 가공센터에서 생산된 녹용 가공품은 전국 이마트와 롯데마트 및 하나로마트 등을 통해 소비자에게 판매된다.

많은 대기업들은 러시아 또는 뉴질랜드 녹용을 수입·가공하여 국내에 판매한다. 사슴클러스터 사업단은 100% 국산 녹용 제품을 사용해 국내뿐 아니라 베트남, 호주, 인도네시아로 수출한다. 청주에서 생산된 녹용을 해외로 수출하는 역할까지 주도하는 것이다. 청주시의 지원과 관리를 통해 생산한 안전하고 품질 높은 국산 녹용 가공품을 보급하기 위해 청주 지역 사슴 농가와 녹용 가공 센터, 청주 지역 대학이 함께 노력하고 있다.

청주시는 역사적으로 군사적 요충지였다. 신라가 삼국을 통일하자 지리적 중요성으로 인해 5소경 중 하나인 서원경으로 승격되면서 지방 행정의 중심지가 되었다. 고려 태조 때 청주로 지명을 개칭하였다. 1377년 청주 흥덕사에서 세계 최고最古 금속 활자본인 직지(백운화상초록불조직지심체요절)를 간행하였다.

 청주시의 면적은 941㎢이고, 인구는 2023년 2월 기준으로 86만 3,722명이며 증가하는 추세이다. 청주시는 중부권의 내륙 도시로 대전, 천안, 괴산, 보은 등이 인접해 있다. 청주IC를 통과해 5㎞ 길이의 플라타너스 가로수 터널을 지나 시내에 들어서면 시가지를 감싸듯 솟은 우암산과 도심을 가로지르며 휘감아 흐르는 무심천이 조화를 이룬다. 또한 유서 깊은 정치·경제·교육·문화의 중심지이며 충청북도의 도청 소재지로 행정의 중심지이다.

10. 경기 시흥시: 웨이브파크 입장권과 서핑 이용권

출처: 고향사랑e음 사이트

세계 최대 인공 서핑장, 인생 최고의 짜릿한 파도타기

시흥시에 만들어진 세계 최대의 인공 서핑장인 웨이브파크는 가족, 연인, 친구와 함께 물놀이를 하고 휴식을 즐기면서 긍정적인 에너지를 얻을 수 있는 공간이다. 바다 파도풀, 수영, 레펠 다이브, 에어 바운스, 아일랜드 스파, 키즈풀 등 다양한 워터 액티비티를 한곳에서 경험할 수 있다.

서핑을 처음 배우는 입문자를 위한 강습도 마련되어 있다. 웨이브파크의 친절하고 전문적인 코치와 함께 인생 첫 파도를 타는 짜릿함을 느낄 수 있다. 특히 올해부터 경기도민 전체를 대상으로 해양 레저 프로그램을 확대 운영하여 거북섬 일원을 수도권에서 쉽게 즐기는 해양레저 관광 명소로 만든다는 계획을 세우고 있다.

시흥시는 인천광역시, 경기 서남부 및 서해안과 인접한 도시다. 완만한 구릉과 평원으로 이뤄졌으며, 전통과 현대가 잘 어우러진 복합 교육·산업 도시이다. 시흥시의 면적은 139.9㎢이고, 인구는 2023년 2월 기준으로 57만 4,106명이며 증가하는 추세이다. 시흥시는 면적의 28.8%가 논밭이며 시흥쌀 '햇토미'가 유명하다.

특히, 주민 평균 연령 33.1세(경기도 평균 35.3세)로 역동적 발전 가능성이 있는 젊은 청년 도시이다. 지금도 대규모 도시 개발 사업을 진행 중이며 서해안 개발축의 거점 도시로 성장하고 있다. 사통팔달의 광역 교통망을 계속 갖추어 나가고 있어 다른 도시에의 접근성이 양호하다. 첨단 지식 국제도시인 송도신도시, 생태 관광 레저 도시인 송산그린시티와 연계하여 발전할 가능성도 있다.

제 3 부

고향사랑 기부제의 미래

제 7장
크라우드 펀딩 활성화 방안

1. 일본 고향납세제와 크라우드 펀딩의 만남

고향납세 크라우드 펀딩의 특성

고향납세 크라우드 펀딩은 지방자치단체가 실시하는 크라우드 펀딩이라는 점에서 펀딩은 일반 크라우드 펀딩의 특성에 공공성 추구라는 특성이 더해진다.

일반 크라우드 펀딩은 다음과 같이 진행된다. 사업 아이디어가 있지만 실행을 위한 자금이 부족한 개인이나 법인(자금 수요자)이 불특정 다수(자금 공급자, 기부자)에게서 자금을 모금한다. 사업 아이디어 제공자(자금 수요자)는 만들고자 하는 상품에 대한 소개, 제작을 위한 예산과 기획, 자금 공급자에게 송부할 성과물(보상물)에 대한 설명을 담은 사업 기획서를 작성하여 크라우드 펀딩 중개업자(온라인 플랫폼)를

269

통해 인터넷에 게재한다. 이 사업에 공감한 자금 공급자는 크라우드 펀딩에 참여하며, 자금 수요자는 크라우드 펀딩이 목표 금액을 달성하면 사업 프로젝트를 진행하고 그 성과물을 보상물로 송부한다. 이처럼 크라우드 펀딩은 목표 금액의 달성 여부에 따라 사업 실시가 결정되는 경우가 있다. 또한 완성된 상품이나 주식을 구매하는 것이 아니므로 성과물이 제작 과정에서 늦어지거나 변경될 수 있다. 이러한 점을 크라우드 펀딩에 참여하는 사람은 충분히 인지할 필요가 있다.

크라우드 펀딩 중개업자(온라인 플랫폼)는 사업 프로젝트가 충실히 기재되었는지 확인하고, 자금 수요자와 자금 공급자가 원활하게 소통할 수 있도록 도우면서 상호 간 정보 격차가 발생하지 않도록 한다.

한편 고향납세 크라우드 펀딩은 일반 크라우드 펀딩과 몇 가지 다른 특성을 가진다. 첫 번째, 일반 크라우드 펀딩은 민간사업을 지원하지만 고향납세 크라우드 펀딩은 공공사업을 지원한다. 고향납세 크라우드 펀딩은 주민 생활과 직결되는 지역의 공공사업에 대한 펀딩이다. 따라서 일반 크라우드 펀딩과 달리 지방자치단체는 한 번 선정한 사업 프로젝트를 중도에 포기하지 않고 끝까지 실현해 나갈 의무가 있다.

둘째, 일반 크라우드 펀딩과 고향납세 크라우드 펀딩은 자금 수요자가 자금 공급자에게 보내는 성과물과 부정행위 발생 정도가 다르다. 일반 크라우드 펀딩은 자금 수요자가 자금 공급자에게 주식과 배당 등 수익(투자형) 또는 약속한 상품(보상형)을 보내는데, 이 과정에서 사기나 부정행위가 발생할 위험이 있다. 자금 수요자가 자금만 받은 채 투자금(원금)을 빼돌리거나 수익을 지급하지 않을 우려(투자형), 또는 자금 공급자가 받은 상품에 결함이 있거나 발송이 늦어질 우려(보상형)가 있다. 이러한 상황에 대비하기 위해 〈일본 금융상품거래법〉은 다수의 소

표 7-1 일반 크라우드 펀딩과 고향납세 크라우드 펀딩 비교

구분	일반 크라우드 펀딩	고향납세 크라우드 펀딩
대상 사업	민간 사업	공공사업
부정행위 발생 가능성	상대적으로 높음	상대적으로 낮음

규모 자금 공급자를 보호하고자 자금 수요자를 제 2종 금융상품거래업자로 보고 규제하며, 〈일본 대금업법〉도 자금 수요자의 대금업 등록을 의무화하였다. 다만, 보상형과 기부형에서는 크라우드 펀딩에서의 자금 흐름을 단순 수납 업무로 보기 때문에 별도의 규제를 하지 않는다.

일반 크라우드 펀딩과 달리 고향납세 크라우드 펀딩은 지방자치단체가 성과물을 답례품으로 제공한다. 이 답례품은 답례품선정위원회에서 선정해 품질 유지, 계약 의무 등에 각별한 주의를 기울이기 때문에 상품에 결함이 발생할 우려가 상대적으로 적다.

고향납세 크라우드 펀딩의 제도화

지방자치단체 공금 수납의 민간 위탁

〈일본 지방자치법〉은 원칙적으로 지방자치단체의 공금을 민간이 취급하는 것을 제한한다. 그러나 법률이나 시행령에서 특별히 정한 경우는 공금 징수나 수납을 민간에게 위임할 수 있도록 정한다(법 제 243조).

〈일본 지방자치법〉은 1947년에 제정되었다. 제정 법률에서는 민간의 공금 취급에 대해 어떠한 제한 규정도 두지 않았다. 그러나 1947년 연합군 사령부의 요구에 따라 제 1차 〈지방자치법〉 개정에서 지방자치단체의 공금에 민간이 개입하는 것을 제한하였다. 그 이유에 대해

총무성은 민간에게 공금의 징수 및 수납 권한을 위탁할 경우에 여러 문제를 발생시킬 수 있기 때문이라고 밝혔고, 구체적으로 어떤 문제가 발생하는지에 대해서는 명시하지 않았다. 공금에 관하여 민간의 개입을 차단하여 공공 부문과 민간 부문의 역할을 분리하고자 했을 것이라는 추측만 가능하다.

그러나 그 후로 공금 징수 및 수납의 민간 위탁을 둘러싼 상황은 계속 변하였다. 1963년 개정 〈지방자치법〉은 지방자치단체의 수입 확보와 주민의 편익 증진을 위해 민간에게 공금 징수와 수납 사무를 위임하는 것이 효율적일 경우에는 법률이나 시행령에 특별히 정하면 민간에게 징수 및 수납 사무를 위임할 수 있도록 하였다.

〈그림 7-1〉은 지방자치단체의 공금 징수 및 수납 업무의 민간 위탁 경과를 보여 준다.

1963년 〈지방자치법〉 시행령에서는 민간 위탁 대상으로 사용료,

그림 7-1 일본 지방자치단체 공금의 민간 위탁 경과

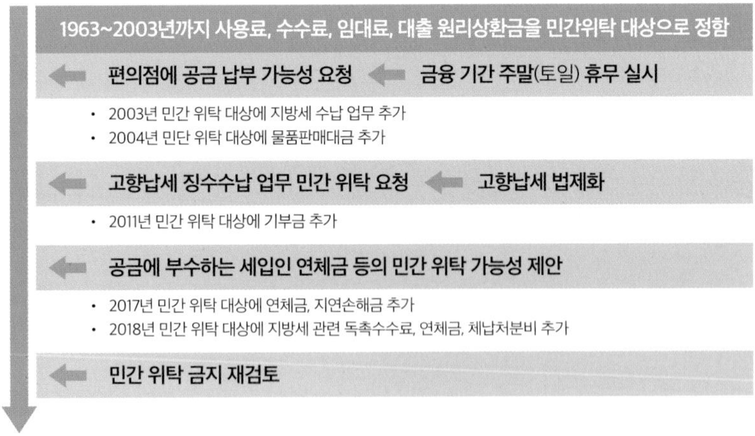

수수료, 임대료 및 대출 상환 원리금을 지정하였다. 2003년 금융기관의 주말 연휴제가 실시되면서 그동안 주중 공금 납부가 어려워 주말에 금융기관을 이용하였던 주민의 고충을 완화하기 위해 지방세 수납 업무를 민간에게 위탁할 수 있도록 정하였다. 2004년 물품 매출 대금을 추가하였으며, 2011년에는 기부금을 추가하였다. 기부금 추가에 의해 지정된 민간 온라인 플랫폼에서 고향납세의 징수 및 수납 업무가 가능해진 것이다. 2017년 사용료와 수수료의 연체금 및 공금의 지연 손해금을 추가하였고, 2018년 지방세의 독촉 수수료, 연체금 및 체납 처분비의 수납 업무를 추가하였다(〈지방자치법〉 시행령 제158조).

최근에는 금융기관의 통폐합과 디지털 환경으로의 변화를 고려하여 다양한 결제 수단을 확보하기 위한 목적으로 지방자치단체의 판단에 따라 공금 징수나 수납 사무를 민간에 위탁할 수 있도록 하는 법률 개정이 논의된다. 향후 민간의 공금 취급에 관한 정부 규제가 더욱 완화될 전망이다.

기부금 수납 민간 위탁과 크라우드 펀딩의 등장

지방자치단체의 공금 취급 업무를 민간에 위탁할 수 있는 이유는, 세금이나 과태료와 달리 지방자치단체의 경제적 활동으로 받는 공금은 단순한 금전적 수납 업무로 판단할 수 있기 때문이다. 다시 말해서 지방자치단체의 행정에 수반되는 공금이 단순히 경제활동에 따른 금전의 수수라면 공금 징수 및 수납 업무의 효율화를 위해 민간 참여를 확대할 필요가 있다는 것이다.

다만 지방자치단체에서 크라우드 펀딩을 활용할 경우는 다음의 사항에 유의할 필요가 있다. 고향납세 크라우드 펀딩은 '부담부 기부'가 아님을 분명히 해야 한다는 점이다. 일본에서 '부담부 기부'란 기부를 빈는 자에게 일정한 부담을 이행해야 한다는 조건이 붙고, 그 조건이나 의무가 이행되지 않을 경우 해제되는 형태의 기부를 말한다. 만일 고향납세 크라우드 펀딩이 부담부 기부라면 사업이 실시되지 않을 경우 기부금을 반환하거나 기부금 수령증명서를 회수할 때 곤란한 상황이 발생할 수 있다. 따라서 기부금 반환 의무가 발생하지 않도록 고향납세 크라우드 펀딩이 부담부 기부가 아님을 기부자에게 주지시킬 필요가 있다.

이상의 법령 개정으로 2011년부터 지방자치단체가 아닌 민간 부문이 기부금을 수납할 수 있게 되었다. 민간 부문은 고향납세 크라우드 펀딩을 활용하여 지방자치단체의 지역 과제 해결에 일조한다. 그리고 일본 정부도 2017년 고향납세 크라우드 펀딩의 장점을 활용한 '고향 창업 지원 프로젝트' 사업과 '고향 이주·교류 촉진 프로젝트' 사업을 실시했다.

일본 정부의 고향납세 크라우드 펀딩 지원

고향 창업 지원 프로젝트

☑ 개요

고향 창업 지원 프로젝트는 지방자치단체가 창업자를 고향납세 크라우드 펀딩 재원으로 응원하기 위한 목적 외에도 창업에 필요한 초기 투자 경비를 추가적으로 지원할 때 정부가 경비의 일부를 특별교부세로 지원하는 프로젝트이다.

일본 정부가 지역 창업을 특별교부세로 지원하는 이유는 일본의 '실버 민주주의'와 관계있다. 일본 총인구 중 65세 이상 인구 비율은 28.4%(2019년 기준)로 매우 높은 수치이다. 특히 지역의 고령화로 실버 민주주의 색채가 짙어지면서 지방자치단체는 고령층의 의견을 우선시할 수밖에 없어졌다. 이에 대해 정부는 지역 예산의 혜택을 받기 어려운 청년층 또는 사회적 약자를 위한 사업에 재원을 사용하도록 유도하고자 이 프로젝트를 실시하고 있다.

☑ 프로젝트 진행 방식

지방자치단체는 고향 창업 지원 프로젝트를 홍보하여 창업자를 모집한다. 창업자 모집 방식은 웹사이트를 통한 직접 홍보뿐만 아니라 지역 연관 단체를 통한 간접 홍보 등도 포함된다.

프로젝트에 참여하고자 하는 사업자는 사업 내용과 함께 고향미래투자가(기부자)가 사업에 관심을 가질 수 있도록 시제품 송부, 사업장 견학, 창업 성공 시 신제품 증정 등에 대한 방안도 함께 제출한다.

지방자치단체는 창업자 제안에 대해 고향납세 취지에 상응하는 사업의 공익성, 경제적 효율성, 지역 과제 해결 정도, 정기 사업 보고 및 제품 송부 여부 등을 심사한다.

지방자치단체는 채택된 창업자 사업을 크라우드 펀딩 사이트에 게재하고 고향납세를 모집한다. 크라우드 펀딩 사이트에는 ① 모집 기간, ② 목표 금액, ③ 사업에 관심을 가질 수 있는 방안 등을 공개한다.

이와 더불어 지방자치단체는 고향미래투자가의 고향납세로 창업자를 지원한 후 추가적으로 초기 창업비용을 지원해 지방자치단체가 창업을 지원하겠다는 의사를 명확히 한다.

창업자는 지원받은 자금을 활용하여 사업을 진행하면서 정기적으로 사업을 보고한다. 지방자치단체는 웹사이트나 홍보지로 고향납세 활용 상황을 공개한다.

☑지방자치단체에 특별교부세 지급
일본 정부가 지방자치단체에 특별교부세를 지급하는 조건은 지방자치단체가 크라우드 펀딩 고향납세 재원에 더하여 창업자의 창업 초기 비용(시설 정비비, 기계 장치비 및 비품비)을 보조하는 경우이다. 이때 시설 정비비란 사업 수행에 필요한 건축비, 건물 부속 설비 및 구축물의 설계비, 공사 감리 비용, 건축 공사비(용지 취득비 제외)를 말한다. 기계 장치비란 사업 수행에 필요한 기계 장치와 관련된 설계, 공사 감리, 구입 및 리스(임대)에 관한 경비를 말한다. 또한 비품비란 사업 수행에 필요한 비품의 구입과 리스 경비를 말한다.

정부는 지방자치단체가 지원한 창업 초기 비용의 2분의 1에 해당하는 경비를 특별교부세로 지급한다. 경비의 상한은 고향납세를 재원으로 보조한 금액 또는 기존의 지원 비용인 약 2억 5만 원 중 적은 금액이다.

고향 이주·교류 촉진 프로젝트
☑ 개요
고향 이주·교류 촉진 프로젝트란 일본 정부가 인구 감소 위기에 처한 지방자치단체의 고향납세 크라우드 펀딩 활용을 지원하는 프로젝트이다. 인구 감소와 저출산·고령화가 진행되는 가운데 장기적으로 이주 및 정주 인구를 증가시키기 위해서는 이미 시행 중인 이주·정주 대책과 함께 지역과 다양한 형태로 관계를 맺는 관계인구를 증가시킬 필요가 있다.

일본 정부는 이미 인구의 지역 이주·정주를 위해 특별교부세를 교부하고 있다(2015년 총무성 질의회신 제379호). 특별교부세는 지방으로 이주하기를 희망하는 자를 대상으로 정보를 제공하거나 이주 체험을 실시하고 이주자 환경을 정비하는 데 사용된다.

고향 이주·교류 촉진 프로젝트는 지역 이주·정주 대책을 확장한 것으로, 향후 이주할 가능성이 있는 고향납세 기부자(고향미래투자가)를 대상으로 지방자치단체가 고향납세 크라우드 펀딩을 활용하여 재원을 지원할 경우 정부가 추가적으로 지원하는 프로젝트이다.

☑ 프로젝트 진행 방식

지방자치단체는 이주·교류 촉진 사업을 선정하여 고향납세 크라우드 펀딩을 모집한다. 촉진사업으로는 고향납세자의 공감을 불러일으키거나 고향미래투자가(기부자)가 이해하기 쉬운 사업을 선정한다. 그 사례로는 빈집 또는 낡은 민가 수선 사업, 이주용 주택 정비 사업, 신규 귀농자 대상의 환경 정비 사업 등이 있다. 이와 함께 ① 모집 기간, ② 목표 금액, ③ 관계인구와의 지속적 연계 방안 등을 게재한다.

고향미래투자가는 응원하는 사업을 선택하여 고향납세 크라우드 펀딩에 참여한다. 지방자치단체는 고향납세 재원으로 이주·교류 촉진 사업을 실시하면서, 웹사이트나 홍보지에 고향납세 활용 상황을 공개한다. 동시에 고향납세 기부자와 지속적 관계를 맺으면서 이주 및 정주 정책을 실시한다.

지방자치단체의 크라우드 펀딩

☑ 도노시의 그라우드 펀딩 활용 사례

그림 7-2 도노시의 고향납세 플랫폼 활용 방식

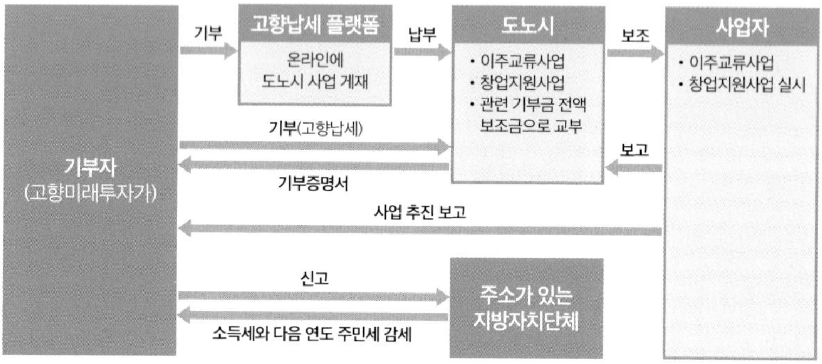

고향납세 크라우드 펀딩에서는 고향납세자를 '고향미래투자가'라고 부름.
출처: 도노시

도노^{蓬野}시는 총무성의 〈고향납세를 활용한 지역의 창업 지원과 지역의 이주 및 정주 추진 지침〉(2017)을 근거로, 지역 외부의 자금을 끌어들여 지역경제를 활성화하기 위해 고향납세 크라우드 펀딩을 실시하였다. 또한 고향납세 크라우드 펀딩을 원활히 실시하기 위해 〈도노시 고향미래투자 지원 사업비 보조금 교부 요령〉(2018)을 마련하였다. 교부 요령의 목적은 고향납세 크라우드 펀딩을 활용한 기부 문화를 조성하고 이주·교류 사업 및 창업 촉진 사업 경비를 보조하기 위함이다.

〈그림 7-2〉는 도노시 크라우드 펀딩형 고향납세제 활용 방식을 나타낸다. 도노시는 지역의 이주 및 정주 사업과 창업 지원 사업의 대상자를 선정한다. 대상 사업을 선정할 때에도 도노시는 관광추진협의회 및 상공회의소로부터 사업의 공익성 및 경제적 효율성과 지역 과제 해결

그림 7-3 도노시의 크라우드 펀딩 활용 이주·교류 촉진 사업 흐름도

기부자	기부자	플랫폼	도노시	사업자
2020.3				• [사업 신청]
2020.4				
2020.5			• [사업 모집]	
2020.6			• 신청서 심사 ——————— 사업 시작	
2020.7		• 사업 게재 심사	• 승인 결정	
2020.8	• [기부] • 고향납세	• 홈페이지 게재		
2020.9		• 기부금		
2020.10				
2020.11				
2020.12			기부(고향납세 크라우드 펀딩) 완료	
2021.1			• 기부액 통지	• 보조금 신청
2021.2			• 보조금 교부 통지 ——————— 사업 완료	
2021.3	• 확정신고		• 보조금 지출	• 실적보고

기여도 등에 관한 의견을 듣고 심사를 진행한다. 이러한 과정을 거쳐 사업이 선정되면 고향납세 중개 플랫폼을 통해 고향납세 크라우드 펀딩을 시행한 후 모집된 고향납세를 지원 사업 실시에 지출한다.

〈그림 7-3〉은 고향납세 크라우드 펀딩을 활용한 2020년 도노시 이주·교류 촉진 사업의 지원 흐름을 나타낸다. 2020년 3월 도노시는 이주·교류 촉진 사업을 시행하였다. 사업자가 이주·교류 촉진 사업에 관한 신청 서류를 제출하면, 도노시는 서류를 심사한 후 선정된 사업자에게 승인 결정서를 송부한다. 그 후 온라인 중개 플랫폼에 이주·교류 촉진 사업을 위한 고향납세 크라우드 펀딩을 게재한다. 도노시는 고향미래투자자에게서 고향납세(기부)를 받으면 그 사람에게 기부증

그림 7-4 도노시의 크라우드 펀딩 활용 창업 지원 흐름도

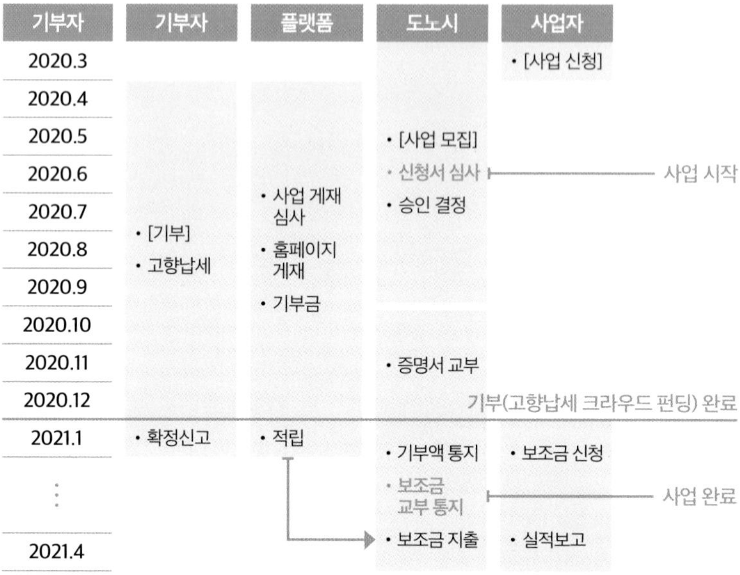

기부자	기부자	플랫폼	도노시	사업자
2020.3				• [사업 신청]
2020.4				
2020.5			• [사업 모집]	
2020.6			• 신청서 심사 ├── 사업 시작	
2020.7		• 사업 게재 심사	• 승인 결정	
2020.8	• [기부]			
2020.9	• 고향납세	• 홈페이지 게재		
2020.10		• 기부금		
2020.11			• 증명서 교부	
2020.12			기부(고향납세 크라우드 펀딩) 완료	
2021.1	• 확정신고	• 적립	• 기부액 통지	• 보조금 신청
⋮			• 보조금 교부 통지 ├── 사업 완료	
2021.4		└──→	• 보조금 지출	• 실적보고

명서를 교부한다.

　도노시에서는 2020년 4월부터 12월까지 9개월 동안 고향납세 크라우드 펀딩이 실시되었다. 고향납세 크라우드 펀딩을 실시한 도노시는 이주·교류 촉진 사업의 사업자에게 모집한 고향납세를 통지한다. 사업자는 사업 보조금을 신청하고, 도노시는 이에 보조금 교부 통지서를 발부한다. 사업자의 이주·교류 촉진 사업이 완료되었다는 보고를 받은 뒤에는 보조금을 지급한다.

　〈그림 7-4〉는 2021년 도노시 창업 지원 흐름을 나타낸다. 2021년 3월 도노시는 창업 지원 사업자를 모집하였다. 먼저 창업하고자 하는 사업자가 신청서를 제출하면, 도노시는 신청서를 심사한 후 승인한 사

그림 7-5 전년도 크라우드 펀딩 실시 절차

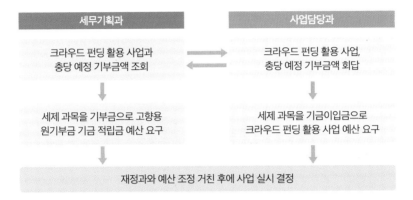

업자에게 결정서를 송부한다. 그 후 온라인 중개 플랫폼을 통해 창업 지원 고향납세 크라우드 펀딩을 실시한 뒤 고향미래투자가에게는 고향납세 증명서를 발부한다.

도노시에서는 2021년 4월부터 12월까지 9개월간 창업 지원 고향납세 크라우드 펀딩을 실시하였고, 시는 확보한 고향납세를 산업진흥기금으로 적립하였다. 이때 창업을 실시한 사업자가 보조금을 신청하면 보조금 교부 통지서를 발급한 후 창업 실시 사업자로부터 창업 완료 보고를 받은 후에 보조금을 지급하였다.

2021년 실시한 창업 지원 고향납세 크라우드 펀딩은 2020년에 실시한 도노시 이주·교류 촉진 사업 고향납세 크라우드 펀딩과 방식이 유사하다. 단, 2021년 사업은 모집한 고향납세를 산업진흥기금으로 적립했다는 점에서 다르다.

미에현의 고향납세 크라우드 펀딩 활용 사례

미에현은 2017년 '미에현의 재정 건전화를 위한 집중 대응'과 관련하여 재정 안정화 방안으로 고향납세 크라우드 펀딩을 검토하였다. 미에현 크라우드 펀딩 활용 지침은 다음과 같다.

그림 7-6 당해 연도 크라우드 펀딩 실시 절차

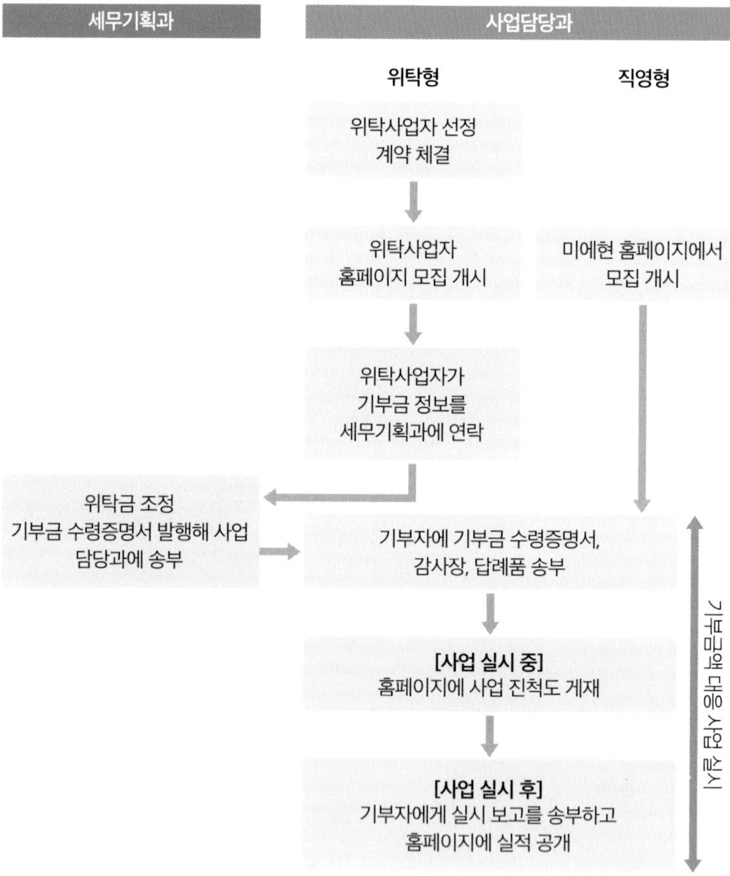

고향납세 크라우드 펀딩은 〈그림 7-5〉처럼 사업 실시 전년도에 세무기획과와 사업담당과 사이에서 크라우드 펀딩 활용 사업의 예정 기부 금액을 정하고 크라우드 펀딩 활용 사업에 대한 예산 요구를 한 후에 사업 실시를 결정한다.

사업 실시가 결정된 후에는 〈그림 7-6〉과 같이 크라우드 펀딩을 위탁할 위탁 사업자 선정 계약과 기부금 사업을 실시한다. 사업담당과에서는 위탁 사업자 선정을 담당하고, 위탁 사업자는 세무기획과에 고향납세 크라우드 펀딩으로 모금한 기부금을 알린다. 기부금 관련 행정 서비스(감사장, 답례품 송부 등)로 발생한 비용은 기부금에서 처리한다.

2. 우리나라 고향사랑 지정 기부 도전

지방자치단체의 크라우드 펀딩 활용 방식

지방자치단체가 크라우드 펀딩을 활용할 수 있는 방식으로는 지방자치단체가 자체 사업을 추진하는 데 필요한 자금 조달형(세입 확보형), 지방자치단체와 민간 기업이 협업하는 민관 협력 사업의 자금 조달형(민관 활용형), 지역 민간 기업의 자금 조달을 응원하는 형(정책 실현형)의 세 가지 형태가 있다.

세입 확보형 크라우드 펀딩은 지방자치단체가 사업자가 되어 자체 사업을 실시할 경우 사업 자금의 조달 수단으로 지방자치단체 사업에 공감하는 불특정 다수인에게서 인터넷을 매개로 자금을 제공받는 방식이다(고향납세 크라우드 펀딩).

표 7-2 지방자치단체 크라우드 펀딩 활용 방법

구분 \ 유형	세입 확보형	민관 활용형	정책 실현형
사업 주체	지방자치단체	지방자치단체, 민간 기업	민간 기업
지자체 역할	직접 사업자	사업 위험성 분담	민간 사업의 지원
크라우드 펀딩 유형	기부형, 보상형	투자형, 보상형, 기부형	투자형, 보상형, 기부형
기타 유형	고향사랑 기부형		-

민관 활용형 크라우드 펀딩은 지방자치단체가 민간 주체와 연계한 협력 사업을 실시하는 데 필요한 자금을 조달받는 수단으로 인터넷을 매개로 하여 불특정 다수인에게서 자금을 조달받는 방식이다. 민과 관이 저마다의 장점을 살려 사업 위험성을 분담함으로써 효과적 지역 경영을 실현할 수 있다.

정책 실현형은 지역 기업 등 민간 주체가 사업을 실시할 때 지방자치단체가 지원함으로써 해당 사업에 공감하는 불특정 다수에게서 크라우드 펀딩에 의해 자금을 조달받기 쉬운 환경을 만드는 방식이다. 지방자치단체의 지원은 지역 민간 주체에 크라우드 펀딩 관련 정보 제공, 중개 기관 소개, 크라우드 펀딩 활용에 따라 발생하는 초기 비용 경감 등 여러 형태가 있다. 이처럼 지방자치단체가 민간 주체의 크라우드 펀딩 활용을 쉽게 할 수 있도록 지원하는 것은 중소기업 육성, 지역 산업 진흥 등 지역 사회를 유지하고 발전시키기 위한 정책 실현의 일환이다.

세입 확보형과 민관 활용형 크라우드 펀딩은 지방자치단체가 관여하는 사업에 자금을 조달하기 위해 크라우드 펀딩을 활용한다. 반면, 정책 실현형은 사업을 실시하는 주체가 민간 기업으로서 지방자치단

체는 민간 사업을 응원하여 지방자치단체의 정책을 실현하고자 한다
는 점에서 차이가 있다. 또한 민관 활용형과 정책 실현형 크라우드 펀
딩은 지방자치단체가 민간 기업과 함께, 또는 민간 기업이 실시하는
사업을 대상으로 하므로 크라우드 펀딩의 유형인 투자형·보상형·기
부형을 모두 활용할 수 있다. 이에 대해 지방자치단체는 원래 자체 사
업을 지방세 세원으로 실시하므로, 세입 확보형 크라우드 펀딩을 활용
하여 자체 사업을 실시하는 경우는 예외적으로 보상형 내지 기부형 크
라우드 펀딩의 일종인 고향납세 크라우드 펀딩만을 활용할 수 있다.

우리나라의 정책 실현형 크라우드 펀딩 활용 사례

우리나라 지방자치단체의 크라우드 펀딩 활용

우리나라 지방자치단체의 크라우드 펀딩 활용 방식은 대부분 정책 실
현형이다. 지방자치단체의 행정 사업은 세수에 의해 이루어지기 때문
이다. 또한 관련 법령에서도 정책 실현형 이외의 방식을 채택하는 것
을 허용하지 않기 때문이기도 하다. 〈지방회계법〉제 42조는 지방자
치단체의 장이 공금의 징수, 수납, 보관, 관리 또는 지출에 관한 사무
를 법령에서 정한 자 또는 법령에 따라 위임받은 자 이외의 자에게 취
급하게 할 수 없다고 정한다. 이처럼 민간의 공금 징수 및 수납에 대한
별도 규정을 두지 않기 때문에 민간 부문은 지방자치단체의 기부금 수
납 업무를 위탁받을 수 없으며, 고향사랑 크라우드 펀딩도 할 수 없는
상황이다.

정책실현형 크라우드 펀딩 실시 예시

☑ ○○시 시민 주도 활성화 공모 사업

○○시는 2020년 시민 주도 활성화 공모 사업을 시행하였다. 시민 주도 활성화 공모 사업은 문화 예술에 대한 전문성을 가진 ○○의 개인 및 단체는 물론 창조적 아이디어만 있다면 누구라도 사업 주체가 되어 제안한 프로젝트를 실행해 볼 수 있는 사업이다.

보조금 사업 예산은 총 1억 원으로 총 4개 분야를 공모하며, 15건 내외의 사업을 선정하여 차등적으로 지원하였다. 구체적으로, 지역을 대표할 수 있는 특성화 사업을 발굴하는 '마을 브랜드 공모', 전통문화 자원을 활용한 콘텐츠를 제작하는 '전통문화 콘텐츠 공모', 지역 예술가와 지역 상인이 매칭되어 지역 상권을 살리는 '예술가-시민 매칭 공모' 그리고 텀블벅이나 와디즈 등 크라우드 펀딩 플랫폼을 활용한 '시민 펀딩 공모' 등 4개 분야이다.

이 중에서 ○○시의 '시민 펀딩 공모'는 개인 및 단체가 크라우드 펀딩 전문 플랫폼을 통해서 사업 프로젝트를 실시하기 위한 기부 목표액을 획득한다면 ○○시의 보조금으로 1 대 1 매칭을 지원받을 수 있게 하였다. 예를 들어, 목표 모금액으로 정한 300만 원을 달성한 경우라면 매칭 보조금 300만 원을 지원하여 총 600만 원으로 프로젝트를 진행할 수 있도록 하였다.

☑ ○○창업센터의 크라우드 펀딩 지원 사업

○○산업진흥원에서는 ○○시 관내의 판매 가능한 시제품이나 서비스를 보유한 창업 기업에 펀딩 기회를 제공하기 위해 2022년 ○○창업센터 크라우드 펀딩 지원 사업을 실시했다.

진흥원의 지원 방향은 ○○시 창업 기업 제품의 크라우드 펀딩 플랫폼 등록, 컨설팅, 홍보 동영상 제작을 지원하여 사업의 시장성 검증과 홍보 및 자금 조달 기회를 제공하는 것이다. 또한 창업 기업 제품의 특성과 단계에 맞는 국내 보상형 크라우드 펀딩 플랫폼과의 연계 및 펀딩 홍보를 통하여 펀딩 성공률을 제고하고자 한다.

　지원하는 사항은 국내 크라우드 펀딩 사이트인 오마이컴퍼니 OHMYCOMPANY, 와디즈wadiz, 크라우디CROWDY, 텀블벅tumblbug, 해피빈happybean 등 신청 기업의 선택형 크라우드 펀딩 등록이다. 즉, 펀딩 플랫폼 등록비, 홍보 동영상 제작비, 펀딩 페이지 제작비, 광고비 등 펀딩 등록을 할 때 발생하는 비용의 80%(공급가액 기준)를 선정일로부터 4개월 동안 지원하되, 사업당 최대 500만 원까지 지원받을 수 있다.

고향사랑 크라우드 펀딩 도입 가능성

국회의원 진선미·임호선 의원 주최로 개최한 국회 토론회(2022년 12월 28일)에서 행정안전부는 기금 운영에 대한 입장을 밝혔다. 현재 고향사랑e음 포털 사이트와 사이트에 탑재할 답례품 정비에 집중하고 있으므로 아직 기금 운용과 관련된 내용은 준비 중이며, 향후 기금 운용 전반에 관한 지침을 마련할 예정이라고 하였다. 또한 크라우드 펀딩 형식의 기부도 가능함을 다시 한번 확인하였다.

　고향사랑 크라우드 펀딩의 경우는 일반 기부금과는 달리 지방자치단체가 '사업 용도'와 '모금 기간' 등을 미리 정하여 기부금을 모금하는 제도이므로, 지방자치단체의 일반 기부금 계좌와는 별도로 고향사랑 크라우드 펀딩을 위한 특정 계좌를 개설하는 방안 등이 추가로 검토될 것이라고 설명하였다.

또한 행정안전부는 고향사랑 크라우드 펀딩이 가능한지 여부를 묻는 진선미 의원의 질의에 다음과 같이 답변하였다. "시행령에서 '기부금의 사용 용도'를 정하여 모금 홍보를 할 수 있다고 규정하고 있고, 또한 행정안전부가 마련한 참고 조례안에서도 '기금의 사용 목적에 해당하는 사업 중에서 지정하여 기부금을 모집'할 수 있도록 하고 있다. 이처럼 법령 등에 고향사랑 크라우드 펀딩에 관한 제한 규정이 없기 때문에 지정 기부가 가능하다."

이 경우 지정 기부란 일본의 크라우드 펀딩형 기부처럼 지방자치단체가 '사업 용도'와 '모금 기간' 등을 미리 정하여 모금하는 제도이다. 지방자치단체가 각종 재난·재해나 특정한 목적사업이 필요한 경우 자율적으로 지정하여 모금하는 형식이다. 행정안전부의 서면 답변은 특정한 목적을 지정하여 운영하는 일본의 고향납세 크라우드 펀딩과 같은 방식의 고향사랑 크라우드 펀딩이 가능하다는 방침이라고 해석할 수 있다.

크라우드 펀딩에 대한 법적 규제

크라우드 펀딩 유형에 따른 규제

크라우드 펀딩의 종류는 자금의 모집과 보상 및 투자자 보호 방식에 따라 투자형, 대출형, 보상형, 기부형으로 나뉜다.

투자형 크라우드 펀딩과 대출형 크라우드 펀딩은 금융업으로 간주하여 법적으로 규제받는다. 투자형 크라우드 펀딩은 자금을 조달하고자 할 경우 증권 발행을 통해 투자자로부터 자금을 모집한다. 이러한 행태

표 7-3 크라우드 펀딩의 유형과 관련 법제도

구분		자금 모집	보상 방식	법제도	비고
금융형	증권형	주식·채권	투자 수익 배분	〈자본시장법〉 개정(2016)	
	대출형	대출 계약	원리금 상환	〈온라인투자연계금융업법〉 제정(2019)	
비금융형	보상형	매매 계약 조건부 증여 계약	제품	-	고향사랑 기부제
	기부형	기부	무상, 사은품	-	

가 〈자본시장과 금융투자업에 관한 법률〉(〈자본시장법〉) 상 공모^{公募} 방식과 유사하기 때문에 펀딩업자를 같은 법의 중개업자로 규율한다(제5장 온라인소액투자중개업자 등에 관한 특례). 온라인소액투자중개업자로서 펀딩업자의 금융위원회 등록 의무화나 피해 소비자(소액 투자자)의 입증 책임을 완화하기 위한 손해 배상 책임 규정이 이에 해당한다.

한편 대출형 크라우드 펀딩은 자금 공급자인 소액 투자자가 펀딩업자를 통해 자금 수요자에게 간접 대출하는 금융업적 성질을 지니므로 〈온라인투자연계금융업 및 이용자 보호에 관한 법률〉(온라인투자연계금융업법)을 제정하여 규율하고 있다. 이 법은 대출형 크라우드 펀딩을 원리금 수취권의 연계 대출로 보며, 펀딩업자는 자금 수요자(차입자)에 대한 채권자가 된다. 또 온라인투자연계금융업자로서 펀딩업자의 금융위원회 등록 의무화, 소비자(소액 투자자) 보호를 위한 손해 배상 책임, 대출 한도를 규정한다.

반면, 보상형과 기부형 크라우드 펀딩에 대해서는 비금융업으로 보고 별도로 규제하지 않는다. 보상형 크라우드 펀딩에서 제공하는 물건은 대가성 있는 계약에 근거한 행위이므로 자본시장법이 적용되지 않는다. 다만 인터넷을 통한 물품 제공을 수반하여 〈전자상거래 등에서의 소비자보호에 관한 법률〉(전자상거래법) 상 통신판매로 볼 여지가 있으므로, 〈전자상거래법〉상 규제가 적용되는지에 대해 검토할 필요가 있다.

기부형 크라우드 펀딩은 자금 수요자가 기부받거나 자금 수요자가 제삼자를 위해 기부할 목적으로 실시하는 크라우드 펀딩이다. 따라서 투자자가 받는 답례품은 대가성이 없어 법적 규제를 두지 않는다.

보상형 크라우드 펀딩 중개 업무에 대한 해석

보상형 크라우드 펀딩에서도 투자자 자금이 온라인 중개업자(펀딩업자, 플랫폼 사업자)를 경유하여 자금 수요자에게 이전되므로 중개업자의 업무가 자금이동업에 속하는지에 대한 의문이 발생한다.

온라인 중개업자는 자금 수요자의 위탁을 받아 기부자 모집 업무와 결제 업무를 수행한다. 자금 수요자가 온라인을 통해 기부자와 매매 계약 또는 기부 계약을 직접 체결하므로, 중개업자는 계약 당사자가 아니다. 그런데도 중개업자를 통해서 기부자의 자금이 이동하므로 온라인 중개업자의 업무가 자금이동업에 해당하는지는 문제가 될 수 있다. 중개업자가 은행처럼 자금 이체 거래를 한다면 〈전자금융거래법〉의 규제를 받기 때문이다.

그러나 자금의 회수 업무를 위임받아 처리하는 단순한 수납 대행에 대해서는 별도의 법적 규제가 적용되지 않는다. 이러한 맥락에서 보상형과 기부형 크라우드 펀딩에서도 자금 제공자와 자금 수요자와의 사이에 거래(조건부 증여 계약 등)가 발생한다. 그러나 실제로는 크라우드 펀딩 중개업자가 제품 대금에 대한 채권자인 자금 수요자로부터 '대리

수령권'을 얻어 자금 제공자의 자금을 수령해 인도하는 데 불과하므로 (대행 서비스) 금융 규제를 받지 않는다. 다만 이러한 해석 방침은 자금 회수 업무에 대한 권한만 부여받으면 법적 규제를 회피할 수 있다고 받아들여질 여지가 있다. 따라서 이를 악용하여 채권자 또는 채무자가 중개업자의 신용 위험을 떠안게 될 수도 있다.

2019년 일본 금융심의회는 수납 대행에 관한 보고서를 발표하였다 (금융청, 2014). 이 보고서는 전형적인 수납 대행이란 금전 채권자로부터 위탁 또는 양도받아 채무자로부터 자금을 수수하고 그 자금을 채권자에게 이전하는 행위라고 정의하였다. 또한 채권자가 사업자나 국가 또는 지방자치단체이고, 채무자가 수납 대행업자에게 지불한 시점에 채무 변제가 종료되어 채무자에게 이중 지불할 우려가 없을 경우에는 이용자 보호를 위한 별도의 규정을 둘 필요가 없다고 판단하였다.

예를 들면, 에스크로 서비스escrow service에 대해서는 별도 규정을 둘 필요가 없다고 판단하였다. 여기서 에스크로 서비스란 상거래에서 판매자와 구매자 사이에 신뢰할 수 있는 중립적인 제삼자가 중개하여 금전 또는 물품을 거래하도록 하는 서비스를 말한다. 보고서는 에스크로 서비스의 경우 금전적 채권을 발생시키는 원인이 되는 거래가 물품의 판매나 대부 또는 서비스 제공이면서도 채권자가 물품 급부나 서비스 제공 전에 채무자로부터 자금을 수수했다는 취지의 통지가 있고, 채권자에 대한 물품 급부나 서비스 제공 후에 채권자에게 자금을 이전하는 특징이 있다고 판단하였다. 이처럼 에스크로 서비스는 거래 안전을 위해 개발된 서비스로, 경제적으로 중대한 피해는 발생시킬 우려가 없기 때문에 별도의 제도 정비가 필요하지 않다고 설명하였다.

이와는 달리 모바일 라인페이LINE Pay나 페이페이PayPay와 같은 핸드폰 결제 앱에 대해서는 자금 이체 거래를 규제할 필요가 있다고 해석했다. 서비스 제공자는 개인 간 채권-채무 관계의 발생 사유에 관여하지 않고 단지 자금의 거래 중개만 하기 때문에 소비자인 채권자와 채무자 쌍방에게 서비스 제공자의 신용 위험을 떠안게 할 우려가 있다고 판단한 것이다.

보상형 및 기부형 크라우드 펀딩 수납 대행에 대한 해석

현재 우리나라 금융위원회는 보상형과 기부형 크라우드 펀딩에 대해 비금융업으로 보고 별도 규제를 두고 있지 않다. 다만, 그 이유에 대한 상세한 설명이 없기 때문에 보상형 크라우드 펀딩이 향후 투자형 크라우드 펀딩처럼 규제 대상이 되지는 않을지 의문이 생긴다.

상기한 핸드폰 결제 앱과 에스크로 서비스는 신용 위험의 부과라는 측면에서 다른 결론이 났다. 핸드폰 결제 앱의 경우는 서비스 제공자가 원천 거래와 관계없이 자금을 이전하여 신용 위험을 발생시키지만, 에스크로 서비스는 원천 거래와 관련된 자금의 이전이라는 점에서 신용상 위험을 발생시키지 않는다고 판단하였다.

이 해석을 바탕으로 보상형 및 기부형 크라우드 펀딩의 온라인 중개업자 수납 대행을 검토하면 다음과 같다. 보상형과 기부형 크라우드 펀딩에서 온라인 중개업자는 자금 모집에 필요한 프로젝트를 플랫폼에 실어 자금을 모집한다. 이때 자금 송금은 프로젝트 지원 계약에 근거를 둔 이행 행위이다. 원천 거래의 관점에서 살펴본다면 보상형과 기부형 크라우드 펀딩은 에스크로 서비스와 유사하다고 볼 수 있다. 한편 보상형과 기부형 크라우드 펀딩은 지원자가 플랫폼 사업자에게 지불한 시점에 지원금의 변제를 종료하는 것이 일반적이므로 지원자

에게 이중으로 지불될 위험은 없다. 또한 보상형과 기부형 크라우드 펀딩에 대한 금융 기관의 자금 조달이라는 점보다는 프로젝트에 공감한 제삼자의 자금 조달이라는 점에서 사회적으로나 경제적으로 심각한 피해가 발생할 우려가 적다.

이와 같이 보상형과 기부형 크라우드 펀딩에서 온라인 중개업자의 자금 모집과 송금 행위는 에스크로 서비스처럼 프로젝트 지원 계약에 근거를 둔 이행 행위이다. 자금 공급자가 중개업자에게 지불한 시점에 지급 채무의 변제가 완료되므로 자금 거래에 관한 규제가 적용되지 않는다고 결론지을 수 있다.

한편 보상형 크라우드 펀딩에 대해서는 특히 중소기업에서 재고 부담의 문제를 해소하거나 미래 고객을 유치할 기회로 이용하고 있다. 보상형 크라우드 펀딩의 거래 구조는 보상물을 제작하여 공급하는 '자금수요자', 자금을 투자하고 보상을 획득하는 '자금공급자' 그리고 양자를 중개하는 중개업자로 이루어진다. 그리고 보상형 크라우드 펀딩의 보상 성격에 따라 부담부 증여 계약(보상을 조건으로 한 계약)이나 매매 계약(반대급부를 중시한 계약)으로 본다. 이처럼 온라인을 매개로 자금과 제품을 이어 주기 때문에 보상형 크라우드 펀딩을 둘러싼 논의는 대부분 〈전자상거래법〉을 어떤 식으로 적용할지가 주요 쟁점이었다.

보상형 크라우드 펀딩에 대한 〈전자상거래법〉 적용 가능성

〈전자상거래법〉은 기성품의 대량 생산과 재고 부담이 가능한 기업에 적용될 수 있는 법률이다. 이 법은 이미 완성되고 특정할 수 있는 재화를 거래 대상으로 하며, 구매자에게는 일정 기간 내에 한하여 청약 철회권을 인정한다. 이에 대해 보상형 크라우드 펀딩은 아직 완성되지

않은 미래 재화를 대상으로 하며, 만일 〈전자상거래법〉 수준의 청약 철회권을 인정한다면 자금 수요자가 원하는 목표 금액에 도달하기도 전에 프로젝트 자체가 실패할 우려가 있다.

물론 보상형 크라우드 펀딩의 발전을 위해서는 보상 상품이나 서비스로부터 받은 소비자 피해를 사전에 방지할 수 있어야 한다. 이를 위한 법적 대안으로 보상형 크라우드 펀딩을 "조건 성취식 통신 판매" 형태로 보고, 계약 체결 후 자금 공급자의 청약 철회권을 제한하되 물품 수령 후에는 철회를 허용하는 방안, 또는 중개업자에게 자금 수요자의 자금을 프로젝트 목적에 상응하게 사용하였는지 감시할 수 있도록 하는 권한을 부여하는 방안이 제시되었으나 제도화되지는 않았다(국회의 안정보시스템 의안번호 2108586, 2021).

한편 일본은 소비자가 온라인 플랫폼을 안전하게 이용할 수 있도록 2018년 내각부 소비자위원회에 '온라인 플랫폼 거래 방식에 관한 전문 조사회'를 설치하였다. 2019년에는 소비자청에 '디지털 플랫폼 운영 사업자의 소비자 거래 환경 정비 등에 관한 검토회'를 설치하여 온라인 플랫폼 환경을 정비하고자 하였다. 그리고 위의 검토회 결과를 반영하여 2021년 4월 〈디지털 플랫폼을 이용하는 소비자의 이익 보호에 관한 법률〉(Digital Platform 소비자보호법, DPF소비자보호법)을 제정하여 2022년 5월부터 시행하고 있다.

〈DPF소비자보호법〉의 적용 대상은 〈특정 디지털 플랫폼의 투명성 및 공정성 향상에 관한 법률〉(특정DPF투명법, 경제산업성 소관)에서 정의한 DPF 운영 사업자 가운데 ① 온라인 통신판매 거래 청약이 가능한 플랫폼(온라인몰이나 크라우드 펀딩 플랫폼을 포함)과 ② 온라인 경매 플랫폼이다.

이들 DPF의 운영 사업자는 온라인 플랫폼상 통신 판매의 적정화와 분쟁 해결을 촉진하기 위해 다음 세 가지를 준수하고자 노력해야 하는 의무를 진다. 즉, DPF 운영 사업자는 ① 소비자가 통신 판매에 대해 판매업자와 원활하게 연락할 수 있도록 하는 조치, ② 상품 표시에 관해 소비자로부터 불만을 접수한 경우에 이를 조사하여 표시의 적정성을 확보하는 조치, ③ 판매업자의 소재에 관한 정보를 확인하는 조치를 하여야 한다. DPF 운영 사업자의 세 가지 조치 의무는 강제 의무가 아닌 노력 의무로 규정되어 있어 단지 선언적인 효력만 갖춘 것으로 평가될 수 있다.

그러나 내각총리대신의 이용 정지 요청, 소비자의 정보 개시 요구 그리고 민관협의회를 통한 지속적인 모니터링을 통해 사실상의 강제력을 높이고 있다. DPF 운영 사업자의 경영 효율성을 저해하지 않는 한도에서 전자상거래를 안전하게 보호할 수 있는 환경을 만들고자 하는 일본의 법 제정 방식은 차후 우리나라 전자상거래를 이용하는 소비자 보호 관련 법률을 제·개정할 때 참고할 수 있다.

제 8장

생활인구 확대 사업과의 결합

1. 생활인구 확대 사업

인구 감소 시대의 복수 거주

국가 전체적으로 인구가 감소하고 있고 사회적으로도 인구가 수도권에 집중되고 있기 때문에 비수도권을 유지하기 방안으로 복수 장소에서 거주하는 사람들의 움직임을 반영한 인구 정책이 필요하다. 이 경우 복수 거주란 일반적으로 도시 주민이 본인이나 가족의 상황에 따라 지역에 반복적으로 체류하는 상황을 제도적으로 받아들인 것이다.

복수 거주와 관련된 인구 정책으로는 복수주소제와 생활인구제(관계인구제)가 있다. 복수주소제란 주민등록지에 기재된 주소 이외에 주소를 더 가질 수 있도록 하는 제도이다. 생활인구제는 정주인구나 관광인구가 아니면서 지역과 밀접한 관계를 맺는 인구로, 일본의 관계인구제를 참고하여 만들어진 우리나라 인구 정책이다.

복수주소제와 생활인구제가 인구 감소 문제를 해결할 수 있는지에 대해서는 의견이 대립한다. 복수주소제를 찬성하는 의견은 원거리 직장으로 주간 인구가 많은 지역의 행정 수요를 파악하는 데 용이하고, 관련 지방자치단체의 재정 확충이 가능하며, 지역 이주 희망자를 대상으로 한 지원 사업과 연계할 수 있다고 주장한다. 한편 반대하는 측은 부동산이나 교육을 목적으로 한 위장 전입의 합법화, 주로 대도시로 복수주소를 지정함으로써 가속화하는 대도시 인구 집중 현상, 재정 운영상의 혼란, 그리고 복수주소자와 원래 주민 간의 선거 대표성 문제를 지적한다.

또한 생활인구제에 대해 정부 주도의 하향식 지원 방식이 아닌 지역사회의 현황을 반영한 상향식 지역 정주 여건 개선 방식이라는 장점을 옹호하는 측이 있다. 반면 관계인구 개념 자체의 모호함과 그에 따른 성과 측정의 불명확함에 대한 비판이 있다.

여기서는 우선 현행법에서의 복수 거주 개념을 살펴본다. 그리고 우리나라처럼 저출산·고령화와 수도권 집중 현상이 발생하는 일본에서 관계인구제가 도입된 배경과 관계인구 사업 방향성을 검토한다. 마지막으로 우리나라 생활인구제가 나아가야 할 발전 방향을 분석한다.

복수주소제도

민법상 주소와 주민등록법상 주소

사적 관계를 규율하는 민법상 주소와 공적 관계를 규율하는 주민등록법상 주소는 개념에서 차이를 보인다.

민법상 주소는 생활의 근거지가 되는 곳으로 동시에 두 곳 이상 있을 수 있다(제18조). 이처럼 민법상 복수주소가 가능하므로 사적 생활 근거지에 대해 주소가 인정되어, 민법상 부재 및 실종의 기준(제22조 및 제27조), 채무 이행의 장소를 정하는 기준(제467조), 부부 동거 장소를 정하는 기준(제826조), 그리고 상속 개시 장소의 기준(제998조)으로 사용된다. 또한 공적인 부분에서도 민법상 주소 개념이 적용되어 주민등록 대상자의 판별(〈주민등록법〉 제6조), 지역구 국회의원이나 지방자치단체 의회 의원이나 장의 선거권자의 인정(〈공직선거법〉 제15조), 재판 관할의 결정(〈민사소송법〉 제2조·제3조), 어음 행위의 장소 결정(〈어음법〉 제2조) 시에 이용된다.

한편, 〈주민등록법〉상 주소는 한 장소만 인정하는 단수주소제를 채택한다. 〈주민등록법〉상 주소는 공법 관계에 적용되는 주소이다. 시장·군수 또는 구청장은 30일 이상 거주할 목적으로 관할 구역에 주소나 거소를 가진 사람을 〈주민등록법〉에 근거하여 등록해야 한다. 주민도 거주지를 관할하는 시장·군수 또는 구청장에게 주소나 국적, 전입일 등을 신고해야 한다.

〈주민등록법〉상 주소를 가진 주민은 법령에 근거한 지방자치단체 비용을 분담하는 대신 주민 생활에 영향을 미치는 지방자치단체 정책과 집행 과정에 참여할 수 있다. 또한 지방자치단체 재산과 시설을 이용할 수 있으며 지방의회의원과 지방자치단체장 선거에 참여할 수 있다.

〈인구감소지역법〉상 생활인구

2022년 6월 인구감소지역의 정주 여건을 개선하고 지역의 활력을 도모하여 국가 균형발전을 이루고자 〈인구감소지역 지원 특별법〉(약칭

표 8-1 복수주소제와 생활(관계)인구제 비교

	복수주소제	생활(관계)인구제
실시 국가	독일 등 지방 분권 국가	한국, 일본 등 수도권 집중 국가
특색	· 복수주소제 실시로 납세 의무가 발생하나, 주택, 자동차 보유 등에 대한 세제 혜택 부여가 가능함 · 지역 균형 발전 측면과 행정 비용 증가 측면을 비교 · 검토할 필요가 있음	· 복수주소제를 공적 제도로 인정하기 곤란하나, 지방자치단체에서 임의로 고향 주소를 부여하는 것은 가능함 · 상향식 지역 정주 여건을 개선하기 위한 방식임

〈인구감소지역법〉〉을 제정하였다.

이 법의 취지는 지방자치단체의 인구 감소가 지역경제의 축소와 의료 · 교통 · 교육과 같은 필수 사회 서비스의 부진으로 이어지면서 결국 지방자치단체의 존립에도 영향을 미치는데, 이러한 상태에 놓인 지방자치단체를 지원하여 지역의 경쟁력을 향상하고 거주민의 사회 서비스를 확보해 국토의 균형 있는 발전을 이루고자 하는 데 있다. 이 법의 특징은 기존에 정부가 중심이 되어 추진해 왔던 일방적인 대응 체계 구축이 아니라 지역이 주도하는 쌍방향의 지역 인구 감소 대응책 구축을 위한다는 점이다. 2023년 1월 1일부터 시행된 이 법은 지역이 스스로 인구 감소 문제를 철저히 분석하여 지역 여건에 맞는 맞춤형 정책을 추진하고, 이를 정부가 지원하는 형식을 갖추고 있다.

한편 이 법은 새로운 인구 개념으로 생활인구를 정의한다. 생활인구란 특정 지역에 거주하거나 체류하면서 생활하는 사람이다. 〈주민등록법〉에 주민으로 등록된 사람, 통근 · 통학, 관광, 휴양, 업무, 정기적 교류 등으로 특정 지역에 체류하는 사람, 그리고 외국인등록이 되어 있는 외국인이다.

복수주소제 도입 검토

복수주소제를 둘러싼 쟁점

복수주소제의 실시는 도심으로의 위장 전입과 대도시 인구 집중 현상의 가속화, 재정 운영의 혼란, 주민 간 선거 대표성 문제를 초래할 수 있다. 실제로 거주하지 않고 〈주민등록법〉상으로만 복수주소를 가지는 일이 가능해지면 위장 전입이라는 불합리한 기대 심리를 조장할 수 있다. 도시 외곽으로의 인구 이동이 일어나는 상황에서 이러한 현상은 더욱 가속화될 가능성이 있다. 특히 서울에서 경기로 이동하는 20대와 30대의 인구이동률이 각각 23.1%와 21%로 다른 연령대에 비해 비율이 높고, 그 원인이 자발적 의지가 아닌 주택 가격이라는 외부적 요인이 크게 작용한 결과라면 서울로 복수주소를 이전할 가능성은 크다.

또한 복수주소지에도 지방세를 부과하거나 주된 주소지와 다른 주소지 간의 세원 배분을 하는 과정에서 지방자치단체 간 갈등이 발생할 수 있다. 이 문제를 방지하려면 현행대로 주된 주소지를 기준으로 세금을 부과하는 것이 가장 손쉬운 방법이다. 하지만 복수주소를 둔 지방자치단체에 조세 징수 권한을 부여하지 않으면 복수주소 허용에 따른 재정 확충 효과를 기대하기 어려워지므로 지역 간 형평성을 위하여 교부세를 더 강화해야 할 수도 있다.

복수주소의 도입을 주장하는 측은 투표권과 피선거권 등도 인정해 주는 방안을 거론한다. 그러나 부*거주지로서 복수주소를 갖는 사람이 실제로 거주하는 원주민보다 숫자가 많거나 적은 경우에 1인 1표라는 투표의 등가성 원칙이 인정될 수 있을지 우려된다.

독일의 복수주소제

독일은 〈연방등록법〉에 근거하여 거주지를 등록한다. 독일 〈연방등록법〉은 거주자가 국내에 복수 거주지를 둔 경우 주거지 중 하나를 본거주지라고 규정한다(제21조). 원래 주민등록은 연방법이 아닌 주법으로 규정하였으나, 〈독일기본법〉의 개정으로 주민등록제도가 연방 입법 권한으로 변경되었기 때문에 〈연방등록법〉에서 거주지를 다룬다.

〈연방등록법〉에 근거해 거주자는 거주지의 종류와 관계없이 입주 후 2주 내 관할청에 거주지를 신고해야 한다(제17조). 정당한 사유 없이 신고 의무를 위반한 경우에는 벌금이 부과된다. 다만, 부거주 기간이 6개월 이하인 경우는 거주지 신고 의무가 면제된다. 이 경우 거주기간은 실제 거주 기간이 아니라 주택임대계약서나 매매계약서상 입주일을 기준으로 한다. 본거주지는 가족의 생활 기준지인지 여부로 판단한다. 한 예로 부부 중 한 배우자가 다른 지역에서 근무하는 주말 부부인 경우 다른 지역에서 근무하는 배우자는 직장 근처에서 주로 거주하고 생활하더라도, 가족이 모이는 주말 생활 기준지가 본거주지가 된다.

독일 〈연방등록법〉 제21조(복수 거주지)

① 거주자가 국내에 복수 거주지를 가지고 있는 경우에 복수 거주지 중 하나가 본거주지이다.

② 본거주지는 거주자가 주로 사용하는 거주지이다.

③ 부거주지는 국내 거주자의 기타 거주지이다.

④ 등록 의무자는 국내에 다른 거주지가 있는 경우에 어떤 거주지가 본거주지인지를 등록기관에 등록 또는 말소 때마다 통지해야 한다. 본거주지 변경은 2주 이내에 새로운 본거주지 관할 등록 기관에 통지되어야 한다.

또한 〈연방선거법〉에 따르면 선거권과 관련하여 본거주지에만 선거인명부가 등록되므로 주의회 선거나 시의회 선거 등 지방선거와 연방의회 선거의 투표권 행사는 본거주지에서만 가능하고, 부거주지에서는 불가능하다.

한편 부거주지에 대한 조세로 연간 임차료의 일정 비율에 대해 '제2거주지세'를 부과한다. 제2거주지세는 베를린주의 경우 15%이고, 브레멘 지자체는 12%, 함부르크주는 8% 등 주마다 다르다. 일반적으로 연간 순수 임대료의 5~15%를 납부한다. 부거주지로서 주택을 소유할 경우에는 각 주에서 매년 발표하는 주택 기준 임차료에 따른다. 미성년자에게는 제2거주지세가 부과되지 않으나, 대학생이라면 본거주지를 유지하면서 다른 주에 부거주지를 신고할 경우 제2거주지세를 납부해야 한다. 다만 부부가 직장 등을 이유로 부거주지와 주거주지를 모두 가질 경우에는 면세 규정이 적용된다. 또한 요양 시설이나 장애인 돌봄 시설처럼 치료나 사회 교육을 이유로 거주할 경우에는 제2거주지세를 부과하지 않는다.

부거주지 등록에 따른 혜택도 있다. 지방자치단체는 부거주지 신고에 따른 제2거주지세 징수로 세수를 확충할 수 있기 때문에 그 반대급부로 개인이나 자영업자에게는 부거주지 관련 비용인 임대료나 본거주지로 이동하는 왕복 교통비 등을 소득세에서 공제받는 혜택을 부여한다.

도입 대안과 과제

☑ 고향사랑 기부제와의 연계

'고향 이주 희망자 지원 사업'은 고향사랑 기부제를 이용하는 사람이 기부를 통해 알게 된 지역으로 이주를 희망할 경우 자신이 기부해 온 지역을 거소居所 또는 가주소로 등록할 수 있도록 하는 방안이다. 추진할 때 일본의 '고향 이주 교류 촉진 프로젝트'를 참고하였다. 이는 개인이 미래에 이주하고자 하는 지역에 고향사랑 기부제를 통해 기부하면 관련 지방자치단체가 기부자에게 명예 주민증을 발급하여 지역 주민과 유사한 권리와 의무를 부여할 수 있도록 하자는 것이다.

고향 이주 희망자 지원 사업과 고향사랑 기부제 모두 인구 감소 지역으로의 인구 유입과 해당 지역의 재정 확보를 목적으로 한다. 따라서 이에 더하여 복수주소제까지 도입하면 인구 유입뿐만 아니라 대도시권 주민과 지역과의 연결고리를 만드는 데에도 기여한다는 이점이 있다.

☑ 민법상 주소형 부거주지

독일의 거주지 등록 제도를 참고한 방안으로, 본거주지는 거주자가 주로 사용하는 주택이 있는 장소를 말하며, 부거주지는 본거주지 이외의 부수적인 주택이 있는 장소를 말한다. 부거주지의 복수주소를 허용하는 것은 가족 돌봄이나 학업 등을 이유로 실제 주민이 자신의 주민등록지가 아닌 다른 곳에 실질적으로 거주하는 경우가 많기 때문이다. 따라서 거주자로서의 주민이라는 측면이 더 강하게 부각되며, 이들을 대상으로 조세 징수도 가능하다.

부거주지에 대한 조세를 징수하는 방법으로는 본거주지에 납부할 지방세의 일부를 부거주지에 납부하도록 하는 방법과, 본거주지에 납부하는 주민세와는 별도로 부거주지에 더 낮은 세율의 주민세를 부과하는 방법이 있다.

경제활동이 밀집된 대도시의 직장과 그렇지 않은 인근 지역의 거주지 간 거리가 먼 경우가 적지 않다. 이 사실은 어느 한 지역의 주간과 야간 사이의, 또는 주중과 주말 사이의 인구 변화가 크다는 것을 의미한다. 이러한 인구 변화는 어느 한 지역의 행정 수요를 정확히 파악하기 어렵게 한다.

　행정안전부는 매년 기준 인건비나 지방 교부세를 산정할 때 유동인구를 반영한 '주간인구 지수'를 고려한다. 주간인구란 해당 지역의 상주인구에 다른 지역에서 유입되는 통근·통학인구(유입인구)를 더하고 다른 지역으로 유출되는 통근·통학인구(유출인구)를 뺀 것이다. 주간인구 지수는 이렇게 산출한 주간인구를 상주인구로 나눈 값이다. 이를 수식으로 나타내면 다음과 같다.

$$주간인구 = 상주인구 + 유입인구 - 유출인구$$

$$주간인구\ 지수 = \frac{주간인구}{상주인구} \times 100$$

표 8-2 복수주소제 도입 대안 비교

구분	고향사랑 기부제와 연계	민법상 주소형 부거주지	원거리 주간 직장 인정형
개념	모든 국민이 자유의사로 주민등록을 하나의 주소지 외에 자신의 주소지를 한 곳 더 지정	주민등록을 한 본거주지 외에 실제 생활을 영위하는 부거주지가 있을 경우 부거주지에 대해 복수주소 허용	직장과 주거주지가 다른 현실을 반영하여 복수주소 허용
장점	고향사랑 기부제와 고향 이주 희망자 지원 사업을 연계할 수 있음	부거주자 주민 권리를 확대하고 주민세와 시설 이용료 분담으로 자치단체 재정 확충 가능함	직장 이동 인구에 관한 행정수요 파악과 자치단체 재정 확충 가능함
과제	· 부동산과 교육을 위한 위장 전입이 합법화될 우려가 있음 · 대도시를 복수주소로 지정함으로써 제도 도입 취지와 달리 대도시로 인구가 집중될 수도 있음 · 복수주소 지방자치단체 간의 재정 운영상 혼란이 발생할 우려가 있음 · 복수주소자와 본래 주민 간 선거 대표성 문제가 발생할 우려가 있음		

주간 인구 지수가 100 이하인 곳은 주로 주거 지역이고, 100 이상인 곳은 직장이나 학교 등이 밀집한 지역이다. 수도권에서는 서울의 업무 시설 밀집 지역과 산업 시설이 분포한 경기도 외곽의 시·군·구의 주간인구 지수가 높고, 서울의 주거 지역 및 서울과 인접한 경기도의 시·군은 주간인구 지수가 매우 낮다. 비수도권의 경우 주로 산업 시설이 위치한 시·군·구의 주간인구 지수가 높으며 지방 주요 도시 중 인구가 많은 도시의 주간인구 지수가 낮은 편이다.

이러한 주간 인구수의 개념을 도입하면 직장이나 학교 소재지를 복수주소로 지정할 수 있기 때문에 통근·통학 인구가 많은 도시 지역과 인근 지역 전체에서 발생하는 행정 수요를 비교적 정확하게 파악하는 것이 가능하다. 또한 복수주소를 둔 지역에서 거주민으로의 권리를 인정하기 때문에 도시 인구 분산 효과를 기대할 수 있다.

2. 일본의 관계인구제

일본의 복수주소 논의와 고향납세제 도입

일본 민법은 생활의 본거지를 그 사람의 주소로 정한다(제 22조). 학설에서도 법률관계마다 다른 주소를 인정한 것으로 해석한다. 이를 두고 선거권 행사와 관련하여 일본 최고재판소는 주소, 특히 생활 본거지가 무엇인지 실질적인 판단 기준을 제시하지 못하였다(1954년 판결).

1954년 최고재판소는 고향을 떠나 외지에 위치한 대학에 다닌 학생의 선거권 행사와 관련하여 고향에 직접 가서 선거권을 행사해야 한다면 실질적으로 선거권을 제한받는 것과 다르지 않다는 점이 주요 쟁점이었던 사건을 판결하였다. 이바라키茨城대학의 기숙사에 거주하던 학생은 현 거주지인 이바라키현의 선거인 명부에 자신의 이름이 없음을 발견하고 이바라키현 선거관리위원회에 이의를 제기했다. 선거관리위원회는 부모를 떠나 독립적인 생활을 하는 것이 아니므로 학생의 주소는 부모의 주소라며 이의 신청을 기각했다. 최고재판소는 주소란 각자의 생활 본거지를 가리키는 것으로, 학생은 수년간 기숙 생활을 해야 하고 방학이 아니면 거의 고향에 돌아가지 않으며, 또한 고향에 관리해야 할 재산을 두고 있지 아니하므로 생활 본거지는 학생 기숙사에 있다고 판시했다. 이처럼 최고재판소는 생활 본거지에 대한 민법 규정을 언급하였을 뿐, 복수주소에 관해서는 언급하지 않았다.

그 후 선거권 행사 문제는 외지에 있는 학생 등에 대한 사전 선거제가 도입되면서 해결되었다. 주소 해석 문제를 다룬 다른 최고재판소의 판결도 있었으나, '사람의 생활과 깊은 관계가 있는 생활의 중심'이라는 민법상 규정 이상의 기준이 제시되지 않았다.

수소 해석 문제는 세법상 주소 결정에서도 중요한 문제이다. 세법상 주소는 납세 의무자의 범위를 결정하기 때문에 민법상 생활 본거지라는 판단 기준만으로는 세법상 주소를 해석하기 어렵다. 예를 들면, 〈소득세법〉은 납세 의무자를 거주자와 비거주자로 나눈 후 거주자에게 무제한의 납세 의무를 지운다. 다시 말하면 세법상 주소에는 민법상 복수주소가 인정되지 않고, 그 대신 구체적이고도 복잡한 직장, 국적, 생계를 같이하는 친족, 자산 소재 등의 사실관계 자료를 비교·판단하여 정한다.

2007년 일본 총무성은 복수 지역에 거주하는 자의 주민세 일부를 주소지 이외의 지방자치단체에 납부하는 방식을 취하는 복수주소제와 고향납세제를 검토하였다.

먼저 주소지 이외의 지방자치단체에 주민세 과세권을 인정할 수 있을지 검토하면 주민세는 1월 1일을 기점으로 주소지인 지방자치단체가 과세하여야 한다. 이를 위해서는 정확한 거주 실태 파악이 필요하기 때문에 상당한 행정 비용이 소요될 뿐만 아니라, 주민등록제나 선거제와 같은 제도와의 관계도 깊이 논의할 필요가 있다는 점에서 도입하기 곤란하다는 결론이 나왔다.

그 대신 기부금 세제를 응용한 고향납세제를 도입하기로 결정하였으나, 어떤 방식으로 도입할지가 문제가 되었다. 특히 고향납세제에서는 고향을 선택한 자와 원래 주소지인 지방자치단체에 전액을 납부한 자 간의 형평성 문제가 발생하기 때문이다. 수익과 부담의 원칙에서 지방자치단체의 행정서비스는 지방자치단체로부터 수익을 얻는 자가 부담하는 것이므로 엄격한 의미에서 지방자치단체가 거둔 세금을 주소지 이외의 지방자치단체에 이전하는 제도는 설계하기가 매우 어렵다.

정부(고향납세연구회)는 먼저 고향에 대해 ① 복수 지역 거주의 의미와 ② 출생에서 성인이 될 때까지의 공적 부담을 다루었다. 실제로 도쿄에 살고 있는 30% 이상이 다른 지역 출생이었고, 수도 도쿄 전체 인구의 약 60%가 2개 이상의 광역자치단체에서 거주한 경험이 있었다. 그리고 출생 후 18세까지 교육·복지·의료 비용으로 1인당 평균 약 1억 6,000만 원이 사용되고 있었다.

위와 같은 사실을 바탕으로 주민세의 일정 범위를 납세자의 의지에 따라 선택하는 방안이 검토되었다. 또한 고향납세 방식으로 세금을 지역마다 분할하는 방식이 아닌 기부금 세액을 공제하는 방식을 채택했다. 다시 말하면 수익과 부담의 원칙에 따라 다른 지역에 지방세 과세권을 인정하기는 어렵지만, 부담의 공평성이라는 관점에서 일정한 합리성이 있다면 지방자치단체 간 자금(세금)의 이전은 허용될 수 있다고 판단한 것이다. 고향납세제가 적용되는 대상인 지방자치단체에 대해서는 아무런 조건을 붙이지 않고 납세자가 고향이라고 생각하는 모든 지방자치단체를 대상으로 하였다.

이와 같이 고향납세제는 세금을 직접 이전하지 않지만 기부 세제를 이용하여 실질적 이전 효과를 얻는 제도이다. 기부는 개인의 자유의사에 근거하기 때문에 수익에 대한 부담을 지지 않는다. 또한 기부는 과세권에 근거한 납세가 아니므로 과세권 자체도 문제가 되지 않는 임의적 행동이다. 다만 기부 세제 방식이라고 할지라도 주민 간의 공평성 침해 정도가 허용되는 한도 내에서 운영할 필요가 있으므로, 고향납세제에서 이전될 자금이 주소지의 지방자치단체에 납세한 세금의 몇 %

가 되도록 할 것인지는 종합적인 판단이 필요하다.

관계인구제의 도입

관계인구란 지역에 이주한 정주인구가 아니며 또한 일시적으로 관광 체류하는 교류인구交流人口가 아니면서 지역과 다양하게 관계를 맺고 지역 문제를 해결하는 사람을 말한다. 관계인구 개념의 도입은 '지방 대도시'라는 대립 구도가 아니라 지역 간 유대 관계를 유지할 수 있는 새로운 인구 개념이 필요하다는 인식에서 비롯하였다.

일본에서도 이주 및 교류를 촉진하기 위한 방법으로 복수주소제가 논의되었다. 하지만 일본 총무성 지방제도 조사회에서 내각에 답신한 다음 내용처럼 선거권과 같은 다른 영역과도 연계되어 있기 때문에 복수주소제를 도입하기는 어렵다고 결론지었다.

> 일본 총무성 지방제도조사회: 인구 감소 사회의 지방 행정 체제 기본 방향
>
> 지방으로의 이주 및 교류를 촉진하기 위해 수도권 사람들이 지방권과 유대를 유지할 수 있는 방법으로서 복수주소를 가지는 방안은 선거권 등에서 인정되기 쉽지 않으나 지방권과 연계 있는 자의 파악, 정기적인 지역 정보의 제공 그리고 지역 과제에 대한 방안을 마련하는 데 유용하다. 다만 이런 구조가 거주 이전의 자유를 제약하지 않도록 유의할 필요가 있다.
>
> 또한 지방권과 정보 교류나 실제 교류를 반복하는 가운데 지방 생활을 체험하면서 이른바 두 지역 거주를 거쳐 이주하는 방안, 두 지역 거주자의 생활을 지원할 목적으로 지방자치단체가 주민에 대한 행정 서비스를 주민 이외의 사람에게도 이용할 수 있도록 하는 방안, '지역응원협력단'처럼 주민표(주민이라는 점을 증명하기 위해 지방자치단체에서 자체 제작한 것)를 받아

지방권으로 옮긴 뒤 지역 생활을 체험하게 하는 방안은 단계적으로 이주를 추진하는 관점이나 외부의 유능한 인재를 확보하는 측면에서 유용하므로 계속 추진할 필요가 있다. 지방자치단체는 새로운 인재가 지역 경영에 참여할 수 있도록 이들이 제시한 새로운 제안을 받아들이는 자세가 필요하다.

일본에서 관계인구 개념은 새로운 인적 자원을 확보하는 방안으로 인정받는다. 인구감소와 고령화로 인해 지역에는 마을 만들기를 추진할 수 있는 사람이 부족하다. 관계인구제에서는 지역 밖의 사람도 지역의 인적 자원이 될 수 있으며, 이들은 지역을 유지하고 발전시키는 인재로서 기대를 받는다. 이와 함께 지역에 대한 젊은 층과 도시 주민의 의식 변화가 관계인구를 향한 관심을 증가시키고 있다. 최근 젊은 층에서는 '전원 회귀'라는 지방 지향의 흐름이 확산하는 중이고, '지역응원협력단'이라는 인적 자원의 지역 참여가 늘어나는 추세이다. 도시 주민이 재해가 발생한 지역을 응원할 수 있는 수단 또한 다양해지고 있다.

더불어 관계인구 개념은 이주 및 정주 정책상의 문제점을 해소할 수 있을 것으로 보인다. 국가 전체적으로 인구가 감소하는 가운데 종래의 인구 정책은 지역 간 인구 쟁탈이라는 성격을 띠었다. 이에 반해 관계인구는 장기적 '정주인구'와 단기적 '교류인구'가 아닌 지역 및 지역민과 다양하게 관계를 맺는 인구이다. 지역 내외 인구가 '고향'이라는 복층적 네트워크를 형성함으로써 지역 유지에 공헌할 수 있다.

일본 정부는 인구가 감소하여 사회 시스템 전반의 유지가 어려워진 과소지역의 진흥을 위해 과소지역으로의 전입을 촉진하고자 할 뿐만 아니라 일정 기간 과소지역에 거주하면서 지역과 관계하는 관계인구의 증가를 확대하고자 한다.

〈과소지역의 지속적인 발전 지원에 관한 특별조치법〉제정을 위한 국회 심의에서도 관계인구의 증가를 논하였다. 이때 다케베 아라타_{武部新} 중의원 의원은 "과소지역의 지속적 발전을 위해 이주 및 정주를 촉진하여 지역사회의 담당자가 될 주민을 확보하는 것이 바람직하다. 이를 위해 두 지역에 거주하는 관계인구의 확보가 효과적이라고 판단한다. 본 법률안에서도 관계인구 확보를 포함해 추진할 수 있도록 이주 및 정주 촉진과 함께 지역 간 교류 촉진을 인재 확보 방안으로 명기하였다"고 밝혔다.

과소지역의 지속적인 발전 지원에 관한 특별조치법

제4조(과소지역의 지속적 발전을 위한 대책 목표)

① 과소지역의 지속적 발전을 위한 대책은 제1조 목적을 달성하기 위한 지역의 다양한 노력을 존중하고, 다음에서 열거하는 목표에 따라 추진되어야 한다.

㉠ 이주, 정주 및 지역 간 교류의 촉진, 지역 사회 담당자가 되는 인재의 육성 등을 도모함으로써 다양한 인재를 확보하고 육성할 것

제25조(이주와 정착의 촉진, 인재 육성, 관계자 간 긴밀한 연계 및 협력 확보)

국가 및 지방자치단체는 지역의 창의적인 구상을 살리면서 과소지역의 지속적인 발전을 위해 다양한 인재의 확보에 기여하는 이주와 정착의 촉진, 지역사회를 짊어질 인재의 육성 및 연령이나 성별 등과 관계없는 다양한 주민, 특정비영리활동법인, 사업자 및 그 밖의 관계자 간의 긴밀한 연계 및 협력을 확보하는 데에 적절한 배려를 한다.

〈특별조치법〉제4조 제1호는 과소지역의 지속적인 발전을 목적으

로 지역 간 교류 촉진과 지역사회 담당자가 될 인재 육성을 위해 정부가 관계인구를 증가시키고자 노력해야 한다고 규정하였다. 또한 제25조는 국가 및 지방자치단체가 과소지역의 지속적인 발전을 위해 다양한 인재 확보를 위해 노력하도록 규정하였다.

관계인구 모델 사업

일본 정부는 관계인구 증가를 위해 2016년 '이주 및 교류 정책에 관한 검토회'를 설치하여 관계인구 정책을 분석하였다. 또한 이주 및 교류 사업의 성과와 과제를 검토한 후 이를 토대로 2018년부터 관계인구 모델 사업을 시작하였다.

관계인구 모델 사업의 방향은 다음과 같다. 우선 이주 및 교류를 단계적으로 지원한다. 지방으로 이주하고 싶은 도시 주민의 희망을 실현한다는 관점에서 중장기적으로 이주와 정주를 희망하는 사람의 단계적 요구에 대응할 수 있도록 지역과의 다양한 교류 기회를 가진다.

다음으로 고향에 대한 관계인구의 적극적 움직임을 받아들인다. 이주라는 형식이 아니더라도 특정 지역과 지속적 관계를 맺으려는 사람(관계인구)의 적극적인 움직임을 받아들일 수 있는 새로운 지역 시스템을 만들어 간다. 지방자치단체는 관계인구를 인식하고 그 사람들에게 지역과 지속적으로 연결될 수 있는 기회를 제공한다.

마지막으로 지역 생활환경을 개선하여 중간 역할을 담당할 수 있는 인재를 양성한다. 관계인구를 받아들일 수 있는 새로운 지역 시스템을 만들기 위해서는 관계인구와 지역 사이에서 중간 역할을 담당하는 중간 지원자가 꼭 필요하므로 이러한 역할을 맡을 인재를 양성한다.

제 3의 고향, 덴에이촌 관계인구 사업

☑ 덴에이촌 소개

덴에이天榮촌은 후쿠시마현의 남부에 위치한 마을로, 분수령을 경계로 비옥한 농촌 지대가 있는 동부와 가파른 산들이 펼쳐진 서부로 나뉜다. 동부 농촌 지대에서는 덴에이촌 3대 특산품인 '덴에이 쌀', '덴에이 대파', '덴에이 야콘'이 생산된다. 덴에이 쌀은 일본 쌀 경연대회에서 9년 연속 금상을 수상할 정도로 품질이 우수하다. 산세가 깊은 서부 지대에는 고원과 계곡이 있어 스키장, 골프장, 온천 등 관광 휴양시설이 들어서 있다.

그러나 2011년 후쿠시마 원전 사고의 영향으로 덴에이촌의 관광 산업은 심각한 타격을 받았다. 관광객이 급감하면서 이는 관광업의 쇠퇴로 이어졌고, 매년 100명 이상의 주민이 마을을 떠났다. 주민 이탈로 빈집이 늘어났다. 이는 곧 개선책을 시급하게 마련해야만 하는 사회적 문제가 되었다.

마을의 존속을 위해 덴에이촌은 일반 고향납세제와 고향납세 크라우드 펀딩에 참가한 기부자, 덴에이촌에 지연이 있는 사람, 덴에이촌에 관심을 둔 사람을 대상으로 관계인구 형성 사업을 실시하였다.

☑ 덴에이촌의 관계인구 사업

첫 번째 관계인구 사업은 고향납세 크라우드 펀딩을 활용한 빈집 수선이다. '아이들이 붐비는 빈집 활용 프로젝트! 빈집을 이주자의 거주 주택으로 활용'이라는 주제로 2018년 9월부터 95일간 고향납세 크라우드 펀딩에 도전하였다. 목표 금액은 약 1,500만 원으로, 고향납세 크라우드 펀딩을 실시한 결과 69명에게서 약 1,700만 원을 모금하여 목표

314

액의 112%를 달성하였다.

두 번째 관계인구 사업은 관계인구와 지속적 관계 형성을 위해 지역 소식과 고향납세 성과 등을 알릴 수 있는 독자적 앱 개발이다. 앱을 개발하면 마을 소식을 알리는 데 필요한 비용을 낮출 수 있을 뿐만 아니라 이용자의 반응을 실시간으로 확인할 수 있어 지역 홍보에 효과적이다. 덴에이촌은 이 앱을 통해 주 1~2회씩 마을 소식을 알린다.

세 번째 관계인구 사업은 제 3의 고향 덴에이촌 팬클럽 형성 사업이다. 이 사업을 수행하기 위해 덴에이촌은 먼저 주민 대상 강연회를 실시하였다. 외부 강사를 초빙하여 주민에게 관계인구 증가의 필요성을 설명하였고, 이후 진행될 관계인구 특별 교류 시간에 대해 협조를 구하였다.

지역 밖의 사람들과 주민이 만나는 특별 교류 시간은 세미나, 그룹 모임, 현지 방문으로 구성하였다. 세미나에서는 덴에이촌에서 실시하는 관계인구 사업에 대한 기초적 상황을 참가자에게 알렸다. 그룹 모임에서는 참가자와 지역 단체 및 마을 주민이 함께 덴에이촌의 발전 등에 대하여 의견을 나누었다. 현지 방문에서는 덴에이촌 빈집과 관광 시설을 직접 돌아보는 시간을 가졌다.

특별 교류가 끝난 후에는 참가한 사람을 대상으로 향후 덴에이촌의 관계인구 증가를 위해 필요한 사항에 관한 설문 조사를 하였다. 특별 교류에 참가한 전원은 향후에도 덴에이촌과 관계할 수 있는 방법을 찾을 것이라고 답변했다. 덴에이촌에서 해 보고 싶은 것과 다음 연도에는 어떤 식으로 특별 교류를 발전시켜 나가면 좋을지에 관한 의견, 관계인구 증가에 중간 지원 조직 역할이 필요하다는 의견 등을 주었다.

관계인구 사업에 대한 주민 의식 부족이 향후 해결해야 할 과제로 남았다. 주민에게 관계인구 구축의 필요성을 두고 강연회를 개최하는 등의 노력을 기울였으나, 정작 관계인구 증가 사업을 전개해야 할 주민은 관계인구 개념 자체에 대해서도 인지하지 못하는 경우도 있었다. 특별 교류에 대한 홍보 부족으로 참가 주민이 목표한 만큼 확보되지 못하였다.

또한 특별 교류 시간을 더 효과적으로 실시하기 위해서는 기존 사업인 이주 체험 사업, 덴에이촌 서포터 회원제, 대학생 교류 사업 등과 연계할 필요가 있었다. 원래 특별 교류 대상자는 20대~40대의 젊은 층이었으나, 실제로 특별 교류 시간에 참가한 연령층은 30대와 40대가 각각 2명, 50대~70대가 7명이었다. 향후 모임에서는 20대~40대의 젊은 층이 더 많이 참가할 수 있도록 기존 사업과 연계하는 방안이 필요하다.

한편 설문 조사에서 나온 의견처럼 관계인구를 증가시키려면 지역에 대해 알고 싶어하지만 망설이는 사람들에게 다가가기 용이한 중간 지원 조직이 필요하다. 덴에이촌은 이러한 역할을 할 중간 지원 조직으로 '고향 어린이꿈 학교 추진 협의회'를 염두에 두고 있다. 이 협의회는 농산어촌 관련 사업으로 농산어촌 교류 프로젝트와 제네시스JENESYS '21세기 동아시아 청소년 교류 계획'을 만들어 낸 경험이 있다. 이 같은 경험을 바탕으로 관계인구 사업을 추진하는 과정에서 충분히 중간 역할을 수행할 수 있을 것으로 판단된다.

이처럼 덴에이촌과 외부인이 함께하는 특별 교류 시간은 덴에이촌 관계인구 중요성을 인식할 수 있는 귀중한 시간이었다. 참가자 의견, 주민 의견 그리고 덴에이촌 관계 기관 참여를 통하여 향후 덴에이촌 관계인구제를 더욱 발전시킬 방안을 검토할 예정이다.

또 하나의 고향, 시베차정의 관계인구 사업

☑ 시베차정 소개

홋카이도 시베차^{標茶}정은 구시로^{釧路} 습원^{濕原} 국립공원, 아칸마슈^{阿寒摩周} 국립공원, 그리고 앗케시^{厚岸} 국정공원에 둘러싸인 동식물의 서식지로, 주요 산업은 낙농업이다.

시베차정에서 승마 문화가 시작된 계기는 1901년 일본 정부가 말을 키우는 곳으로서 이곳 시베차정을 선택하고 나서부터이다. 시베차정에는 자연을 느끼면서 승마를 즐길 수 있는 트레킹 경마장이 있으며, 마구간을 설치한 호텔뿐만 아니라 경마장에서 은퇴한 경주마들과 함께할 전문적이고 수준 높은 교관이 있다. 따라서 초심자도 안전하게 승마를 즐길 수 있다.

한편 시베차정은 홋카이도의 3개 공항과 JR철도와도 접근성이 좋기 때문에 낙농가의 대규모화 및 거점화가 진행되고 있다. 현재 인구는 2021년 기준 7,425명으로, 2020년 대비 84명이 줄어들었다. 고령자 비율이 34.3%로 높고 아동 비율이 11.6%로 적어 앞으로도 인구가 감소할 것이라 예상된다. 인구 감소가 낙농 후계자 및 낙농가 감소로 이어지고, 이는 치우지 못한 가축 분뇨로 인한 환경오염을 발생시키는 악순환이 발생하고 있다. 시베차정의 존속이라는 측면에서 인구 증가는 시급한 문제이다.

시베차정은 인구 감소 문제를 완화하기 위해 말을 활용하여 팬클럽을 형성하는 '호스타운^{Horsetown} 프로젝트'를 실시하였다. 호스타운 프로젝트는 시베차정과 민간 사업지가 함께하는 관민 프로젝트다. '다른 지역에서는 볼 수 없는 말과의 체험'을 제공함으로써 전국 승마 팬이 시베차정을 방문하게 하고 이들에게서 응원을 이끌어 내기 위해 실시한 관계인구 증가 및 관광 마을 만들기 사업이다.

☑ 시베차정의 관계인구 사업

시베차정 관계인구 사업의 대상은 도시의 승마 애호가와 고향납세 기부자이다. 시베차정은 말을 중심으로 한 호스타운 비전을 제시하고 고향납세자, 승마 전문가, 말을 창작 모티브로 삼는 아티스트, 승마 관련 책자를 다루는 전문 미디어와 함께 네트워크를 구축하였다.

2018년 9월에는 고향납세와 시베차정의 호스타운 프로젝트를 연계한 고향납세 크라우드 펀딩을 3개월간 실시하였다. 목표 금액은 약 800만 원이었는데, 이 목표를 450% 달성한 금액인 약 3,650만 원의 기부금을 모았다.

시베차정은 고향납세자 가운데 15명을 '호스타운 홍보관'으로 임명하였고, 이들에게 겨울 시베차정 체험 투어의 시간을 마련한 후 설문 조사를 실시했다. 이후 참석한 전원에게서 체험 투어로 시베차정과 호스타운 프로젝트에 대한 이해가 깊어졌다는 평가를 받을 수 있었다. 이때 향후 겨울 체험 투어를 상품화하는 방안까지 제시되었다.

이어 승마 팬의 최대 채널인 3개 승마클럽으로부터 시베차정 호스타운 자문관 승낙을 받았다. 이외에도 호스타운 홍보 포털 사이트를 개설하고 유명 아티스트와 제휴를 맺었으며, 승마 전문 잡지에 시베차정에 대한 기사가 게재되는 성과를 거두었다.

☑ 향후 과제

시베차정은 지금까지 정부 조성금 등으로 호스타운 프로젝트를 진행해 왔다. 이 프로젝트를 장기적으로 실시하려면 비용을 지속적으로 확보할 방안이 필요하다.

그동안 호스타운 프로젝트는 기획 능력이 풍부한 지역 내 사업 협력단이 중심이 되어 시행하였다. 그러나 이 협력단이 부재할 경우 마을 담당자나 승마 단체가 호스타운 프로젝트를 계속 진행할 수 있을지 우려된다. 시베차정의 호스타운 프로젝트를 통한 관광 마을 만들기와 관계인구 형성 사업 비전에 대해 마을 담당자와 사업 협력단, 각종 승마 단체 관계자 간의 상호 이해를 증진할 필요가 있다.

맺음말
풍요로운 고향의 소리, 다시 만나다

고향사랑 기부제를 발전시키려면 무엇보다 민간 부문과의 협력이 중요하다. 민간 부문에서 축적한 현장 중심의 경험과 전문성을 활용하여야만 고향사랑 기부제가 기부자의 공감을 얻어 활성화될 수 있기 때문이다.

이 책은 《고향사랑 기부제 교과서》에서 심층적으로 다루지 못했던 고향사랑기금 운영을 중점적으로 다루었다. 또한 관련 제도를 운영하는 일본 고향납세제, 특히 일본 고향납세제 활성화에 중요한 영향을 미친 크라우드 펀딩에 대해 검토하였다. 그 결과 고향사랑 기부제를 활성화하려면 여섯 가지 추가적 제도 개정을 모색할 필요가 있음을 알 수 있었다.

첫째, 지역 발전 전략을 부각하려면 지역의 과제를 부각시켜 기부자의 공감을 일으키는 크라우드 펀딩을 적극적으로 활용할 필요가 있다. 이를 위해서는 법률 개정을 통해 기부금에 대한 민간 수탁 제도를 도입할 필요가 있다.

둘째, 민간 포털 사이트 운영이 허용되어야 한다. 민간 부문의 창의적 아이디어를 활용하여 기부 문화를 활성화하고 이를 크라우드 펀딩과 연계하여 다양한 지역의 특색을 반영한 지역 친화적 제도로 발전시켜야 한다. 다양한 민간 포털 사이트는 기부 문화의 최전선에서 행정 포털 사이트가 알아채기 힘들었던 기부자의 마음을 읽고 신속하게 반응함으로써 제도의 경직성을 완화할 수 있다. 일본의 고향납세 성공이 민간 포털 사이트 간 벌어진 선의의 경쟁에서 비롯되었다는 점은 여러 면에서 좋은 선례로 자리 잡았다.

셋째, 지방자치단체 특성과 기부 문화에 대한 전문적 지식을 갖춘 맞춤형 인재를 육성하여 향후 기부시장 확대에 대응할 필요가 있다. 지방자치단체 고향사랑 기부 업무의 연간 스케줄을 살펴보면 향후 어느 정도 업무가 증가할지 알 수 있다. 기부금 실적이 증가함에 따라 업무는 증가하지만, 인력 충원에 제한이 있기 때문에 원활한 업무 처리가 어려울 수밖에 없다. 민간 재단, 비영리조직 및 사회적경제 조직과의 협력을 통해 지역의 자원을 최대한 활용하려면 이를 지탱할 수 있는 인재가 필요하다.

넷째, 고향사랑기금의 특성을 고려해 고향사랑 기부금을 일반 예산으로 사용할 수 있는 방안을 마련해야 한다. 기금은 특정한 목적을 위해 특정한 자금을 사용할 때 설정되는데, 고향사랑기금의 특성을 살펴보면 이를 기금으로 활용하기에는 몇 가지 문제가 있다. 고향사랑기금은 지역 주민의 복리 증진이라는 포괄적 용도에 사용하기 위한 재원이므로 목적을 특정화하기 어렵다. 한 해 동안 기부금이 얼마나 걷힐지 예상할 수 없으므로 사업 수행을 위한 재원을 특정할 수도 없다. 이러한 문제점을 감안하여 특정 사업을 추진하기 위한 재원 조달의 문제가 발생하지 않도록 관계 법령을 개정할 필요가 있다.

다섯째, 고향사랑 기부금 세액 공제 혜택을 받지 않는 기부자에게는 추가적인 답례품 혜택이 필요하다. 고향사랑 기부자는 세액 공제 혜택을 통해 기부금 10만 원까지는 전액, 10만 원을 초과하면 16.5%의 세액 공제를 받는다. 그러나 소득이 없는 고령자나 소득이 적은 직장인 또는 자영업자, 해외 거주자는 세액공제 혜택을 제대로 받을 수 없다는 문제점이 있다. 이들 기부자를 대상으로는 답례품 한도액을 50% 이상으로 인상하여 추가적 답례품 혜택을 받을 수 있도록 조치할 필요가 있다.

여섯째, 지방자치단체가 역량을 최대한 발휘하여 적극적 홍보 활동을 할 수 있도록 제도를 개선해야 한다. 고향사랑기금을 운영하는 과정에서 이미 홍보비 등의 재원을 활용하는 데 대한 제한 조치가 충분이 이루어졌기 때문에 과다한 비용을 들여 홍보하는 것이 원천적으로 불가능하다. 홍보활동도 지방자치단체가 자신을 알리고 많은 기부자로부터 소액 후원금을 받는 계기가 될 수 있으므로 관련 법령을 개정하여 이를 허용할 필요가 있다.

부록

참고 내용

1. 〈고향사랑기부금법〉 해설

〈고향사랑기부금법〉의 제정 취지

고향사랑 기부제는 주민(법인 기부 불가)이 자기 주소지 이외의 자치단체(고향 등)에 기부하면 자치단체는 세액 공제 혜택과 함께 지역 특산품 등을 답례품으로 제공하는 제도이다. 〈고향사랑기부금법〉은 고향에 대한 기부 문화를 확산하는 한편, 기부금을 통해 지방의 새로운 재원을 확보함으로써 재정이 취약한 자치단체에 도움을 준다는 취지로 마련되었다.

    〈고향사랑기부금법〉이 통과되며 최근 가속화된 인구 유출로 지역사회 활력이 저하되는 등 지속적으로 어려움을 겪는 자치단체에 인구 감소와 재정 악화의 악순환을 완화할 제도적 수단이 마련되었다. 이 법은 2021년 10월 19일 제정되었으며, 2023년 1월 1일부터 시행되었다.

• 바로가기

〈고향사랑
기부금법〉
전문

〈고향사랑기부금법〉의 주요 내용

건전한 고향사랑 기부 문화 조성

기부자는 자신의 주소지 관할 자치단체 이외의 자치단체에 기부할 수 있다. 지역 주민에게 부담으로 작용하지 않기 위해 주소지 관할 자치단체에는 기부할 수 없게 하였으며, 기부액도 연간 500만 원까지만 인정한다.

    기부자에게는 일정 금액의 세액 공제 혜택과 답례품이 제공된다. 10만 원 이내로 기부할 시 전액이 세액 공제되며, 10만 원 초과분에 대해서는 해당 금액 100분의 16.5가 공제된다. 예를 들어 100만 원을 기부하면 10만 원과 초과분 90만 원에 16.5%를 곱한 14만 8,000원이 공제되어 총 24만 8,000원을 공제받는다. 또한 답례품 제공은 고향사랑 기부 금액의 100분의 30 이내로 제한된다. 답례품 관련 비용으로는 전년도 고향사랑 기부 금액의 100분의 15 이내에서 충당할 수 있게 하였다. 다시 말해 답례품에 대해서는 기부 금액의 100분의 45까지 사용할 수 있다.

고향에 대한 건전한 기부 문화 조성을 위해 기부 강요를 금지하며 모금 방법도 엄격하게 제한한다. 업무·고용 등으로 관계 맺고 있는 자는 기부 또는 모금이 불가하다. 모금 방법은 광고 매체를 통해 정해진 범위 내에서 가능하다. 호별 방문이나 향우회·동창회 활용 등 사적인 방법을 동원한 모금은 불가하고, 강제 모집을 방지하기 위해 법인 기부도 불가하다.

지역경제 활성화와 지방 재정 확충

관할구역 내에서 생산되는 물품 등을 위주로 답례품을 구성하므로 지역 특산품에 대한 새로운 시장과 판로가 열린다. 이는 지역경제 활성화에 긍정적인 역할을 할 것으로 기대된다. 기부자에게는 자치단체 관할구역 안에서 생산 및 제조된 물품, 관할구역 안에서 통용되는 유가증권(지역 사랑 상품권 등)과 기타 조례에서 지역경제 활성화에 기여하는 것으로 정한 물품 등을 답례품으로 제공할 수 있다. 답례품으로는 현금, 귀금속류, 일반적 유가증권 등 지역 활성화에 기여하지 못하는 것은 제외한다.

지방 재정 확충의 효과도 클 전망이다. 일본의 경우 2008년 고향납세제를 도입한 지 13년 만에 기부액이 82배가 증가하여 열악한 지방 재정에 크게 기여하였다. 특히 지진 등 대규모 재난이 발생했을 때에는 전국적 기부 효과를 거두었다.

투명한 관리 및 감독으로 부작용 방지

기부금의 관리·운용 등에 대한 관리를 철저히 하여 부작용이 발생하는 것을 방지한다. 모금 단계에서 타인에게 모금을 강요할 경우 처벌한다는 조항을 규정하였으며, 위법 행위에 대한 일반 주민의 공익신고 조항도 정하였다. 개인의 경우 기부 및 모금을 강요한 자는 3년 이하 징역 또는 3,000만 원 이하 벌금에 처해지며, 지방자치단체의 경우 법을 위반할 경우 모금·접수를 1년간 제한하고 위반 사실을 공표한다.

기부금품의 사용도 자치단체별로 별도의 기금을 설치하여 복지·문화·의료, 지역 공동체 활성화 등 주민 복리 증진을 위한 사업에 투명하게 사용되도록 정하였다. 또한 기부금의 투명한 운용을 위하여 지방자치단체 조례를 제정하고 기금운용심의위원회를 구성해 관리·감독하도록 정하였다.

2. 〈고향사랑 기부금에 관한 법률〉 시행령 해설

시행령 제정과 시행

· 바로가기

〈고향사랑
기부금법〉
시행령 전문

2022년 9월 7일 의결된 〈고향사랑 기부금에 관한 법률〉 시행령이 2023년 1월 1일부터 시행되고 있다. 시행령에서는 〈고향사랑 기부금에 관한 법률〉에서 위임된 고향사랑 기부금의 모금·접수를 제한하는 세부 기준, 고향사랑 기부금의 모금·접수를 위한 구체적인 방법과 절차, 고향사랑 기부금을 기부한 사람에게 제공하는 답례품의 선정 및 제공에 관한 세부 사항을 정하였다.

시행령의 주요 내용

고향사랑 기부금 모금·접수 제한 기준

지방자치단체는 기부금 모금을 강요하거나 적극적으로 권유 및 독려하여 법령을 위반할 경우 유형에 따라 일정 기간 기부금 모금이 제한된다. 구체적으로 지방자치단체는 위반 횟수에 따라 고향사랑 기부금의 모금 및 접수를 가중하여 제한받는다.

지방자치단체가 업무 및 고용 관계 등을 이용하여 다른 사람에게 기부 또는 모금을 강요한 경우 1차 위반 시 2개월간, 2차 위반 시 4개월간, 3차 이상 위반 시 8개월간 기부금의 모금 및 접수를 제한한다. 개별 전화나 서신 또는 전자적 전송 매체를 이용하여 기부금을 모금한 경우는 1차 위반 시 1개월간, 2차 위반 시 2개월간, 3차 이상 위반 시 4개월간 기부금의 모금 및 접수를 제한한다.

고향사랑 기부금의 모금 방법

지방자치단체는 〈정부기관 및 공공법인 등의 광고시행에 관한 법률〉 (약칭 〈정부광고법〉)에 따라 고향사랑 기부금 모금을 위한 홍보 매체를 정하며, 이 경우 홍보 수단으로는 인쇄물, 방송, 옥외 광고물, 간행물, 소책자 등이 포함된다.

〈정부광고법〉은 정부 광고의 효율성과 공익성 향상을 위해 정부 기관 등의 장이 업무에 관해 광고하려는 경우 소요 예산, 내용, 광고물 제작 여부 등 정부 광고에 필요한 사항을 명시하여 사전에 문화체육관광부장관에게 요청하여야 한다고 명시한다. 정부 기관 등이 문화체육관광부장관(수탁기관은 한국언론진흥재단)에게 의뢰하지 않고 직접 광고를 시행한 경우 문화체육관광부장관은 정부 기관 등의 장에게 시정 조치를 요구할 수 있다. 또한 집행 및 결과 내용은 국회 보고 사항이다. 지방자치단체가 광고 매체를 통해 기부금을 모금할 때는 기부자에게 정확한 정보를 제공할 수 있도록 지방자치단체 명칭, 기부금 사용 용도, 기부 절차 및 방법, 답례품에 관한 정보를 제공해야 한다.

고향사랑 기부금의 접수 방법

기부자가 지방자치단체와 지정 금융기관을 통해 접수할 경우 우선 기탁서를 작성하여 기부금을 납부할 수 있으며, 정보 시스템을 통해 납부할 경우 지방자치단체와 답례품을 손쉽게 선택할 수 있도록 한다. 지방자치단체는 고향사랑 기부금 기탁서를 받은 경우는 해당 지역의 주민이 아닌 사람에 대해서만 기부금 접수가 가능하다. 개인별 연간 기부 한도액은 500만 원 이내이므로 고향사랑 기부금을 기부하려는 사람이 기부 대상 지방자치단체의 주민인지 여부와 기부자가 본인인지 여부 및 답례품을 제공받을지 여부를 확인한다.

답례품 한도와 금지 품목

지방자치단체는 기부자에게 답례품을 제공할 경우 지방자치단체 간 과도한 경쟁이 생기지 않도록 답례품은 매회 기부되는 고향사랑 기부 금액의 30%로 정하고 답례품의 금지 품목도 정하였다. 답례품 금지 품목으로는 개별소비세를 부가하는 장소의 입장권(골프장, 카지노 등), 고가의 스포츠용품·전자제품 등이다.

답례품의 선정 방법

지방자치단체는 답례품 및 답례품 공급 업체의 공정한 선정을 위해 '답례품 선정위원회'를 둠으로써 우수한 답례품이 제공될 수 있도록 하였다. 그 구체적인 절차는 조례로 정하도록 하였다. 지방자치단체의 장은 답례품과 그 공급 업체가 선정된 경우 선정 결과에 관한 내용을 해당 지방자치단체의 인터넷 홈페이지에 공고한다.

고향사랑기금

지방자치단체는 고향사랑기금 사업을 추진할 때 기존 사업과 중복되지 않도록 다양한 기금 사업을 적극 발굴하고 운영함으로써 지방 재정 확충 및 지역경제 활성화를 도모하도록 하였다. 고향사랑기금을 활용하여 기부금 모집 및 운용 등에 쓸 수 있는 금액의 범위로는 전년도 기부금의 15% 이내에서 탄력적으로 홍보비, 운영비 등을 충당하도록 하였다. 모집·운용 시 비용 충당과 관련하여 전년도 기부 금액이 10억 원 이하인 경우는 15%, 10억 원에서 100억 원 이하인 경우 13%, 100억 원에

서 200억 원까지는 12%, 200억 원을 초과하는 경우는 10% 이하까지
사용할 수 있도록 한다.

고향사랑 기부금 접수 및 운용 정보의 공개
지방자치단체는 매년 2월 말일까지 고향사랑 기부금의 접수 현황 및
고향사랑기금의 사용 내용과 답례품 제공 현황, 비용 지출 내역을 지
방자치단체의 인터넷 홈페이지에 공개한다.

3. 고향사랑 기부금 모금 및 운용에 관한 참고 조례

지방자치단체 조례를 위한 참고 조례

행정안전부는 지방자치단체의 고향사랑 기부금 모금 및 운용에 관한 조례 제정을 지원하기 위해 참고 조례를 마련하여 각 지방자치단체에 송달하였다.

· 바로가기

고향사랑
기부금 모금 및
운용에 관한
참고 조례 전문

각 지방자치단체는 〈고향사랑 기부금에 관한 법률〉 및 시행령에서 답례품과 고향사랑기금과 관련하여 위임된 사항과 함께 고향사랑 기부제 시행에 관하여 필요한 사항을 행정안전부 참고 조례를 참조하여 정하고 있다.

법률 제9조 제2항은 지역경제 활성화에 기여할 수 있는 것으로서 답례품을 조례로 정할 수 있도록 하였다. 또한 제11조는 고향사랑기금의 관리·운용에 필요한 세부적 사항은 시행령에서 정하는 바에 따라 지방자치단체의 조례로 정하도록 하였다. 시행령 제6조는 답례품 선정위원회의 구성·운영과 답례품 선정 방법 및 절차에 관하여 필요한 세부 사항을 조례로 정하였다.

참고 조례의 주요 내용은 답례품과 고향사랑기금에 관한 것이다. 답례품 선정위원회, 답례품의 종류 및 선정, 고향사랑기금의 설치 및 재원, 기금의 관리 및 운용, 고향사랑기금운용 심의위원회에 관한 사항을 포함한다.

4. 야스오카촌 고향배려기금 조례 소개

야스오카촌 고향배려기금 조례

야스오카촌은 1875년 행정촌이 된 이래 빈곤과 싸워가면서 아름다운 야스오카촌을 지켜 왔다. 앞으로도 마을 주민은 자주적 정신으로 부단히 노력하여 야스오카촌을 지켜 나갈 것이다. 특히 새로운 시대에 대응할 수 있는 마을을 만들려면 마을 주민뿐만 아니라 야스오카촌을 사랑하는 사람들까지 포괄하는 새로운 주민 참여형 지방 자치를 구축해야 한다. 기부자도 마을 주민과 함께 마음의 고장인 '야스오카'의 주역으로서 적극적으로 마을 만들기에 참여할 수 있도록 고향배려기금 조례를 제정하였다.

제 1조(목적 및 설치) 기부를 통한 주민 참여형 지방 자치를 실현하고 개성 넘치는 마을을 조성하기 위해 야스오카촌 고향배려기금을 설치한다.

제 2조(적립) 기금으로 적립된 금액은 전조의 목적을 실행하기 위해 기부된 기부금과 일반 회계 세입 세출 예산에서 정한 금액으로 한다.

제 3조(기부금의 사용처 지정)

① 기부자는 자신의 기부금을 지방자치단체장이 별도로 정한 사업 중 어느 것에 충당할 것인지를 사전에 지정할 수 있다.

② 기부금 중 전항의 지정이 없다면 제반 사정을 고려하여 지방자치단체장이 전항의 기부금 용도와 관련된 지정을 한다. 필요한 경우에는 해당 지정을 변경할 수 있다.

③ 지방자치단체장은 기금의 적립, 관리, 처분 및 그 밖의 기부자의 선택이 반영될 수 있도록 충분히 배려해야 한다.

제4조(관리)

① 기금에 속한 현금은 금융 기관의 예금과 그 밖의 가장 안전하고도 유리
한 방법으로 보관한다.

② 기금에 속한 현금은 필요에 따라 가장 안전하고도 유리한 유가증권으로
대체할 수 있다.

제5조(처분) 기금은 제1조에서 정한 목적을 위하여 지방자치단체장이 별
도로 정한 사업의 비용 충당을 위해 그 전부 또는 일부를 처분할 수 있다.

제6조(익금의 처리)

기금에서 발생한 수익은 일반 회계 세입세출예산에 계상하고, 기금에 편입
한다.

제7조(대체 운용) 지방자치단체장은 재정상 필요하다고 인정될 때는 확실
한 환매 방법, 기간 및 이율을 정하여 기금에 속하는 현금을 세입 세출 현금
으로 대체 운용할 수 있다.

제8조(위임) 이 조례에서 정한 사항 이외에 기금의 관리와 운용에 관해 필
요한 사항은 지방자치단체장이 별도로 정한다.

야스오카촌 고향배려기금조례 시행규칙

제1조(취지) 이 규칙은 야스오카촌 고향배려기금조례를 근거로 기금의 적
립, 관리 및 운용에 관하여 필요한 사항을 정한다.

제2조(기부금의 모집) 조례 제2조에서 규정한 기부금 모집은 수시로 한다.

제3조(사업의 종류) 조례 제3조 제1항과 제5조에서 정한 지방자치단체장
이 제시한 사업은 다음 각 호에서 열거한 사업으로 한다.

• 학교 미술관의 유지 및 보전
• 복지 및 건강한 마을 만들기
• 산림 정비와 자연 에너지를 활용한 환경 보전

제4조(기부금 대장의 작성) 기부금의 적정한 관리를 위해 기부금 대장을 정
비한다.

제 5조(기타 규칙) 이 규칙에서 정한 것 이외에 필요한 사항은 별도로 정한다.

파이팅! 진세키코겐정 고향 응원 조례

제 1조(목적) 이 조례는 조상으로부터 물려받은 풍요로운 자연, 역사 및 문화를 소중히 여기고 진세키코겐정의 마을 조성을 지지하는 개인과 법인 및 기타 단체의 기부금을 재원으로 하여, 기부한 개인 및 법인이 고향에 대해 갖는 마음을 구체화함으로써 주민이 참가하는 고향 조성에 이바지함을 목적으로 한다.

제 2조(사업 구분) 전조의 기부한 개인과 법인의 마음을 구체화하기 위한 사업은 다음과 같다.

- 차세대 인재 육성 사업
- 육아 지원 및 청년 주거 지원 사업
- 도시 조성 사업
- 마을의 유일한 고교인 유키고등학교 개선 사업
- 진세키코겐 지역 창조 도전 기금 사업
- 고향 창업가 지원 프로젝트 사업
- 교통 약자 이동 지원 사업
- 장학금 반환 지원 사업
- 기타 마을 조성 전반에 관한 사업
- 진세키코겐정 자치진흥회 운영 보조금 교부 요령에 의한 자치진흥회 지원
- 진세키코겐정 특정비영리활동법인 지원
- 진세키코겐정 협동에 의한 마을 조성 추진 조례에 의한 지구협동지원센터 지원
- 마을에 학교를 설치하는 학교법인에 대한 지원

제 3조(기부자에 의한 사용처 지정) 기부자는 규칙으로 정하는 바에 따라 자신의 기부금 사용처를 사전에 지정할 수 있다.

제 4조(기부자에 대한 배려) 단체장은 기부금 운용에 있어서 기부자의 의향

이 반영되도록 충분히 배려한다.

제 5조(기부금의 운용) 기부금은 일반 회계 세입세출예산에 계상하고, 제2조에서 규정한 사업비용을 충당한다.

제 6조(운용 상황 공표) 단체장은 매년 종료 후 6개월 이내에 기부금 운용 상황을 의회에 보고하며 동시에 이를 공표한다.

제 7조(위임) 이 조례의 시행에 관해 필요한 사항은 단체장이 별도로 정한다.

사카이시 기부 시민참여 조례

사카이^{坂井}시는 하늘에서 바라보면 '心'이라는 글자를 닮은 곳으로, '사람과 사람의 마음이 서로 통하는 따뜻한 도시'를 지향한다. 이에 시민과 협동하는 마을 만들기를 통해 누구나 살기 좋고 마음이 풍요로운 사회를 실현하여 매력과 활력을 갖춘 도시로 발전하기 위해 노력하고 있다. 시민들이 자부심을 느끼고 시정에 참여하는 시민참여형 사회를 구축하고자 시민참여 조례를 제정하였다.

제 1조(목적) 이 조례는 사카이시가 시행하는 사업에 대한 시민의 의지를 표명하고 그 사업에 대하여 기부함으로써 긍지를 갖고 시정 운영에 참여하는 것을 목적으로 한다.

제 2조(시책) 이 조례의 기부 대상 시책은 다음과 같다.

• 도시 조성
• 지역 자원의 매력 향상
• 지역 복지의 내실화 및 건강 증진
• 남녀 공동 참여 사회 추진
• 산업 및 관광 진흥
• 안전·안심 대책
• 자연 및 환경 보전

- 육아・교육의 내실화
- 역사의 전승, 문화 및 스포츠의 진흥
- 전 각호에 열거된 것 이외에 시장이 특히 필요하다고 인정한 것

제 3조(대상 사업) 전조의 시책에 관한 구체적인 사업은 규칙으로 정한다.

제 4조(기부금의 사용처 지정)

① 기부자는 대상 사업 중에서 자신의 기부금을 재원으로 실시할 사업을 사전에 지정한다.

② 이 조례에 따라 모금한 기부금 중 전항에 의한 사업 지정이 없는 경우는 시장이 사업을 지정할 수 있다.

제 5조(기부 수수 거부 및 기부금의 반환) 시장은 다음 각 호의 어느 하나에 해당하는 경우에는 기부의 수수를 거부하거나 수수한 기부금을 반환할 수 있다.

- 공서 양속公序良俗에 반하는 경우
- 해당 기부에 관하여 도급 및 기타 특별한 이익 공여를 요구받았다고 인정될 경우
- 〈공직선거법〉(1950년 법률 제 100호) 제 199조의 2항에 위반된다고 인정되는 경우
- 전 각호에 정한 것 외에 시장이 특별히 기부받지 않겠다고 결정한 경우

제 6조(기금의 충당)

① 시장은 제4조 제1항에서 지정한 사업을 실시할 경우는 〈사카이시 기부 시민참여기금 조례〉에 근거한 사카이시 기부 시민참여기금을 해당 사업에 충당한다.

② 시장은 지정된 사업을 실시할 수 없다고 인정할 경우는 다른 사업에 기금을 충당할 수 있다.

③ 시장은 사업 달성을 위해 필요하다고 인정된 비용에 대해 기금으로 충당할 수 있다.

제 7조(위임) 이 조례의 시행에 관하여 필요한 사항은 시장이 별도로 정한다.

참고문헌

법령 등

〈고향사랑 기부금에 관한 법률〉

〈고향사랑 기부금에 관한 법률 시행령〉

〈국가재정법〉

〈기부금품의 모집 및 사용에 관한 법률〉

〈지방자치단체 기금관리기본법〉

〈지방자치법〉

〈태백시 고향사랑 기부금 모금 및 운용에 관한 조례〉

地方自治法

補助金等の交付により造成した基金等に關する基準

補助金等に係る予算の執行の適正化に關する法律施行令

泰阜村ふるさと思いやり基金條例

遠野市(2022), "遠野市ふるさと未來投資支援事業費補助金
　　(クラウドファンディング型ふるさと納税事業)".

總務省(2019), "ふるさと納税 總務省 告示 179號".

總務省(2017), "ふるさと納税に係る返礼品の送付等について",
　　總税市 第28号.

總務省(2016), "人口減少社會に的確に對応する地方行政体制及びガバ
　　ナンスのあり方に關する答申", 地方制度調査會.

總務人臣地方自治法施行令の一部を改正する政令等の施行について

341

(通知) 總行行第232号 (2011).

總務省 (2007), "ふるさと納税 會議資料・報告書等",
　　ふるさと納税研究會.

단행본 및 논문 등

국승용・김창호 (2022), "고향사랑기부제 활성화를 위한 과제",
　　한국농촌경제연구원 (KREI).

김광용 (2022), "고향사랑기부제의 성공을 위한 조건", 〈지방세포럼〉
　　제 62호, 한국지방세연구원, 70~74쪽.

김동영 (2022), "고향사랑기부제 도입과 전북의 대응방안",
　　〈이슈브리핑〉, Vol. 261, 전북연구원.

김철민 (2018), "고향사랑기부제 도입과 경남의 대응방안",
　　경남발전연구원.

류영아・이상범 (2018), "고향사랑기부제 도입 방안: 입법현황을 중심으
　　로", 〈한국지방재정학회 세미나자료집〉 1~24쪽, 한국지방재정학회.

신승근・조경희 (2022), "크라우드 펀딩을 이용한 고향사랑기부제 활성화
　　방안 연구", 〈계간 세무사〉 제 40권 제 3호, 32~42쪽, 한국세무사회.

심미경・김원신・이준희 (2022), "고향사랑기부제 시행 D-300, 주요
　　쟁점과 지자체의 대응방안", 〈광주전남 정책 Brief〉 226호,
　　광주전남연구원.

염명배 (2021), "고향세 논의 10여년 추적과 〈고향사랑기부제〉 법제화
　　이후의 과제", 〈경제연구〉 제 39권 제 4호, 133~181쪽,
　　한국경제통상학회.

유학열 (2021), "고향사랑 기부제 국외 사례 연구", 충남연구원.

육동한・박상헌 (2018), "날개를 단 일본의 고향세와 우리나라의
　　고향사랑기부제 향방".

윤영근・탁현우 (2021), "주민수요 대응의 관점에서 본 복수주소제 도입

가능성에 대한 소고", 〈한국사회와 행정연구〉 vol. 32 no. 1, 181~
202쪽, 서울행정학회 .

이구형 (2020), "보상형 크라우드 펀딩의 투자자 보호 및 시장 발전을
위한 정책과제 및 쟁점", 〈이슈와 논점〉 제 1788호, 국회입법조사처.

이상범 (2018), "지역경제 활성화를 위한 고향사랑기부제 도입 방안",
한국자치발전연구원 자치발전 제 24권 제 9호.

전성만・유보람 (2022), "고향사랑기부제의 안정적 정착을 위한 정책
방향성 제고", 〈지방자치정책 Brief〉, 156호, 한국지방행정연구원.

조경희 (2022), "일본의 지방소멸 대응법률과 시사점", 〈월간 공공정책〉
제 202호, 한국자치학회.

_____ (2023), "고향사랑기부제 시작, 과제와 발전방안",
〈월간 공공정책〉 Vol. 209, 한국주민자치학회.

주현정 (2022), "제주 고향사랑기부제 도입방안 연구",
〈정책이슈브리프〉 361호, 제주연구원.

최천규 (2023), "고향사랑기부제도의 내용 및 시사점 : 일본의 고향납세
제도와의 비교를 중심으로", 국회예산정책처 NABO 재정추계&세제
이슈 Vol. 1 제 22호.

한국소비자원 (2021), "보상형 크라우드 펀딩 실태조사", 한국소비자원.

いちき串木野市 (2017), "市來農芸高校 プロジェクト始動"
いちき串木野市 廣報 Vol. 140.
https://www.city.ichikikushikino.lg.jp/seisaku3/shise/koho/koho/docu
ments/20170620kouho.pdf

ふるさと納税總合研究所 (2022), "2021年度ふるさと納税における
経濟波及効果は2兆8,044億円".
https://prtimes.jp/main/html/rd/p/000000015.000104918.html

國土交通省 (2021), "國土交通白書 2021 コラム"第1節 危機による変
化と課題への對応: I'm home! Tokamachi"十日町市への移住者が
多い理由とは-?", 國土交通白書.

箕面市(2019), "ふるさと寄附金のコンビニ收納における課題について".
　　https：//www. city. minoh. lg. jp/eigyou/houdou/documents/furusato_tokku
　　. pdf

南あわじ市, "ふるさと南あわじ応援券"
　　https：//www. awajishima-kanko. jp/news/files/1198. pdf

南あわじ市, "淡路島たまねぎ"
　　https：//www. city. minamiawaji. hyogo. jp/soshiki/shoku/tamanegi. html

大橋知佳(2019), "地方創生と〈クラウドファンディング〉の
　　新たな可能性(山形市鍋つぐっぺ)", 日本経濟研究所.
　　https：//www. jeri. or. jp/center/pdf/center_2019_02_01. pdf

大橋知佳(2019), "地方創生と〈クラウドファンディング〉の
　　新たな可能性", 日経研月報.

大阪府市町村振興協會(2018), "クラウドファンディングによる
　　地域活性化研究會 講演錄集".
　　http：//www. masse. or. jp/ikkrwebBrowse/material/files/group/17/CF. kou
　　enroku. pdf

大平修司・Stanislawski Sumire・日高優一郎・水越康介(2021),
　　"クラウドファンディングとしてのふるさと納税：寄付と寄付つき商
　　品による理解", 日本マーケティング學會 40巻 3号.
　　https：//www. jstage. jst. go. jp/article/marketing/40/3/40_2021. 004/_pdf/-
　　char/ja

東川町, "ひがしかわ株主制度"
　　https：//higashikawa-town. jp/kabunushi/about

藤井亮二(2015), "基金制度の沿革と課題(1)", 参議院,
　　立法と調査 No. 366.

藤井亮二(2015), "基金制度の沿革と課題(2)", 参議院,
　　立法と調査 No. 367.

文京區, 《こども宅食》プロジェクトにご協力ください。～子どもたち
　　に笑顔を届けよう～".

   https://www.city.bunkyo.lg.jp/kyoiku/kosodate/takushoku.html

薄井繭實(2015)，"基金の見直しにおける〈基金シート〉
   の導入と課題"，参議院 立法と調査 No. 369.

法務省(2020)，"更生保護關係団体のためのクラウドファンディング
   實踐マニュアル".
   https://www.moj.go.jp/content/001323456.pdf

保田隆明(2021)，《地域経営のための〈新〉ファイナンス：〈ふるさと
   納税〉と〈クラウドファンディング〉のインパクト》，中央経濟社.

北武司(2021)，"ふるさと納税返礼品の最新人氣ランキング　1位は南あ
   わじ市のブランド新玉ねぎ"，女性セブン5月 12・19日.

相澤拓也(2009)，"税法における住所の判斷基準の再檢討，最近の2つの
   東京高裁判決を素材として"，立命館法政論集 第7号.
   https://www.ritsumei.ac.jp/acd/cg/law/lex/hosei-7/aizawa.pdf

田中駿行(2021)，"過疎地域の持續的發展に向けた新たな立法措置─新
   過疎法の成立過程と國會論議─"，参議院 立法と調査　No, 435.

田中輝美(2021)，《關係人口の社會學：人口減少時代の地域再生》，
   大阪大學出版會.

竹内英二(2015)，"中小企業やNPOの可能性を廣げるクラウドファン
   ディング"，日本政策金融公庫總合研究所，日本政策金融公庫論集第
   26号.

増田寬也 編(2015)，《地方消滅：東京一極集中が招く人口急減》，
   中央公論新社.

總務省(2022)，"ふるさと納税に關する現況調査結果(令和4年度實施)".
   https://www.soumu.go.jp/main_content/000827748.pdf

總務省(2022)，"個人住民税における二地域居住の論点について".
   https://www.soumu.go.jp/main_content/000834003.pdf

總務省(2022)，"關係人口の創出・擴大に向けた取組について".
   https://www.soumu.go.jp/kankeijinkou/seminar/pdf/seminar20220126/di

stribution/r04_05_soumu. pdf

總務省(2018),"これからの移住・交流施策のあり方に關する檢討會報告書".

https://www. soumu. go. jp/main_content/000529409. pdf

總務省(2018),"ふるさと納税活用事例集".

https://www. soumu. go. jp/main_content/000539640. pdf

總務省(2021),"新たな社會経濟情勢に卽応するための地方財務會計制度に關する研究會 資料2 公金取扱いにおける私人委託制度の運用の例".

https://www. tkc. jp/consolidate/tkc_express/2021/10/202110_00758/

總務省(2019),"2018年度〈關係人口創出事業〉モデル事業 調査報告書".

https://www. soumu. go. jp/main_content/000617803. pdf

黑沼孝文(2021),"ふるさと納税制度の活用を考える～本來のふるさと納税がもつべき性質とこれからのめざすべき方向性と活用方法とは～(金山町)",地域活性化センター.

https://www. jcrd. jp/seminar/078b49d7c78f6318eaccfc47bd74c10683afdd43. pdf